# 中央企业
# 高质量发展报告
# （2021）

国务院国资委研究中心◎编著

HIGH-QUALITY DEVELOPMENT
REPORT OF CHINESE CENTRAL
STATE-OWNED ENTERPRISES
(2021)

中国经济出版社
CHINA ECONOMIC PUBLISHING HOUSE
北 京

**图书在版编目（CIP）数据**

中央企业高质量发展报告．2021 / 国务院国资委研究中心编著．--北京：中国经济出版社，2022．3
ISBN 978-7-5136-6830-9

Ⅰ．①中… Ⅱ．①国… Ⅲ．①国有企业-企业发展-研究报告-中国-2021 Ⅳ．①F279．241

**中国版本图书馆 CIP 数据核字（2022）第 032920 号**

策划编辑　赵静宜
责任编辑　丁　楠
责任印制　马小宾
封面设计　久品轩

**出版发行**　中国经济出版社
**印 刷 者**　北京中石油彩色印刷有限责任公司
**经 销 者**　各地新华书店
**开　　本**　710mm×1000mm　1/16
**印　　张**　18．25
**字　　数**　296 千字
**版　　次**　2022 年 3 月第 1 版
**印　　次**　2022 年 3 月第 1 次
**定　　价**　88．00 元
**广告经营许可证**　京西工商广字第 8179 号

**中国经济出版社**　**网址** www．economyph．com　**社址** 北京市东城区安定门外大街 58 号　**邮编** 100011
本版图书如存在印装质量问题，请与本社销售中心联系调换（联系电话：010-57512564）

# 目　录

CONTENTS

# 中央企业高质量发展报告（2021）

（国务院国资委研究中心）

2020年是中国历史上极不平凡的一年，百年不遇的新冠肺炎疫情突然暴发，世界经济陷入第二次世界大战结束以来最严重的衰退，全球产业链供应链遭受冲击，世界百年未有之大变局加速演变。面对世纪罕见的严重冲击和前所未有的困难挑战，国务院国资委和中央企业坚决贯彻落实党中央、国务院决策部署，迎难而上、奋力拼搏、开拓进取，统筹推进疫情防控和企业经营发展各项重点工作，发展改革监管和党的建设等各方面工作均取得明显成效，高质量发展稳步前行，为我国率先控制疫情、率先复工复产、率先实现经济增长由负转正，为“十三五”圆满收官，为决战脱贫攻坚、决胜全面小康、实现第一个百年奋斗目标作出了重要贡献。

## 一、坚持抗疫和经营“两手都要硬”、奋力实现“两个力争”，进一步夯实中央企业高质量发展基础

在全球经济严重衰退、新冠肺炎疫情导致供给中断和需求萎缩同时发生、原油等大宗商品价格剧烈波动、国际航空运输基本停滞等的严峻形势下，中央企业以抗疫和经营“两手都要硬、两战都要赢”的必胜信念，全力抗疫防疫、发挥大国重器顶梁柱作用的同时，全面稳生产、稳经营、稳市场，在“量”上稳中有进、持续增长，在“质”上优化改善、显著提高，在“效”上逆势前行、明显提升，全年实现了“两个力争”目标（力争绝大多数中央企业效益持续较快增长、力争中央企业总体效益实现正增长），有力彰显了国民经济“稳定器”“压舱石”的责任担当。中央企业48名先进个人和25个先进集体受到全国抗击新冠肺炎疫情表彰。

## （一）在抗击疫情中充分发挥大国重器顶梁柱作用

1. 走在抗疫前线“第一方阵”

中央企业坚持疫情就是命令、防控就是责任，牢牢把握“坚定信心、同舟共济、科学防治、精准施策”总要求，第一时间响应，迅速形成统一指挥、全面部署、高效协同的组织领导体系，组织一切可以组织的力量，动员一切可以动员的资源，吹响了抗击疫情的“集结号”，与公立医院一起坚定走在抗疫前线的“第一方阵”，成为党直接指挥的精锐抗疫力量。**在湖北武汉抗疫主战场**，建筑企业日夜奋战、分秒必争，石油石化、电力、通信等企业密切配合、协同作业，在 1 亿多网友“云监工”的见证下，用 10 多天时间先后建成火神山医院和雷神山医院，大规模改建方舱医院和专门医院，以央企效率彰显中国速度、以央企品格彰显中国精神、以央企作为彰显中国力量。中央企业所属医院 600 多名医护人员逆行出征、紧急驰援，在鄂医疗机构和医护人员全部投入疫情防控第一线。**在防疫物资异常紧缺的关键时刻**，中央企业用战时方式组织转产扩能，新兴际华集团等企业在抗击新冠疫情中迅速转产扩产医用防护服和口罩；国机集团、兵器工业集团等企业紧急研制口罩机、压条机等生产设备成为全国主要供给力量；中国石化等企业快速扩产熔喷布等原材料有力保障生产供应并遏制市场炒作。

2. 筑起疫情防控“生命线”

在抗疫形势最严峻的时刻，中央企业保障煤电油气运和粮食副食品物资供应，充分发挥基础保障的中流砥柱作用。石油石化企业统筹供应渠道、抢调油气资源，5 万多座加油站正常营业，疫情最为严重的湖北 2700 座加油站 24 小时“不打烊”。电网电力企业保持高位运行，每天数万名职工奋战在生产一线，确保不限电、不跳闸。通信企业在持续为全国用户提供高质量服务的同时，全力维护湖北、武汉通信网络畅通、“欠费不停机”。航空运输企业在确保国内航线和重要国际航线“不断航”的情况下，克服一切困难守护援鄂战疫“生命航线”，确保医护人员和医疗物资及时送达抗疫一线。粮油、贸易企业公开承诺疫情期间“价格不涨、质量不降、供应不断”，多措并举保障全国，特别是湖北人民生活需求，稳供应、稳市价、稳人心。

3. 当好科技抗疫“国家队”

在科技抗疫的重要领域，中央涉医涉药企业切实加大科技攻关力度，第一时间研发出核酸检测试剂盒，率先提出康复者恢复期血浆疗法，应用于重型和危重型患者临床治疗，新冠病毒灭活疫苗率先获批附条件上市；中央企业充分发挥网络和信息技术优势，“一网畅行”“一码防控”等大数据服务，在大数据追踪溯源和健康码识别等方面展现了强大的科技实力。

4. 做好复工复产“排头兵”

中央企业是体现中国特色社会主义制度优势的重要载体。2020 年，面对突如其来的新冠肺炎疫情，中央企业率先复工复产带动拉动上下游中小企业恢复生产，2 月底中央企业所属 4. 8 万户子企业复工率超过 90%，3 月基本实现全面复工复产；积极开发上线企业复工复产对接平台，搭建产业链金融平台，通过商业保理、贴现等方式为上下游中小企业融资超过 2000 亿元。组织开展“抗疫稳岗扩就业”专项行动，向社会提供 110 多万个就业岗位。

## （二）在生产经营中充分发挥国民经济压舱石作用

1. 综合实力显著增强

截至 2020 年底，中央企业资产总额、所有者权益总额分别达到 68. 81 万亿元、24. 57 万亿元。“十三五”期间资产总额连续突破 50 万亿元、60 万亿元关口，年均增幅 7. 7%，年均增量 4. 58 万亿元。49 家中央企业进入 2021 年《财富》世界 500 强，其中，国家电网、中国石油、中国石化已连续多年稳居世界 500 强前五位，发挥稳定，领先优势突出，一大批具有全球竞争力的世界一流企业正不断涌现。

2. 经济效益稳步提高

2020 年中央企业营业收入和利润总额分别达到 30. 38 万亿元、1. 87 万亿元，“十三五”期间年均增幅分别达 5. 9%、8. 8%，净利润年均增幅 9. 4%。2020 年，在新冠肺炎疫情的严重冲击、国际航空运输基本停滞等多重因素影响下，中央企业全年实现了“两个力争”，净利润达 1. 4 万亿元，同比增幅 2. 41%；近八成中央企业净利润同比正增长，其中有 2 家企业净利润超过千亿元，4 家企业净利润超过 500 亿元，39 家企业净利润超过百亿元，24 家企业净利润增幅超过 25%，43 家企业净利润增幅超过 10%。

3. 运行质量明显改善

2020 年，在内外部形势复杂严峻的情况下，中央企业营业收入利润率为 6.12%，同比提升 0.1 个百分点；成本费用利润率 6.5%，同比提升 0.2 个百分点；全员劳动生产率 59.4 万元/(人·年)，是全社会企业劳动生产率的 5.1 倍，同比实现正增长；人均创利 14.8 万元，同比增幅 0.5%。“十三五”期间，中央企业的营业收入利润率提升 1.9 个百分点，全员劳动生产率年均增幅 7.44%，资产负债率降低 2.4 个百分点。“两升一降”的背后是中央企业运行质量的改善、市场竞争力的增强。

## 二、大力加强科技创新、取得一批重大成果，进一步打造中央企业高质量发展引擎

创新是引领发展的第一动力。中央企业坚持科技自立自强，围绕产业链部署创新链，围绕创新链布局产业链，发挥中央企业的创新主体作用，实现了“一个机制”“两个提高”“三个一批”的科技创新重大进展，科技能力大幅提升，为解决“卡脖子”问题、激发创新活力提供坚实支撑，在国家科技创新上发挥了重要引领作用。

### （一）构建“一个机制”加强制度保障

“十三五”期间，集结中央企业科技创新力量，充分发挥市场经济条件下新型举国体制优势，构建科技创新运行机制，专门成立中央企业科技工作领导小组，在中央企业和科研人员普遍关注的业绩考核、激励分配、资本金投入、改革试点等方面出台了一系列支持科技创新的政策措施。将中央企业的科研投入视同利润加回；对重大项目、创新项目、创新团队的工资总额单列；推动落实国有科技型企业股权和分红激励，鼓励科技创新型上市公司积极实施股权激励，加大对科研人员的中长期激励力度；选取 200 余家科技型企业开展“科改示范行动”，先行先试，进一步激发了中央企业创新动力和活力。

### （二）促进“两个提高”强化创新基础

1. 研发投入强度持续提高

2020 年中央企业的研发经费投入同比增长了 11.3%，其中，中国电科

控股上市公司的研发投入同比增长 19%，占营业收入比重为 8.6%，研发强度高于规模以上工业企业平均水平，创新驱动作用进一步增强。“十三五”期间，中央企业累计投入的研发经费超过 3.4 万亿元，约占全国的 1/4；研发投入强度从 2016 年的 2.26%提升到 2020 年的 2.79%，中央工业企业研发投入强度达到 3%。

2. 数字化智能化水平持续提高

中央企业加快推动数字化转型，建成了以航天云网、中电互联为代表的 60 多个工业互联网平台，近 60 家中央企业专门设立数字产业公司，5G 通信网络、大数据中心等新型基础设施建设明显提速，在核心电子元器件、核心工业软件等领域也取得一系列重大技术突破，中央企业在数字化转型赋能高质量发展方面取得突出成绩。如，南方电网以“电力+算力”支撑绿色能源供给体系；国家能源集团瞄准“智慧+能源”生产，建成世界首套 8.8 米超大采高智能工作面、世界首座智能煤矿地面集中控制中心，9 家煤矿入选国家示范智能化煤矿。

### （三）形成“三个一批”彰显创新实力

1. 取得一批世界级科技成果

“十三五”期间，中央企业承担了一批国家重大科技项目，从北斗组网、“天问”探火等大国重器，到疫苗研制、智能制造、智慧城市等民生福祉，都取得了具有世界领先水平的重大创新成果和新的历史性成就。中央企业累计获得国家科技进步奖和技术发明奖 364 项，占全国同类获奖总数的 38%。一方面取得了满足国家安全需求的核心技术，在 5G、量子信息、铁基超导等方面取得原创成果，高速铁路、关键元器件和基础软件研发等方面取得积极进展；另一方面在满足经济社会发展和人民生活水平提高的新需求、改善国计民生的一些重要行业领域的关键技术上取得实质突破，国药集团成功研发新冠灭活疫苗。

2. 打造一批高水平科技平台

截至 2020 年，中央企业拥有国内外研发机构 4360 个，其中国家重点实验室 91 个，分布各个重点行业。如，国家电网和中国石油拥有国家级研发机构 17 个；中国中车集团拥有国家重点实验室、国家工程实验室等国家级研发机构 12 个。同时，中央企业建立了一批攻关创新联合体、产业技术创新联盟、高水平“双创”平台，有力推动了我国战略性新兴产业发展，有力促进了我国产业链供应链的稳定优化。“十三五”期间，中央企业作为科技创新国家队，承担国家重大科技项目，切实加强企业科技创新工作，建设了一批强大的国家级科技创新平台。

3. 集聚一批高层次创新人才

2020年中央企业科技人才队伍不断壮大，从事研发人员达97.6万人，中国科学院院士、中国工程院院士229人，其中工程院院士占全国的1/5。国家能源集团累计引进海外高层次人才48人，自主培养院士3名、聘用院士7名，1人获得全国创新争先奖状、10人入选新世纪百千万人才工程国家级人选，85人享受政府特殊津贴待遇，拥有专职研发人员近2000人。

## 三、制定实施国企改革三年行动、掀起新一轮国企改革热潮，进一步激发中央企业高质量发展内生活力

“十三五”期间，中央企业深入贯彻落实党中央、国务院“1+N”政策体系，以国企改革三年行动为具体施工图，按照可衡量、可考核、可检验、要办事的要求，改革全面发力、破局闯关，不断向纵深推进，解决了一大批长期想解决而没有解决的问题，取得了一系列重大进展和重要成果。

### （一）实现了三个历史性突破

1. 全面完成公司制改制

从法律上厘清了政府与企业的职责边界，使企业的独立市场主体地位从根本上得以确立。根据《中央企业公司制改制工作实施方案》，中央企业集团层面需改制的68家全民所有制企业全部完成改制，中央企业子企业层面列入公司制改制计划的近2500家全民所有制子企业，除极少数需清理整合的企业外，均已全面完成改制。

2. 首次实现了国有企业的功能分类

根据《关于国有企业功能界定与分类的指导意见》，将中央企业集团层面和子企业分为商业一类、商业二类和公益类三大类别，有效解决过去工作中存在的“一刀切”问题，实现了分类改革、分类监管、分类发展。

3. 总体解决企业办社会和历史遗留问题

有力解决了长期以来政企不分、社企合一等问题，使国有企业更加公

平地参与市场竞争。截至 2018 年，全面完成企业办消防机构分类处理；截至 2020 年底，基本完成职工家属区“三供一业”、市政社区管理等职能分离移交和教育医疗机构深化改革，航天科技、航天科工等 21 家中央企业完成率达 100%。退休人员社会化管理完成 94.1%，中国航发、中国石油等 13 家中央企业完成率达到 100%。厂办大集体改革完成 98.1%，累计安置在职职工 171.2 万人。

### （二）重大改革实现实质性进展

1. 建设中国特色现代企业制度取得实质性进展

中央企业坚持“两个一以贯之”，全面完成“党建入章”，按照《关于中央企业在完善公司治理中加强党的领导的意见》精神，全面落实党委（党组）把方向、管大局、促落实，突出讲政治、高效率，董事会定战略、做决策、防风险，突出专业化、规范化，经理层谋经营、抓落实、强管理的定位和权限。全部实现党委（党组）书记、董事长“一肩挑”，专职副书记应配尽配并进入董事会，推进完善董事会建设，落实好董事会职权，完善董事会向经理层授权的管理制度。坚持权责法定、权责透明、协调运转、有效制衡的公司治理机制，推动制度优势更好转化为治理效能。2020 年 93 家中央企业及 1432 家（占比 83%）子企业制定了党委（党组）前置研究讨论重大经营管理事项清单；82 家符合条件的中央企业建立了外部董事占多数的董事会，中央企业所属二三级企业建立董事会的比例达 76%。

2. 健全市场化经营机制取得实质性进展

中央企业持续深化“三项制度”改革，积极推行经理层任期制和契约化管理，探索职业经理人制度，深化企业薪酬分配市场化改革，有力提升企业市场化经营水平。“十三五”期间，5 家中央企业集团公司开展经理层成员任期制和契约化管理试点、职业经理人制度试点，40 家中央企业制定职业经理人相关制度，977 家子企业共选聘职业经理人 4374 人；53 家中央企业控股的 119 家上市公司有效实施了股权激励，其中，2020 年新增 22 家，涵盖近 1.8 万名核心人才。

3. 混合所有制改革取得实质性进展

中央企业分层分类深化混合所有制改革，上市公司已经成为中央企业混改的主要载体，中央企业控股上市公司的资产总额、利润分别占中央企业整体的 67%、77%，有效促进各种所有制资本的优势互补和互利共赢。截至 2020 年底，中央企业混合所有制企业户数超过 70%。2020 年中央企业实施混改 900 余项，引入社会资本超过 2000 亿元；72 家中央企业按照“三因三宜三不”原则，对所出资企业混合所有制改革进行研究评估。

## 四、深化国有经济布局优化、结构调整，进一步增强中央企业高质量发展动能

中央企业深入贯彻落实《关于新时代推进国有经济布局优化和结构调整的意见》部署要求，国有经济在战略安全、公共服务领域的主体作用更加突出，在基本民生领域的有效供给更加充足，在战略性前瞻性新兴领域的发展动能更加强劲，国有资本配置效率和整体功能不断提升，在经济社会发展中的战略引领和基础保障作用全面增强。

### （一）大力发展战略性新兴产业

中央企业落实国家产业政策和重点产业布局调整总体要求，推动国有资本向前瞻性战略性产业集中，在实施创新驱动发展战略和制造强国战略中发挥骨干和表率作用。“十三五”期间，国务院国资委出台《关于国有经济布局优化和结构调整的意见》，明确战略性新兴产业是布局优化和结构调整的重要内容。同时积极稳妥深化战略性新兴产业领域混合所有制改革，中央企业通过转让部分股权、增资扩股等方式，与民营企业、外资企业在战略性新兴产业领域开展合作近 400 项，带动社会资本超过 500 亿元。

### （二）扎实推进供给侧结构性改革

扎实推进化解过剩产能和“处僵治困”，落实“三去一降一补”要求，以市场化手段推进低质无效供给的市场出清，加快向产业链价值链中高端转移。

1. 持续加大钢铁煤炭去产能力度

“十三五”期间，中央企业关闭退出钢铁产能 1644 万吨，煤炭产能 1.19 亿吨，整合煤炭资源 2.8 亿吨，组织专门力量分批对“僵困”企业开展专项核查，在剥离“两非”中，建立“每月一汇总、季度一报告”的跟踪督导机制。

2. 一企一策“处僵治困”

中央企业处置“僵尸企业”和开展特困企业专项治理工作取得明显成

效，实现圆满收官。

3. 持续开展“压减”工作

推动压缩管理层级、减少法人户数，解决个别中央企业底数不清、机构臃肿、管理链条偏长等问题。目前，中央企业累计减少法人超过 1.7 万户，减少比例达 32.7%，管理层级全部压缩至 5 级以内；累计减少人工成本 350 亿元，减少管理费用 298 亿元；全员劳动生产率由 2015 年的 44.6 万元/(人·年) 增加到 2020 年的 59.4 万元/(人·年)，提升比例超过 30%；管理架构更加清晰，集团管控能力明显增强，管理效率明显提高。

## （三）不断推动战略性重组整合

坚持“横向合并”强化规模效应，“纵向联合”实现优势互补，“专业化整合”优化资源配置。“十三五”时期，通过加快推进国有资本布局优化和结构调整，先后完成了 12 组 24 家中央企业的重组，新组建和接收了 5 家企业，2020 年底中央企业共 97 家。

1. 有力推动资源向优势企业和主业企业集中

促进相关行业、产业的高质量发展。中国宝武陆续重组马钢、太钢与昆钢，成为世界第一大钢铁企业，通过发展高端产品、淘汰落后产能，在钢铁行业转型升级中发挥带动作用。

2. 有力解决同质化竞争、重复建设问题

国家管网集团通过对三大石油公司 8.86 万公里油气管道的整合，有效提升了中央企业资源配置效率。

3. 切实增强企业的市场竞争力

在国际标准、行业规则制定上的话语权和影响力不断提升。中远集团和中国海运重组后，实现了多个世界第一；中国化工和中化集团重组，实现农业种业板块的有效整合。

## （四）高质量推进共建“一带一路”

目前中央企业海外资产约 8 万亿元人民币，在全球 180 多个国家和地区拥有机构和项目超过 8000 个，海外员工达到 125 万。“十三五”期间，中央企业实现海外营业收入超过 24 万亿元，利润总额接近 6000 亿元，对外投资收益率达到 6.7%。从具体成效来看，主要体现在三个方面：

1. 参与共建“一带一路”成果丰硕

中央企业参与建设“一带一路”沿线项目超过 3400 个，打造了蒙内铁路、匈塞铁路、巴西美丽山特高压输电项目、希腊比雷埃夫斯港等一批标志性工程，参与建设的中欧班列也成为贯通欧亚大陆的“钢铁驼队”。通信企业海外服务网络已经遍布 40 多个国家，建设运营的中白工业园等 20 多个产业园区有力深化了同沿线国家和地区的产业合作。

2. 中央企业国际化经营能力和水平明显提升

一批中央企业锻造形成了与跨国企业同台竞技的实力，在国际标准的制定中掌握了更多话语权，特别是高铁、核电等一批央企产品走出了国门，成为我国亮丽的名片。

3. 有力促进了项目所在国经济社会发展

中央企业直接带动了项目所在地近百万员工就业，间接带动了数倍的就业人数；参与实施了一大批惠民工程，比如巴基斯坦卡西姆电站为超过 400 万家庭带来了光明、科特迪瓦供水项目建成后将惠及 230 万民众。

## 五、突出抓好重大风险防范化解，进一步筑牢中央企业高质量发展底线

“十三五”期间，国务院国资委深入贯彻习近平法治思想，落实党中央、国务院决策部署，牢固树立系统观念，坚持一手抓改革发展，一手抓风险防范，进一步筑牢中央企业高质量发展底线。2020 年，面对疫情冲击、经济下行、外部打压三重压力，中央企业有效防范化解各类风险隐患，有力维护了经济社会大局稳定。

### （一）统筹安全与发展，把风险防范摆在突出位置

1. 始终把防风险作为保障企业稳健发展的重要举措

引导中央企业从加强战略预判和风险预警、抓住要害提高风险化解能力、构筑全面风险防控体系等方面，强化各类风险识别，建立预判预警机制，系统性搭建高质量发展防护网。

2. 全面提升防范化解重大风险的能力和水平

加快完善中央企业风险防控机制，引导中央企业建立健全风险研判机制、决策风险评估机制、风险防控协同机制、风险防控责任机制，切实提

高风险防范化解能力水平。

3. 系统构建风险防控体系

国务院国资委坚持用系统观念谋划推动全面风险管理，对企业风险研判、风险评估、风险风控协同等各环节的协同配合提出了更为全面的要求，全过程、链条式、动态化防控重大风险，推动中央企业将建立健全风险防控机制作为高质量发展的基础和保障。国投集团强化风险管理顶层设计，搭建完整的全面风险管理框架，明确集团各层级风险管理的边界和管控方式，规范风险管理制度流程，将风险管理自上而下贯穿集团全级次，融入“融、投、管、退”全过程。

## （二）守住红线和底线，确保债务风险可控在控

1. 加大对参股投资和参股企业管理，确保中央企业债务风险稳中有降、总体可控

“十三五”期间，中央企业资产负债率降低 2. 4 个百分点，债务风险总体可控在控。2020 年末中央企业平均资产负债率为 64. 3%，同比下降 0. 7 个百分点，圆满完成国务院确定的“三年降两个百分点”目标，超额完成降杠杆、减负债三年收官任务。

2. 加强中央企业金融业务管理，严禁中央企业脱离主业、脱实向虚

严控超出自身能力投资，盲目进入不熟悉产业领域，2020 年末中央企业带息负债比率 38. 5%，同比下降 0. 6 个百分点，负债结构明显改善，偿债能力有所增强。

3. 健全信用保障机制，建立债券风险防范机制

严格债券发行的比例限制，严控高风险企业债券占带息负债比例和短期债券占债券的比例。严格债券资金用途，聚焦主业实业，严禁资金空转、脱实向虚，严禁挪用资金违规套利。

4. 加强债券风险监测，建立信用保障基金

重点关注经营严重亏损、现金流紧张企业的债券违约风险，提前做好兑付资金安排。国务院国资委组织中国国新牵头成立千亿级中央企业信用保障基金，以市场化方式化解债券兑付风险，2020 年中央企业没有发生过一起债务违约，守住了国有资产安全底线。

5. 通过信息化、智能化手段，加强资金管理，防范资金风险

重点排查了中央企业中的高负债企业、产能过剩集中企业可能存在的违约风险，加强债券市场监测。

### （三）抓好安全环保专项工作，遏制安全环保风险

中央企业承担的重大工程、重点项目关系经济社会发展全局，关系国计民生。国务院国资委高度重视中央企业安全生产工作，坚持安全发展理念，切实把安全生产摆在重要位置，将安全生产与企业改革发展、疫情防控工作同部署、同落实。同时，推动中央企业以绿色发展理念为导向，不断强化“绿水青山就是金山银山”的意识，切实担负起生态文明建设的责任，履行好能源节约与生态环境保护的企业主体责任。

1. 建立安全生产常态化工作机制

深入推进安全生产专项整治三年行动，国务院国资委加强了组织领导，建立常态化工作机制，强化风险管控和隐患排查、做好应急值守工作，积极推进安全生产专项整治三年行动各项工作。

2. 利用信息化技术提高安全生产管理效能

综合利用大数据、云计算、人工智能等高新技术，推进“互联网+安全生产”，推动中央企业现代信息技术与安全生产的深度融合，提升安全生产信息化水平。

3. 全力以赴打好污染防治攻坚战，有效防范企业生态环保风险

“十三五”期间，中央企业积极将资源节约和生态环境保护进行有效结合，并将其作为深化供给侧结构性改革和实现高质量发展的重要途径。中央企业大力发展低碳节能技术，推动能耗持续降低，污染源排查工作全面提速，环境风险管控全面升级。“十三五”时期中央企业的万元产值综合能耗，按照可比价下降了17%，二氧化硫、氮氧化物、化学需氧量、氨氮排放总量分别下降了30%、25%、35%和31%，在五项指标超额完成国家“十三五”规划的目标要求基础上，超额达成了这一要求。中国移动持续开展“绿色行动计划”，深入推进节能减排，打造“蓝天卫士”信息化应用，为200多个地市政府提供大气污染防治信息化支撑，并连续三年作为唯一内地企业入选全球权威碳排放组织气候变化最高评级名单。

### （四）强化依法合规经营，化解国际化经营风险

1. 着力推进依法合规，增强合规经营意识

深入推进依法治企，健全完善法律风险防范机制，严格落实规章制度、经济合同、重大决策法律审核把关要求，推动法治工作深度参与混合所有制改革、投资并购、科技创新等重点任务，切实防范法律风险。印发《中央企业合规管理指引》，推动合规要求覆盖各业务领域、各职能部门、各级子企业和全体员工，贯穿业务开展全过程。

2. 着力加强集团管控，规范国际化经营秩序

通过统一管理职能、健全管控机制、完善管控方式、强化境外项目管理等方式，引导中央企业避免无序竞争，加强沟通合作，做好业务统筹、资源整合，规范国际化经营秩序。

3. 推动中央企业深入排查境外经营风险

完善境外国有资产监管制度，强化海外投资经营行为合规管理，明确海外投资经营行为红线底线。及时有效处置境外单位聚集疫情，强化境外风险应急处置，切实维护境外资产和员工人身安全。2020 年，在全球新冠肺炎疫情泛滥的情况下，中央企业境外员工中没有出现一例病亡，境外项目运行稳定，国有资产安全得到有效维护。

## 六、有力履行社会责任、发挥战略支撑作用，进一步拓展高质量发挥空间

“十三五”期间，中央企业作为服务社会、保障民生的排头兵，积极履行社会责任，在保证社会经济平稳运行、充实社会养老基金、助力脱贫攻坚、贯彻落实国家区域发展战略和区域重大战略等方面积极作为，充分彰显了报国为民的责任担当。

### （一）保证社会经济平稳运行

中央企业坚持算大账、算长远账、算政治账，全面落实国家助企纾困工作。

1. 积极上缴税费

“十三五”期间中央企业累计上交税费 9.96 万亿元，约占同期全国税

收收入的 1/6。

2. 降低社会用能、通信等运行成本

2020 年中央企业主动降电价、降气价、降资费、降路费、降房租，全年整体降低社会运行成本 1965 亿元。“十三五”期间，中央企业坚决落实国家政策，通信企业降费让利约 7000 亿元，电力企业降低全社会用电成本近 4000 亿元。

3. 发挥基础保障作用

在关系国计民生、国民经济命脉的重要行业和关键领域，承担我国油、气、水、电等基础能源资源供给，电信、铁路、航空等基础网络运营，坚持普遍服务原则，为满足人民日益增长的美好生活需要作出了重要贡献。

4. 充实社会养老保险基金

中央企业积极划转部分国有资本充实社保基金，有效缓解基本养老保险基金支付压力。截至 2020 年底，符合条件的中央企业和中央金融机构划转工作全面完成，共划转 93 家中央企业和中央金融机构国有资本总额 1.68 万亿元。其中，国务院国资委监管中央企业划转国有资本 1.21 万亿元，占中央层面划转总规模的 72%。

5. 及时支付民营企业款项

中央企业带头清理拖欠民营企业账款，在 2019 年率先实现无分歧欠款“清零”基础上，中央企业及时支付民营企业款项，为稳定产业链供应链发挥积极作用，截至 2020 年末累计清偿无分歧欠款 1353 亿元，无分歧欠款保持“清零”状态，累计解决有分歧账款 463 亿元，解决比例 81.4%元。

### （二）加大脱贫攻坚工作力度

国务院国资委和中央企业把助力脱贫攻坚作为重大政治任务，以大国重器的责任担当，全力以赴投入脱贫攻坚战，定点帮扶 248 个国家扶贫开发工作重点县，承担行业主管部门、地方党委政府安排的 1.2 万个各类扶贫点任务，累计投入和引进各类资金超过千亿元，派出挂职扶贫干部 3.7 万人。

1. 坚持立足专业特长，积极改变贫困地区生产生活落后条件

加快推进贫困地区基础设施建设，中央电信企业、中央电网企业分别累计投入超 2000 亿元、超万亿元，中央企业累计投入医疗帮扶资金 22 亿元。

2. 坚持发挥产业优势，让贫困地区对接联通广阔市场

中央企业累计援建产业扶贫项目 5 万多个，扶持乡村龙头企业和农村合作社 1.2 万个，引进扶贫企业 2400 多家，带动投资 200 多亿元，累计购买贫困地区农产品 140 多亿元，帮助销售贫困地区农产品 40 多亿元。

3. 坚持扶志扶智并举，切实增强贫困群众勤劳致富本领

累计投入教育帮扶资金 54 亿元，援建学校 2400 多所，资助贫困学生 110 多万名；直接招用贫困群众 5 万多名，帮助超过 60 万贫困劳动力转移就业。

4. 坚持发挥带动作用，凝聚全社会助力脱贫的强大合力

截至 2020 年底，中央企业建立的扶贫基金累计滚动投资 340 亿元，吸引撬动 2000 多亿元社会资本，投资项目 132 个，带动 55 万贫困地区群众就业，每年为就业人口提供收入 48 亿元。

## （三）坚决贯彻落实国家区域协调发展战略和区域重大战略

“十三五”期间，中央企业以积极贯彻落实国家战略为宗旨，认真参与央地交流平台搭建工作，先后与全国多个省（市）、自治区开展了合作对接活动，在促进自身结构调整、转型升级的同时，助力地方经济社会健康发展，实现优势互补、互利共赢。

1. 服务国家战略

中央企业围绕服务国家战略，积极开展央地对接合作活动，坚持务实合作，共建共享互利共赢，充分发挥央地比较优势，着力打造协同合作平台，不断深化产业、项目对接。

2. 积极落实京津冀协同发展战略

中央企业结合自身产业布局发挥产业力量，支持京津冀地区发展，配合做好疏解北京非首都功能工作。

3. 积极实施东北地区等老工业基地振兴战略

按照《加快推进东北地区国有企业改革专项工作方案》要求，持续加

强中央企业与地方合作。中国电科科技成果助力东北振兴，探索以科技创新和成果转化为核心带动发展的全新模式；招商局集团参与辽宁相关港口建设等。

## 七、持续强化“三位一体”职能配置、努力提升“三个结合”监管合力，进一步为中央企业高质量发展提供有力保障

从实践看，现行国有资产监管体制，可以概括为“三位一体”的职能配置、“三个结合”的监管合力、“三化监管”的综合优势。国务院国资委坚决履行中央企业出资人职责、全国国有资产监管职责和负责中央企业党的建设工作职责，通过“三位一体”的职能配置实现了“三个结合”，即管资本与管党建相结合、履行出资人职责与履行国资监管职责相结合、党内监督与出资人监督相结合，充分发挥专业化、体系化、法治化监管优势，为做强做优做大国有资本和国有企业、更好发挥国有经济战略支撑作用、加快打造世界一流企业的“三大使命”提供了坚强体制保障。

### （一）完善监管体制

国有资产监管体制是国家治理体系的重要组成部分，是促进国有资产保值增值的制度保障，是推动中央企业高质量发展的有力支撑。

#### 1. 深化政企分开、政资分开，保障国有企业独立市场主体地位

进一步理顺政府和国有企业的出资关系，巩固国有资产出资人制度，厘清出资人代表与监管企业的职责边界，更加注重通过法人治理结构来履行出资人职责，维护好企业法人财产权和经营自主权。按照完善国有资产管理体制的要求，国资监管组织体系不断健全，目前，中央、省、市三级政府设立国资监管机构。全国37个省（市）全部设立国资委，全国98%的市（州、地）设立国资委，其中单独设置国资监管机构的有320个。截至“十三五”末，国资监管系统企业资产总额和所有者权益分别达到218.3万亿元和71.9万亿元，仅2020年上缴税费达3.56万亿元。实践证明，现行体制有效解决了出资人代表缺位和“九龙治水”“都管都不管”等问题，有效发挥了促进资源优化配置、增强企业核心竞争力方面的作用，有效体现了出资人专业化监管的优势。

#### 2. 加快推进国有资产集中统一监管

加大地方经营性国有资产集中统一监管指导推动力度，督促地方强化

顶层设计和高位推动，推进有关部门单位与所办企业全面脱钩工作，分步分类纳入集中统一监管体系，不断提高监管覆盖面。据统计，省级经营性国有资产集中统一监管比例已达 94.2%，较“十三五”之初提高了 18 个百分点；28 个地方监管比例超过 95%。各地通过推进集中统一监管工作，把国有资产放在一个“大盘子”里开展专业化、市场化监管和运营，初步实现了“一件事情原则上由一个部门负责”的经营性国有资产监管格局，不仅做到了“底数明、家底清”，有效保障了国有资产安全和保值增值，而且大大改善了国有资本配置效率，促进了国有经济布局结构调整。同时，按照中央部署，会同有关部门组织开展中央党政机关和事业单位经营性国有资产集中统一监管试点工作。

3. 健全国有资产监管体系和机制

国务院国资委持续优化机构设置、健全制度、完善程序、规范工作机制，持续推进高效监管。“十三五”期间，国务院国资委深入开展规章规范性文件清理，建立健全文件清理长效机制，废止和宣布失效部分规范性文件超过 90 件，截至 2020 年底，国务院国资委现行有效规章 27 件、规范性文件 221 件。通过推进出资人监督和纪检监察监督、巡视监督、审计监督、社会监督等统筹衔接，健全业务监督、综合监督、社会监督等统筹衔接，健全业务监督、综合监督、责任追究的工作闭环。

## （二）转变监管职能

国务院国资委以管资本为主加快推进职能转变，自我革命，不断增强国资监管的系统性、针对性、有效性。

1. 探索差异化授权放权

落实改革国有资本授权经营体制部署要求，坚持授权与监管相结合、放活与管好相统一，依法赋予企业更多自主权。加大授权放权力度，2017 年经国办转发的职能转变方案中提出精简 43 项监管事项，2019 年印发授权放权清单中列入 35 项授权放权事项。积极探索差异化监管方式，在战略规划、业务管理、工资总额、选人用人、股权激励、产权管理、重大财务事项等方面，对国有资本投资、运营公司和产业集团“分级分类”授权放权。2020 年，19 家国有资本投资公司试点央企生产经营保持良好态势，营业收入同比增长 6.6%，净利润同比增长 14.3%，大幅超过央企平均水平。两家国有资本运营公司利润快速增长，营业收入同比增长 17.3%，净利润同比增长 86%。

2. 进一步突出监管重点

重点做好五个聚焦：聚焦优化国有资本配置，管好资本布局，通过加强整体调控，引导企业聚焦主责主业，进一步发挥国有资本功能作用；聚焦增强国有企业活力，管好资本运作，通过加强国有资本运作统筹谋划和基础管理，进一步提高国有资本运营效率；聚焦提高国有资本回报，管好资本收益，通过完善考核指标体系，发挥考核导向作用，推动资本预算市场化运作，进一步促进国有资产保值增值；聚焦防止国有资产流失，管好资本安全，通过健全覆盖监管全部业务领域的出资人监督制度，构建业务监督、综合监督、责任追究三位一体的监督工作闭环，进一步筑牢防止国有资产流失的底线；聚焦加强党的领导，管好国有企业党的建设，坚持“两个一以贯之”，坚持管资本就要管党建，进一步以高质量党建引领国有企业高质量发展。

3. 优化考核提升中央企业整体质量效益

坚持质量第一、效益优先，推动国有企业加快转变发展方式、追求发展质量，实现质量变革、效率变革、动力变革。注重以科学化考核引导提升资本回报，不断提升中央企业发展质量和效益。进一步完善考核体系，引入全员劳动生产率指标，与净利润、利润总额、营业收入利润率、资产负债率、研发投入强度等形成“两利四率”考核指标体系，以引导企业加快推进高质量发展，进一步提高经营效益和运营效率，补短板、强弱项、防风险、利长远，实现可持续健康发展。

### （三）提升监管能力

充分发挥专业化、体系化和法治化监管优势，强化数字化监管效能，全面提升国资监管的能力和水平。

1. 提升专业化体系化监管能力

实施专业化、体系化监管，切实防止国有资产流失、促进国有资产保值增值。加强专业化监管，突出针对性、专业性，完善规划投资、预决算管理、企业领导人员管理、考核分配、资本运营与收益管理等工作，不断强化产权管理、统计评价、财务监管等基础管理，实现具有出资人特色的全链条、全过程、全方位监管。加强体系化监管，突出全面性、系统性，使国资监管工作覆盖国有企业改革发展和党的建设各方面、各领域、各环节。

2. 加强法治化监管手段

国资监管机构深入学习贯彻习近平法治思想，积极探索落实全面建设社会主义法治国家在国资监管领域的具体实践，加强法治化监管，突出合法性、合规性，通过建立健全国资监管法规制度体系和工作体系，在法治轨道上推进监管体系和监管能力现代化。如，加快完善国资监管法律法规制度体系，积极推动《企业国有资产法》《企业国有资产监督管理暂行条例》修订工作。根据以管资本为主加强监管的要求，积极推进在股权多元化企业建立有别于国有独资公司的治理机制和监管模式，按照市场化法治化原则依法行使股东职权。

3. 发挥数字化监管效能

国资央企深入实施国资监管信息化建设“三年行动计划”，在线监管特别是数字智能化监管等方面取得积极成效。通过建立国资国企在线监管系统，加强国有资本运作的动态监管，对企业运行关键环节和重大决策事项进行动态监测和实时监管。着力实施国资监管数字化智能化提升专项行动，通过数字化提升、智能化提升，在国务院国资委、中央企业和地方国资委三个层面上有序推动信息系统全面上云。重点强化境外国有资产监管、风险防范和腐败治理、大数据体系系统集成和综合应用等方面数字化智能化监管作用，全面提升在线监管能力水平。

## 八、坚持党对国有企业的全面领导、巩固深化党的建设，进一步为中央企业高质量发展筑牢根基

坚持党的领导、加强党的建设是国有企业的“根”和“魂”，是我国国有企业的光荣传统和独特优势。全国国企党建会以来，国务院国资委党委深入学习贯彻习近平总书记重要讲话精神，落实新时代党的建设总要求，坚持一年一个主题，推进党建工作落实年、党建质量提升年、基层党建推进年、党建巩固深化年、党建创新拓展年，坚持党的领导与公司治理有机统一、党管干部党管人才与市场化选人用人有机统一、党组织设置与企业组织架构运行有机统一、思想政治工作和企业文化建设有机统一、党内监督与出资人监督和企业内控机制有机统一、党建责任与经营责任有机

统一，集中破解国企党建“四个化”问题，中央企业管党治党意识和责任明显增强，党的领导弱化、党的建设缺失、从严治党不力状况明显改观，有力推动了新时代国有企业全面深化改革、实现高质量发展、发挥国有经济战略支撑作用。

## （一）坚持把党的政治建设作为党的根本性建设，牢牢把握国有企业发展道路和方向

国有企业特别是中央企业作为中国特色社会主义经济的顶梁柱，必须旗帜鲜明讲政治，把党的政治建设摆在首位，增强“四个意识”、坚定“四个自信”、做到“两个维护”，牢记“国之大者”，始终成为党和国家事业发展的重要依靠力量。

### 1. 把“两个维护”作为首要任务

把深入学习贯彻习近平总书记重要指示批示作为党委（党组）第一议题，按照“有没有学习研讨、有没有贯彻措施、有没有督导推动、有没有跟踪问效”四项标准督促跟踪落实情况，把“两个维护”变为可检验可度量的刚性约束，确保习近平总书记重要指示批示在中央企业落地生根。

### 2. 用马克思主义中国化最新成果强化理论武装

编印《习近平关于国有企业改革发展和党建论述摘编》《习近平关于发展国有经济论述摘编》，推动习近平新时代中国特色社会主义思想在中央企业贯彻落实，使广大党员干部经受了洗礼、接受了考验、提高了站位、锤炼了意志，为中央企业改革发展提供了坚强保证。

### 3. 坚决贯彻党中央决策部署

把提高政治能力作为重要任务，引导国资央企广大党员干部切实提高政治判断力、政治领悟力、政治执行力，在维护国家战略安全、加快科技自立自强、促进区域协调发展、保障和改善民生等方面担当作为，坚决按照党中央指明的政治方向、确定的前进路线开展工作，真抓实干保证党和国家方针政策、重大部署在中央企业贯彻执行。

## （二）坚持把党管干部原则和发挥市场机制作用结合起来，建设高素质国有企业领导人员队伍

国资央企严格落实习近平总书记提出的“对党忠诚、勇于创新、治企

有方、兴企有为、清正廉洁”要求，努力培养造就一支政治上、能力上、作风上、纪律上都过得硬的国企领导人员队伍。

1. 精准科学选人用人

坚持党管干部原则，发挥市场机制作用，贯彻习近平总书记国有企业领导人员“20 字”要求，完善干部选拔任用和监督管理机制，积极探索“揭榜挂帅”“赛马”等机制，积极实施经理层任期制和契约化管理，“一企一策”建强配优领导班子，大力选拔基层经验丰富、实干实绩突出的优秀年轻干部，企业领导班子和领导人员结构明显优化、功能明显改善、素质明显提高、活力明显增强。

2. 加大培养锻炼力度

按照“政治家+企业家”培养方向，积极开展专业化培训和轮岗交流，让干部到吃劲负重岗位经受摔打，在企业商业、改革、研发等一线前沿经受磨炼，加快成长为善于治企兴企、管党治党的复合型干部。

3. 激励干部担当作为

坚持严管和厚爱相结合、激励和约束并重，制定落实“三个区分开来”激励干部新时代新担当新作为的实施意见，完善容错纠错机制和考核激励政策，为改革者、干事者撑腰，大力弘扬企业家精神，极大地调动了企业领导人员干事创业的积极性。

### （三）坚持强基固本，把国有企业基层党组织建设成为坚强战斗堡垒

国资央企深入贯彻《中国共产党国有企业基层组织工作条例》，进一步抓好“三基建设”不放松，确保企业发展到哪里、党的建设就跟进到哪里、党支部的战斗堡垒作用就体现在哪里，为做强做优做大国有企业提供坚强组织保证。

1. 全面压实党建责任

制订中央企业党建工作责任制实施办法和考核评价办法，常态开展中央企业党建责任制考核，结果同经营业绩考核衔接、同领导人员薪酬奖惩挂钩，既看经济指标，也看党建实绩，有效良性互促，有效破解多年来国企党建责任“落实难、难落实”问题。

2. 全面夯实基层党组织基础

中央企业 5 年来累计新发展党员近 49. 8 万名，新配增配基层党组织书

记近10万名，集中整治1600多个软弱涣散基层党组织，党务部门不低于同级部门平均编制，党务干部按照不少于在岗职工总数1%配备，党组织工作经费按照不低于职工工资总额1%保障，从根本上解决了长期困扰基层党建的无人干事、无钱干事、无章干事等“老大难”问题，基层党组织政治功能和组织力显著增强，党员先锋模范作用有效发挥。

3. 全面发挥党组织战斗堡垒作用和党员先锋模范作用

深入开展党员示范岗、责任区创建，组建党员突击队、技术攻关小组，党建入基层、党建入班组，引领各级党组织和党员干部在企业改革发展中当先锋做表率。2020年，面对突如其来的新冠肺炎疫情，中央企业15万个基层党组织、4万支党员突击队、68万名党员战斗在疫情防控最前沿和经营发展第一线，以实际行动展现了国有企业党组织和党员的风采。

### （四）坚持加强和改进思想政治工作，为做强做优做大国有企业汇聚团结奋进的正能量

国资央企大力传承思想政治工作这个国有企业的传家宝，多做得人心、暖人心、稳人心的工作，为企业改革发展加油鼓劲、凝心聚力。

1. 创新宣传思想工作

中央企业把思想政治工作同生产经营管理、人力资源开发、企业精神培育、企业文化建设等工作结合起来，针对职工队伍结构的新特点和经营环境新变化，强化国资央企正面宣传和舆论引导，深入做好释疑解惑、排忧解难、稳定人心工作，在思想上解惑、在精神上解忧、在文化上解渴、在心理上解压，引领广大职工群众坚定听党话、跟党走。大力弘扬国企先进精神，选树“时代楷模”“央企楷模”“抗击疫情先进典型”，深入传承劳模精神、劳动精神、工匠精神，积极宣传党的十八大以来形成的新时代北斗精神、探月精神、载人深潜精神等先进精神，为企业改革发展汇聚强大力量。

2. 树立国企良好形象

讲好讲活国企故事，扎实开展中国共产党成立100周年、中华人民共和国成立70周年、改革开放40周年等系列庆祝活动和重大主题宣传，打造“国企公开课”等经典品牌，通过多种形式用活红色资源，宣传央企人的拼搏精神，国有企业舆论环境明显改善。

3. 加强党对群团工作的领导

全心全意依靠工人阶级办企业，坚持和完善职工董事、职工监事、厂务公开等制度，支持工会组织充分发挥作用，鼓励职工代表有序参与公司治理，深化“爱企业、献良策、作贡献”，加强新时代中央企业共青团工作，不断深化党建带团建，团结凝聚广大职工群众和团员青年为党的事业发展建功立业。

## （五）坚持深化国有企业全面从严治党，营造风清气正的良好政治生态

国资央企以永远在路上的韧劲和执着，持续推进国有企业正风肃纪反腐。

1. 切实加强政治监督

各级党组织充分发挥政治功能，紧盯贯彻落实党中央决策部署和习近平总书记重要指示精神，聚焦疫情防控、三大攻坚战、高质量发展、国企改革、科技创新等重点任务加大政治监督力度，制定贯彻落实党中央决策部署和习近平总书记重要指示批示工作办法和督查办法，建立定期报告制度和工作台账。驰而不息纠治“四风”，对违反中央八项规定及其实施细则精神的问题和线索快查严处。

2. 集中开展专项整治

深入推进“驻京办”、“总部机关化”、境外腐败、利益输送、设租寻租、化公为私等问题专项整治，健全履职待遇、业务支出等一批制度，规范企业资金审批、物资采购、产品销售、工程建设等重点领域和关键环节的权力运行，加大对于关键岗位关键人员腐败风险的防范力度，坚决防止国有资产流失。

3. 始终保持反腐败高压态势

坚持严的主基调，突出重点减存量、零容忍遏增量。把纪律和规矩挺在前面，严肃查处靠企吃企问题，切实发挥巡视利剑作用，一体推进不敢腐、不能腐、不想腐，治理腐败效能不断增强，风清气正的政治生态加快形成。2020年，中央企业全面从严治党民意调查结果显示，职工群众对全面从严治党成效满意度达96.1%，对遏制中央企业腐败现象表示有信心的达96.6%。

## 九、立足新阶段、迈向新征程，坚定不移做强做优做大中央企业

2021年是“十四五”开局之年，是乘势而上开启我国全面建设社会主义现代化国家新征程、向第二个百年奋斗目标进军的关键之年，也是中国共产党成立100周年。中央企业将立足新发展阶段，准确全面贯彻新发展理念，构建新发展格局，牢记“国之大者”，实现高质量发展，为我国经济“十四五”时期持续健康发展作出更大贡献。

### （一）奋力推动高质量发展再上新台阶

坚持质量第一、效益优先，在质量效益明显提升的基础上，努力实现规模实力持续增长。**一是**围绕打造提质增效升级版，以“两利四率”目标为引导，进一步提高中央企业经营效率和发展质量。**二是**围绕畅通国内大循环，以供给侧结构性改革为主线，进一步实现中央企业转型升级。**三是**围绕构建国内大循环国内国际双循环，以共建“一带一路”为重点，进一步提高中央企业国际化经营能力和水平。**四是**围绕实现绿色低碳发展，进一步发挥中央企业在实现“碳达峰碳中和”目标中的表率作用。**五是**围绕突出抓好重大风险防范化解，进一步提升中央企业抗风险能力。

### （二）奋力推动科技自立自强展现新作为

企业是科技创新的主体，中央企业是科技创新的国家队。国务院国资委把科技创新作为“头号任务”，中央企业着力打造**科技创新“三地一特区”**，形成更多科技领军企业。**一是**努力打造科技攻关重地。坚持问题导向，在解决“卡脖子”问题上实现更多更大突破。**二是**努力打造原创技术策源地。中央企业要融入国家基础研究创新体系，主动承担重大项目，加大原创技术研发投入，加快布局一批基础应用技术，加快突破一批前沿技术，加快锻造一批“长板”技术。**三是**努力打造科技人才高地。进一步培养一批急需紧缺的科技领军人才和高水平创新团队，激发创新创造活力。**四是**努力打造科技创新政策特区。进一步加大政策支持力度，积极推行科研项目“揭榜挂帅”，营造良好创新环境。

### （三）奋力推动布局结构调整迈出新步伐

推进国有经济布局优化和结构调整，提升国有资本整体功能和质量效率，是更高层次推动国有企业做强做优做大的重要举措。**一是**聚焦国家战

略部署。中央企业将紧密围绕战略安全、产业引领、国计民生、公共服务等功能，加大对国家重大战略的服务和支撑力度。**二是**聚焦国有经济布局优化和结构调整。中央企业将加大前瞻性战略性新兴产业等领域的布局力度，加大战略性重组和专业化整合。**三是**聚焦主责主业发展实体经济。中央企业将以实施“十四五”规划为引领，聚焦主责主业发展实体经济，加快打造一批行业产业龙头企业、一批科技创新领军企业、一批“专精特新”冠军企业、一批基础保障骨干企业。**四是**聚焦产业基础高级化、产业链现代化。中央企业以服务国家战略支撑引领高质量发展为主线，提升产业链保障能力和产业体系抗冲击能力。

### （四）奋力推动国资央企改革取得新成效

国企改革三年行动任务全面完成，中国特色现代企业制度更加成熟定型，市场化经营机制更加灵活高效，管资本为主的国有资产监管体制更加健全，与各类所有制企业公平竞争、优势互补、共同发展的良好格局全面形成。**一是**国企改革三年行动任务的全面完成。中央企业将做深入实施国企改革三年行动的表率，确保 2021 年完成国企改革三年行动任务的 70% 以上，在重点领域和关键环节能够取得更大、更多的实质性成果。**二是**实现中国特色现代企业制度更加成熟定型。中央企业将不断深化实化“两个一以贯之”，正确处理党委（党组）和董事会、经理层等治理主体的关系，形成科学有效的公司治理机制。**三是**实现市场化经营机制更加灵活高效。中央企业将带头破解劳动、人事、分配三项制度改革难题，稳步推行经理层任期制和契约化管理，完善职业经理人制度，强化正向激励和业绩导向。**四是**实现以管资本为主的国有资产监管体制更加健全。坚持放活与管好相结合，国资监管机构深入推进职能转变，优化管资本的方式手段，全面实行权责清单管理，全面建成全国国资国企实时在线监管系统，提高国有资产监管效能，切实防止国有资产流失。**五是**实现与各类所有制企业公平竞争、优势互补、共同发展的良好格局全面形成。

### （五）奋力推动党的领导党的建设得到新加强

以习近平新时代中国特色社会主义思想为指导，深入贯彻习近平总书记关于国有企业改革发展和党的建设重要论述，巩固深化全国国有企业党的建设工作会议成果，坚持党要管党、全面从严治党，坚持党对中央企业全面领导，完善中国特色现代企业制度，着力构建党委（党组）发挥领导作用和公司其他治理主体依法行权有机融合的机制、坚持党管干部原则和市场化选人用人有机融合的机制、党组织设置运行与公司管理架构有机融合的机制、思想政治工作与企业文化建设有机融合的机制、党内监督与企业内部监督有机融合的机制、党建责任考核与经营责任考核有机融合的机制，把党的全面领导落实到各方面各环节，把党的建设优势更好转化为竞争优势发展优势，把制度优势转化为治理效能，以高质量党建引领高质量发展，为做强做优做大国有资本和国有企业、发挥国有经济战略支撑作用、加快建设世界一流企业提供坚强保证。

做强做优做大国有资本和国有企业，充分发挥国有经济战略支撑作用，加快建设世界一流企业，使命光荣、责任重大、任务艰巨。我们要在以习近平同志为核心的党中央坚强领导下，增强“四个意识”、坚定“四个自信”、做到“两个维护”，牢记“国之大者”，践行初心使命、勇于担当作为，为全面建设社会主义现代化国家、实现中华民族伟大复兴的中国梦作出新的更大贡献！

# 国务院国资委研究中心课题组

**麻健同志**牵头组织，负责统稿并参与报告各章撰写。

**报告统稿：**贾尽裴、王佳佳

**第一部分：**黄吉海、贾尽裴、王佳佳

**第二部分：**黄吉海、贾尽裴、贾默骐

**第三部分：**李寒湜、梅珺淇、牟思宇

**第四部分：**戚　悦、吕汉阳、袁　雪

**第五部分：**杜天佳、黄明明、王佳佳、王盼盼、戚　悦

**第六部分：**王佳佳、戚　悦、吕汉阳、王　悦

**第七部分：**杜天佳、黄明明、王盼盼

**第八部分：**李寒湜参与讨论修改

**第九部分：**吕汉阳、王佳佳、王　悦等撰写，郑东华参与讨论修改

**参加讨论：**许保利、黄大千、任昊天、贾默骐

# 贯彻落实“三新一高”
# 续写我国核工业新的辉煌篇章

（中国核工业集团有限公司）

核科技工业是高科技战略产业，是国家安全的重要基石，中国核工业集团有限公司（简称中核集团）是核科技工业的主体，肩负着服务国家战略任务和核能开发利用的双重使命。“十四五”是集团公司基本建成世界一流企业集团、实现高质量转型发展的关键五年，集团公司将锚定“三位一体”奋斗目标，以习近平新时代中国特色社会主义思想为指导，深入贯彻落实习近平总书记对核工业系列重要指示批示精神，大力弘扬“强核报国、创新奉献”新时代核工业精神，坚持安全发展、创新发展，全面提升核工业核心竞争力，大力推进先进核科技工业体系和世界一流企业集团建设，助推核强国目标早日实现，续写核工业新的辉煌篇章。

## 一、核工业高质量发展经验及成效

中核集团完整、准确、全面贯彻落实“三新一高”发展要求，进一步增强使命感、责任感、紧迫感、压力感，主动把握“两弹一艇”以来最重要的发展战略机遇期，全力以赴把重大工程建设等国家战略任务完成好，切实做好战略规划、体制机制的顶层设计和细化落实，进一步优化技术路线、完善技术体系，将高质量发展的要求纳入各项工作中，并取得了初步成效。

### （一）主责主业发展成效显著

**核科技创新成果丰硕。**“十三五”期间，核领域科技创新取得多项突出成果：“华龙一号”示范工程建成投运，高温气冷堆示范工程基本建成，60 万千瓦示范快堆工程开工建设，模块化小堆示范工程开工建设，基本实现核电型谱化、系列化、多元化发展，助力“碳达峰碳中和”战略实施；新专用设备成功实现商业化应用，自主知识产权 CF3 燃料元件和 N36 合金完成小批量入堆考验，$CO_2+O_2$ 第三代天然铀采冶技术实现规模化工业应用，攻克一批支撑后处理示范工程建设的关键技术，先进核燃料循环体系进一步完善；自主研发医用钴-60 生产技术使伽马刀装上“中国芯”，230MeV 质子治疗加速器完成总装和调试，助力高端医疗装备国产化替代，辐照灭菌技术、冷链食品新冠病毒防控技术等助力科技抗疫，全面满足健康中国建设需要；新一代“人造太阳”首次放电，锦屏深地核天体物理实验取得阶段成果，前瞻性研究和原始创新取得重要进展。

**核产业经济保持高速增长。**迄今，中核集团连续 16 年获得国资委考核 A 级，连续两年进入“世界 500 强”（2021 年位列第 371 名），2021 年在国资委考核中获得“双 A 一优”的好成绩。“十三五”期间，中核集团核产业经济发展取得长足发展，规模、效益、质量大幅提升，总资产由 4500 亿元增长至 9122.6 亿元，年均增长率达 20.54%；营业收入由 707 亿元增长至 2253.7 亿元，年均增长率达 43.76%；利润总额由 123 亿元增长至 205.2 亿元，年均增长率达 13.37%；EVA 由 69 亿元增长至 95.3 亿元，年均增长率达 7.62%。截至 2021 年 9 月，中核集团经营质量稳步提升，营业收入利润率 11.25%，高于军工行业平均 4.35 个百分点，排名第二位；研发经费投入强度 13.72%，高于军工行业平均 5.78 个百分点，排名第二位；年化全员劳动生产率 53.87 万元/（人·年），军工行业平均 14.23 万元/（人·年），排名第一位。

## （二）核心能力体系不断建强

**核科技创新能力体系不断提升。**持续推进“四个基地、一个平台”核心科研能力体系建设，不断夯实核基础、核能、核燃料循环、核技术、核材料等科研创新能力。推进研究堆、加速器、HL-2M 等大型科研装置建设，丰富科研实验设施。进一步强化 23 家科研院所为主的科研生产单位在创新链条中的职责定位和功能定位，形成基础研究、前沿技术研究、应用技术研究和产品研发有序衔接、结构合理的梯次研发体系。提升关键领域研发平台水平，积极参与国家实验室建设，着力提升原始创新能力，争当核领域原创技术策源地。构建打造“一体两翼”创新体系，推动“小核心、大协作”创新体系走深走实。“国内翼”方面，与清华大学等四所国内高校签订战略合作协议，成立联合研究院，积极参与申报国资委创新联合体。“国际翼”方面，建立东欧海外研发中心，吸引海外高端人才和资源。

**核产业能力体系不断强健。**以“8+N”产业体系为指引，围绕核电、天然铀、核燃料、工程建设、核环保、核技术应用、装备制造等核心产业领域，推动不断优化建立同心多元的集团产业体系。通过“十三五”发展建设，产业能力体系进一步完善。华龙一号实现批量化建设，国内外首堆工程建成在即，核电在运、在建装机规模达到28台/2600万千瓦，新能源在运装机突破1000万千瓦。全球首条工业规模高温气冷堆燃料元件生产线投产，AP1000燃料元件国产化生产线全面建成，200吨后处理示范工程开工建设，中低放废液处理处置工艺设施全线打通。新疆伊犁千吨级铀矿大基地全面建成。中国核建、中国同辐先后上市。成功收购同方股份和纳米比亚罗辛铀矿，市场化、国际化经营取得显著成效。出口巴基斯坦核电达到6台、340万千瓦。ITER项目核心安装工程启动实施。

### （三）企业治理能力水平全面提升

#### 1. 党的领导党的建设得到全面加强

**全面加强党的领导。**坚持“第一议题”制度，落实“首要责任”，建立督办落实机制，形成自上而下的完整抓落实体系，推动习近平总书记重要指示批示精神、重要讲话精神等高效贯彻落实。全面完成党建要求进章程，实现“双向进入、交叉任职”和党组（委）书记、董事长“一肩挑”，在20家具备条件的一类单位配备专职党委副书记。制定1+N权力清单，明确“三重一大”事项权责划分，坚持重大事项决策党委（党组）会前置研究等一系列具体要求。

**党建工作深度融入中心工作。**出台《党建融入中心三年行动工作方案》，探索党建融入中心工作路径。在重大工程现场，开展党建联建，将党组织与重大工程研发管理建设保障体系有机融合，构建跨产业链、跨行业、跨单位的“区域统筹、资源整合、优势互补”工作体系。针对重大专项工程，开展党建促专项，在产学研主体间构建起一整套党建引领的工作机制和创新网络体系，助力各参研参建单位协同攻关。开展中央企业首个党建质量管理体系试点，引入核电质量管理理念，将党建工作从结果管控转向过程管理，打破传统党建条块分割式工作思路，建立起“大党建”格局。

**全面从严治党取得显著成效。**在中央企业率先开展新时代党的建设战略研究，率先发布党建“1+3”五年规划，推进党建融入中心三年行动，制订党建考核评价办法，确保党建工作与改革发展同谋划、同部署、同落实、同考核。纪检监察体制改革全面落地，“大监督”格局基本建立，监督执纪问责更加有力。提前一年半完成集团内部巡视“全覆盖”，对总部部门开展常规巡视，推动巡视巡察有效联动。

2. 战略规划引领发展能力大幅提升

高起点谋划推进新时代核工业发展战略与规划。2018 年“两核”重组后，中核集团立足新起点制定新时代发展战略，确定了“建设先进核科技工业体系、打造世界一流核工业集团、推动建成核工业强国”的新时代“三位一体”奋斗目标，并科学研究制定“十四五”发展规划，规划编制过程中全面承接新时代发展战略思想。打造强有力战略规划研究与管理组织体系。集团党组把方向，董事会定战略规划，经理层执行落实战略规划，战略规划管理全面融入公司法人治理结构。总部设立战略规划部，赋予战略、规划双重职能，归口集中管理战略规划，强化战略规划在各项经营管理活动中的引领作用。组建战略规划研究总院，内设战略所、规划所、系统所、管理所四个研究所，作为支撑服务机构全面参与和支撑战略规划研究与管理工作。组建战略与管理咨询委员会和科学技术委员会，对核科技创新、核工业战略规划和重点管理问题提供决策咨询。

3. 深化改革、管理提升不断走向深入

**强化党的领导融入公司治理**。全面完成党建要求进章程，实现“双向进入、交叉任职”和党组（委）书记、董事长“一肩挑”，在 20 家具备条件的一类单位配备专职党委副书记。制定 1+N 权力清单，明确“三重一大”事项权责划分，坚持重大事项决策党委（党组）会前置研究等一系列具体要求。党的全面领导制度上有规定、程序上有保障、实践中有落实，切实发挥了党委（党组）把方向、管大局、促改革、保落实的领导作用。

**科研院所改革全面推进**。23 家科研院所改革全面推进，创新活力和发展动力显著增强。深入推进“一院两制”改革，对院所应用研究、工程转化、科技成果转化相关资产和人员实行实体化运作、企业化管理；深入推进运行机制改革，推进薪酬改革方案落地实施，提高对科技成果转化、科技创新、学科发展作出重大贡献人员的收入水平，建立健全市场化经营机制；持续开展院所改革后评估工作，不断优化院所改革的方法和路径。

**改革专项工程示范带动作用逐步显现**。通过实施国资委“双百企业”试点、“科改示范企业”和集团公司“综合改革”等专项工程，积极有序推进改革各项政策措施的综合运用和系统集成，有效解决政策落实“最后一公里”，激发基层改革创新动力，发挥示范引领突破带动作用。

**剥离企业办社会职能和解决历史遗留问题圆满收官。**完成34万户“三供一业”分离移交，完成率100%，累计获得中央财政补助资金20.47亿元。16户厂办大集体，完成1095人的分离安置工作，完成率100%，切实解决长期制约企业发展的历史遗留问题。

**现代企业制度建设成效显著。**明确子公司董事会建设原则，实现董事会应建尽建。优化董事会结构，完善外部董事选聘和管理制度，建立健全外部董事履职支撑和服务体系，打造高素质专业化外部董事队伍。开展二级子公司董事会建设评价，提升规范运作水平。开展专职董事履职考核，提升董事履职质量。具有中核特色的子公司法人治理结构取得丰硕成果。

4. *以创新求变激发人才队伍活力*

**全面加强企业领导人员队伍建设。**建立“分类分级、放管结合，能上能下、动态调整”干部管理机制，开展对领导班子“地毯式”调研分析，试点领导班子标准化建设。推进经理层任期制、契约化管理和职业经理人制度建设。优化干部年龄结构，综合考虑干部年龄和工作状态，安排部分党组管理干部提前退出现职，累计退出119人。公开选拔年轻党组管理干部81人。选拔青年英才217人，配套专项支持。选派48名年轻干部和技术骨干到专项工程挂职、60名年轻干部到对口扶贫地区挂职，连续开展3批员工双向挂职。集全系统力量，为重大工程项目选配紧缺急需专业技术人才53人。

**推进对领导干部的监督管理。**落实对同级党委“一把手”及班子成员监督要求，开展选人用人专项整治，集中解决“突击提拔”“近亲繁殖”“裸官”“不担当不作为”等突出问题，开展领导干部个人事项申报和领导干部配偶、子女及其配偶经商办企业行为专项治理活动，营造出团结协作、风清气正的政治生态。

**加大育才引才用才力度。**树立人才优先理念，加强对人才的政治引领和政治吸纳。建立院士培养体系，实行“一人一策”，院士培养实现突破。入选新增各类国家级高层次人才350人。聚焦“六能”进一步完善首席专家、科技带头人管理体制及发挥作用机制，全面推进人才特区及人才专项支持计划，为企业发展提供人才保障。

5. *安全环保水平不断提升*

**安全发展基础不断夯实。**核与辐射安全保持良好记录，未发生二级及以上核安全事件，环境安全、重点安全环保风险总体可控，安全环保管理能力持续提升。在运核电机组、研究堆、核燃料循环设施安全稳定运行。2020 年 15 台核电机组获得 WANO 综合指数满分评价。集团公司重点风险点进一步消除，老旧核设施风险治理成效明显。

### （四）诠释央企新时代责任担当

**助力打赢脱贫攻坚战。中核集团**对口帮扶重庆石柱土家族自治县，宁夏同心县，陕西旬阳县、白河县四个贫困县，已全部实现脱贫摘帽。中核集团连续两年获得中央单位定点扶贫工作考核“好”的最高等次，核工业二一六大队“访惠聚”驻村工作队获得全国脱贫攻坚先进集体表彰，涌现了扶贫先进人物胡仁禄等。

**防疫抗疫显央企担当。**发挥核工业技术和产业优势助力抗击疫情，派出 282 名医护人员支援疫情防控，派出首支中资企业派驻境外项目的医疗队。免费为 228 万套医用防护服、2011 万副医用乳胶手套提供辐照灭菌服务，包机 12 批次向海外项目现场运送 3000 余名工程人员和 4000 余箱急需物资，得到上级领导和社会各界的高度肯定。北京原子高科金辉辐射技术应用有限责任公司被评为“全国抗击新冠肺炎疫情先进集体”，涌现了抗疫先进个人施晓松、王英等。

## 二、“十四五”展望

“十四五”时期是集团公司“三位一体”奋斗目标跨越发展阶段的第一个五年，要贯彻“三新一高”发展要求，高举核强国建设的旗帜，锚定“十四五”发展目标，发挥制度优势、发展优势和机遇优势，系统谋划、真抓实干、奋发有为，在贯彻落实新时代发展战略、推动核强国建设上迈出坚实第一步，为实现未来 30 年建成核强国目标开好局、起好步、谱写好新篇章。

### （一）大力构建自立自强核科技创新体系

创新是核工业与生俱有的品质特征；贯彻创新发展战略，发挥科技第一生产力作用，是核工业发展的必然要求。坚持“四个面向”，坚持科技创新在全局工作中的核心位置，深入实施创新驱动发展战略，攻克“卡脖子”关键技术，布局先导技术、颠覆性技术研究，开展基础共性、交叉前沿技术研究，实施重大科技专项与重点科技项目，推进核心科研能力建设，着力激发活力动力，打造原创技术“策源地”，促进科技自立自强，更好服务建设科技强国。

### （二）实现核产业经济跨越发展

核强国必须核产业经济强，经济保持平稳较快增长，经济规模进一步显著扩大，发展质量显著提高。持续不断优化完善 8+N 产业体系，实现产业集群发展，重点打造形成核电、工程建设两个千亿级产业，具备百亿级规模产业超过 6 个，包括核燃料、天然铀及延伸、核技术应用、节能环保、数字信息、新能源等，着力推动培育若干新领域形成新增长点，核心产业市场竞争力显著提升，积极打造现代产业链“链长”，加快补齐短板、锻造长板，优化和稳定产业链供应链。

### （三）加快构建国内国际发展新格局

独立自主发展是建设核强国的本质要求，面向全世界发展是经济全球化的必然趋势，要更好利用国内国际两个市场、两种资源，实现更加强劲可持续的发展。必须立足国内，充分发挥国内超大规模市场优势和内需潜力，提升产业链现代化水平，畅通做实国内大循环这个主体，主动融入国家区域发展战略，借助国家区域发展政策，为集团产业经济发展增添新动力。把握国际市场动向、需求特点和规则要求，进一步开拓国际市场，推动产业在更高水平的对外开放中实现更好发展，促进国内国际双循环。突出区域特点和产业特点，抓住重点区域和重点产业，注重整体规划与分工实施，注重统筹当前长远，做到有所为有所不为。聚焦区域存量产业特点，谋划打造区域特色发展，原则上，区域存量产业不做不必要调整，优化布局增量产业配置。

### （四）大力推进数字核工业建设

信息化、数字化、智能化是核工业走向现代化、建设核强国的必由之路。要夯实数字化智能化基础，提升科研设计数字化智能化水平，推进生产制造数字化智能化转型，加快实现经营管理信息化数字化智能化，以数字核工业建设助力中核集团生产经营高质量发展。

### （五）持续提升安全环保水平

安全是发展的底线和红线，核安全是核工业的生命线，安全是集团公司的核心价值观；确保安全环保是集团公司持续健康发展的首要任务和政治责任，是肩负的历史使命和责任担当。“十四五”将加快完善安全环保治理体系与能力，持续消除重点安全环保风险，确保核与辐射安全、人员安全、环境安全，提升安全应急能力，大力推进核安全文化建设。

### （六）扎实推进全面深化改革

改革是对组织机构和管理体制的系统性、整体性重构，目的是推动治理体系和治理能力现代化。“十四五”期间，集团将重点做好以下八方面工作：建立完善中国特色现代企业制度、推进产业布局优化和结构调整、优化科技创新体制机制、健全市场化经营机制、大力实施资本运营、积极稳妥深化混合所有制改革、抓好国企改革专项工程、积极开展对标世界一流管理提升行动。

### （七）打造新时代高水平人才队伍

人才是第一资源。核科技创新的源泉在于人，核产业发展的活力在于人，集团公司建设要靠人，建设核强国关键在人。将立足科研生产、服务保障等实际需要，统筹做好人力资源保障，提高人力资源效能，增强获得感幸福感；坚持围绕中心任务服务中心任务，加强各类核心人才队伍建设，提升人力资源品质，培养出更多高水平高层次人才，不断满足发展建设需要；适应现代企业管理要求，创新干部管理和人力资源管理机制，打造核工业特色的人才管理新模式，形成新经验；抓好基础能力建设，高标准建好核工业大学，大力提升管理、教育的信息化智能化水平，保障人力资源教育管理需要。

### （八）全面加强党的领导和党的建设

党的坚强领导是核工业建设的重要经验总结，是核工业发展的根本保证。坚定党的领导，发挥党领导的核心作用，充分彰显党的领导这一最大优势。不断推进党的建设与中心工作深度融合，发挥先锋队作用和战斗堡垒作用，提升党的建设水平，促进中心工作发展。大力弘扬“两弹一星”精神和“强核报国、创新奉献”新时代核工业精神，宣扬集团公司核心价值观和文化理念、成功典范、先进事迹等，激发正能量。驰而不息推进党风廉政建设和反腐败工作，严格程序、严格责任、严格监督，持续纠风、强化问责，营造风清气正发展环境。

（中国核工业集团有限公司：张锐平、汪顺章、刘洪军）

# 以“三高” 发展加速推动航天强国建设

（中国航天科技集团有限公司）

探索浩瀚宇宙，发展航天事业，建设航天强国，是我们不懈追求的航天梦。中国航天科技集团有限公司（简称“航天科技”或“中国航天”）作为中国航天事业的主导力量，坚决贯彻落实党中央、国务院推进高质量发展的战略部署，努力践行新发展理念，加快建设世界一流航天企业集团，以高质量发展更好履行富国强军的使命责任。

## 一、准确把握新发展理念，将高质量发展思想贯穿始终

按照党的十九大报告提出的高质量发展和建设现代化经济体系总体要求，结合集团公司发展实际，航天科技将高质量发展的要求纳入各项改革发展工作中，形成了顶层策划、系统部署、分解落实、强化督导的工作局面，取得了初步成效。截至2020年，连续18年国资委经营业绩考核A级，连续8年位列央企前十，同时连续7年跻身世界500强榜单。

### （一）强化顶层设计，全面落实高质量发展工作部署

2018年，我们组织召开了第七次战略工作会，明确提出了“高质量保证成功、高效率完成任务、高效益推动航天强国和国防建设”的“三高”发展标准。“三高”是高质量发展要求在航天领域的具体落实和体现。“高质量保证成功”是基础和前提，“高效率完成任务”是方法和手段，“高效益推动航天强国和国防建设”是目的和目标。

2021年，集团公司第八次战略工作会再次强调，我们必须始终锚定高质量发展目标，推动研制生产模式变革和经营管理模式变革。决战决胜未来三年任务，取得一批标志性成果，以更高质量、更高效率提供更好产品和服务，全面实现高质量、高效率、高效益发展，为圆满完成“十四五”目标奠定坚实基础。

“十四五”时期，航天科技迎来全面建设航天强国新征程的第一个五年，是航天强国建设第一阶段的关键时期。在集团公司的“十四五”规划中，明确了“科技自立自强攀登新高峰、武器装备供给能力再上新台阶、宇航领域发展实现新跨越、产业发展实现新突破、高质量发展基础支撑形成新局面”的主体目标，“十四五”航天科技将致力于让我国航天事业踏上高质量发展、争创世界一流的新征程，全力打造高质量发展新局面，加快推动航天强国建设。

### （二）加强统筹规划，科学制定高质量发展实施路径

系统谋定战略，设定远期目标，科学制定路径，是航天科技保持高质量发展的重要方法。在战略上，强化领先意识、领跑意识，加强顶层策划，着眼世界航天科技发展形势，聚焦重大前沿领域，瞄准航天强国建设需要，谋划符合我国国情的发展战略和技术路线图，凝练提出国家重大科技计划。探月工程按照循序渐进、分步实施的发展原则，兼顾考虑整体工程实施的可靠性和探测成果拓展的可操作性，提出了“绕、落、回”三步走的中长期发展路线。工程共计安排了 6 次正式探测任务，由易到难、循序渐进，在空间探测领域持续“深耕”，形成了具有中国特色的月球探测模式。在目标上，针对重型运载、深空探测、载人登月等前沿领域，研究了未来 15~20 年的发展目标、实施路径和重大任务，论证了关键技术群和技术发展路线，凝练提出原始创新和核心技术发展需求；针对高超声速、人工智能、星箭一体等前沿领域，全面谋划武器装备体系化作战和体系化装备的战略发展和长远规划。在路径上，按照载人航天“三步走”发展战略，规划了从无人到有人、从一人到多人、从短期到长期驻留的技术发展路径，先后部署了航天员出舱、交会对接、在轨驻留、推进剂在轨补加等关键技术攻关（见图 1）。

图 1　月球探测“三步走”战略

### （三）实施专项行动，发挥高质量发展示范引领作用

2020年，国资委启动“对标世界一流管理提升行动”和“国企改革三年行动”，航天科技高度重视、迅速落实，把握管理提升契机做精做强主业，用好改革关键一招构建高质量发展格局。系统对标世界一流，不断强化企业的高质量、高效率、高效益发展能力，成为部分重点领域引领全球航天技术发展的领军企业、践行高质量发展的领先企业、具有较强国际影响力的典范企业。全面落实国企改革三年行动，按照党中央、国务院决策部署，集团公司研究制定了《改革三年行动实施方案（2020—2022年）》。通过改革三年行动，为增强航天科技的竞争力、创新力、控制力、影响力和抗风险能力，发挥改革的突破和先导作用，实现“三高”发展。

## 二、重大工程任务接续成功，为高质量发展积势蓄力

按照习近平总书记“8·26”重要批示，航天科技奋力拼搏，全面完成集团公司“十三五”目标任务，宇航发展成就举世瞩目、武器装备的实战化和体系化取得重大突破、航天技术应用及服务产业平稳发展，高质量发展初见成效，有力支撑了国防和军队建设。“十三五”期间，共实施136次宇航发射，将320个航天器送入太空，射总次数、单次平均发射航天器重量大幅提高，29次重大工程任务连战连捷、连续成功，体现出航天科技高质量保证成功能力大幅提升，高效率完成任务能力显著提高，有力推动了中国航天事业实现高质量发展，持续提升了中国进入空间、利用空间和探索空间的能力，为推动太空成为国家安全的战略制高点和助推国民经济建设起到了重要作用。

### （一）探索星辰大海，宇航成就举世瞩目

作为开发和利用太空的国家队，航天科技取得了以载人航天、月球探测、北斗导航、火星探测等为代表的一系列重大成就和多项世界领先成果，不断创造航天新高度。“十三五”期间，长征五号、长征五号乙、长征七号、长征八号等新一代运载火箭成功首飞，长征十一号实现海上商业化应用发射，运载能力跃升世界前列；神舟十一号载人飞船与天宫二号成功交会对接，天舟一号货运飞船完成推进剂在轨补加技术验证，载人航天

工程第二步圆满收官；嫦娥四号实现人类首次月球背面着陆巡视探测，嫦娥五号首次实现月球表面采样返回（见图 2）；天问一号成功实现火星环绕与着陆巡视探测；北斗全球卫星导航系统全面投入运营，使我国成为继美俄之后第三个自主建成全球卫星导航系统的国家；高分辨率对地观测系统建设圆满收官，分辨率达到亚米级；风云四号气象卫星大气探测分辨率达世界领先水平。

**图 2　嫦娥五号返回舱**

## （二）履行强军首责，装备取得重大突破

作为国家战略安全和国防、军队现代化建设的主导力量，航天科技研制出完整配套的导弹装备系列，在许多领域达到世界先进水平，履行强军使命的能力显著增强，为国防现代化建设和世界一流军队建设奠定了坚实基础。70 周年国庆阅兵，航天科技有 10 余型高质量、高性能装备亮相，特别是新型撒手锏装备的亮相，扬我国威军威，彰显了我国国防建设取得的历史性成就（见图 3）。性能优良、技术先进的一些系列导弹武器与军事航天装备，为我军丰富装备体系、形成高质量的战斗力提供了坚实的支撑，有力推动国防装备和军队现代化建设实现跨越式发展。

**图3　70周年国庆阅兵**

## （三）服务民生国计，民用产业平稳发展

集团航天技术应用及服务能力稳步提升，2020年度经营收入首次突破200亿元，高效益发展能力明显增强，助力集团整体经济规模和效益跃上新台阶。卫星及应用、无人装备、智慧城市、工业机器人、物联网、煤气化装备、高性能膜材料、氢能利用等新兴产业快速发展，正在加快推动成为国家现代化产业体系的重要支撑。0.5米高分辨率商业遥感卫星星座投入运营，大型无人运输机完成国内试点航线首飞，粉煤加压气化“航天炉”满负荷连续运行时间多次打破世界纪录，国内首套氢液化工厂投入商业化运营，高性能膜材料、工业“三废”处理、石油火工品、增雨防雹火箭等处于行业领先地位。北斗导航（见图4）、卫星遥感、卫星通信广泛应用于气象水文、交通运输、农林牧渔、环境治理、应急救灾等领域，在防范抵御自然灾害、导航定位指引、高效治霾节能环保、飞机高铁上网互联、卫星服务城市建设等方面起到重要作用，为人民生活提供便利和优质的服务。同时积极推进航天育种提高产量、人工辅助心脏救人等，不断满足人民美好生活高质量需要，全面服务于国计民生。

图 4　北斗导航

## 三、科技创新实现重大突破，为高质量发展注入动力

习近平总书记指出，"创新始终是一个国家、一个民族发展的重要力量，也始终是推动人类社会进步的重要力量"。航天科技肩负着"发展航天事业，建设航天强国"的战略使命和历史责任，科技创新一直是全局工作的核心。"十三五"以来，航天科技突破了一批关键共性技术、前沿引领技术、现代工程技术，形成了一批高水平专利成果，孕育催生了一批引领性重大工程与项目，航天技术开始由"跟跑""并跑"向"并跑""领跑"的高质量、高水平迈进。

### （一）加强科技管理，完善运转高效的创新机制

定期开展科研生产管理体系评估，研究各类产品研制生产的内在规律，查找制约型号研制、生产、试验的短板和瓶颈，科学合理制定交付节点和研制生产计划，提高了产品高质量性能与批交付能力。同时，将研发投入作为对各级单位考核的重要指标，加大技术创新的自主投入力度。在增加投入总量、优化投入结构和把握投入时机上，建立完善了支持重点技术研发和基础研究的创新投入机制。针对统筹研发项目，建立了各级单位配套投入机制。成立了航天创新基金（规模达 300 亿元），引导高等院校、科研院所等社会优势科技资源，围绕航天发展的长远需求开展基础性和探

索性研究，增强持续高质量发展能力。

## （二）强化基础创新，构建高速直通的创新体系

印发《关于完善航天科技集团公司技术创新体系若干意见》，持续完善科研创新管理体系，加快推动研发机构和创新平台能力建设。目前，航天科技已建成16个国家级重点实验室、21个国家级创新中心、8个国家级国际科技合作基地、8个集团级重点实验室、18个集团级研发中心。集团总体与重点专业研发中心覆盖率达到100%，近80%的专业公司和上市公司设立了研发机构，专职研发人员队伍达到全体科技人员的12.9%。新组建的航天科技系统研究发展中心有效支撑了深空探测、重型运载火箭等国家科技重大工程和项目的论证。正在加紧筹建的创新研究院，瞄准战略前沿，聚焦“战略性、前沿性、颠覆性、基础性”研究，力争取得一批重大原创性成果，抢占世界航天科技和创新发展的制高点。与此同时，将建设产学研用一体的协调创新网络作为提高科技创新能力的重要途径，不断提升技术创新融合发展，与清华大学（见图5）、上海交通大学等30余所高校联合建立76个产学研合作平台，不断拓展国际交流合作，与英国、德国、意大利、荷兰等国家的大学和研究机构联合成立了16个高水平的国际研发中心。

**图5　航天科技集团与清华大学签约仪式**

## （三）推广成果应用，增强航天技术的转化增效

坚持创新、协调、绿色、开放、共享的新发展理念，持续加强航天技术的转移转化、工程化产业化应用，惠及国计民生，带动相关产业发展，共同实现高质量发展。长征五号运载火箭高强不锈钢、耐热合金钢、钛合金型材等特种原材料，以及五轴联动电火花加工技术、大型铝合金环锻技术、复杂曲母线空间回转体的旋压与精密加工技术等，都已经在石油化工、航空航海、环保医疗等领域实现推广应用。探月工程任务研制的机械臂成功转化到机器人等领域，SoC 芯片实现了国际出口，环路热管技术已拓展应用于航空惯性部件散热和笔记本电脑显卡散热，漏导航信号处理技术应用于无人装备、自动驾驶等领域。充分利用新型低碳能源、能源提取、低碳脱碳等航天技术，研制开发了氢氧燃料电池、工业炉余热回收再利用、等离子危废处置、烟气超低排放等系统级产品，广泛应用于节能环保、能源开发等领域，为中国早日实现碳中和、碳达峰目标作出了航天贡献。作为 2022 年冬奥会开闭幕式技术保障单位，航天科技积极利用机械、动力、电器、控制、通信、显示、氢能等技术优势，在指挥通信、视频显示、火炬装备、舞台装置、国产雪车（见图 6）等方面提供了高质量的技术支持。

**图 6　北京冬奥会雪车**

## 四、深化改革取得显著成效，为高质量发展激发活力

唯改革者进，唯创新者强，唯改革创新者胜。习近平总书记深刻指出，“如果说创新是中国发展的新引擎，那么改革就是必不可少的点火器”。航天科技集团准确把握“深化改革”是激发活力动力的关键，是实现“三高”发展、推动航天强国建设、支撑世界一流军队建设的根本保证。

### （一）完善企业治理，健全精益管理的体制机制

航天科技贯彻落实党中央重大决策部署，着重完善中国特色现代企业制度建设，以及适应现代治理能力的规章制度体系建设。一是明确了公司治理各主体职责边界，建立了权责法定、权责透明、协调运转、有效制衡的公司治理机制，中国特色现代企业制度建设取得重要进展。二是统筹推进全级次规章制度体系建设工作，进一步巩固和深化改革成果，不断提升企业管理效能和治理水平。尤其按照由“精细”到“精益”再到“卓越”的质量强企行动指南，构建了精益质量管理体系，完善了企业标准体系、产品化工作体系、工艺工作体系和全级次供应商管理体系，有效实施了三年质量能力提升工程、产品合格率提升与稳定性控制工程等工作，高质量保证成功的质量管理模式基本形成，航天型号质量保证水平显著提升。三是搭建了以月度经营计划例会为载体的精细化经营管理平台，建立了以“三个三，两个六”为核心的经营管控指标体系，优化了年度与月度考核分配联动机制，不断完善责任传导机制和利益传导机制。通过精细化经营管理体系的运行，牵引大部分单位克服疫情和经济下行双重不利影响，经营规模和运行质量持续向好发展。特别是助推2020年全年净利润完成值从8月预计的缺口11亿元转变为超出5亿元以上，为航天科技在国资委央企考核中取得好成绩奠定了坚实基础。

### （二）加快转型升级，建立高效运转的组织架构

航天科技不断强化总部“三大中心”职能，完成了总部机构和职能调整、明确总部与二级单位的管控界面，通过因企施策、分类管理，不断加大授权放权力度。各二级单位围绕管理要素高效履行加强航天科研生产管

理体系建设，持续推动科研生产模式优化升级，推进研制流程优化和差异化管控模式调整转型，打造了“两头在内，中间在外，核心在手”的科研生产组织架构，建成需求导向、资源统筹、权责清晰、高效协同的航天科研生产管理体系。确保了近年来以载人航天、月球探测、火星探测、北斗导航工程为代表的航天重大工程连续成功。

另外，航天科技加快完成“瘦身健体”实现“提质增效”。截至2020年底，共完成185个“三供一业”分离移交项目、共计33万户职工家属区的中央财政补助资金清算工作和资产移交备案工作；完成了8.7万名退休人员的社会化管理，实现了平稳移交；清理淘汰了一大批零利微利、连续亏损、扭亏无望、低效无效的单位，有效止住了出血点，五年来法人单位总量净减少260家；一批具有发展潜力困难企业，也通过强化管理提升，实现了减亏或扭亏为盈，发展质量和市场竞争力稳步提升。

### （三）强化人才激励，激发干事创业的人才活力

定期召开创新大会，不断出台鼓励创新、尊重人才的政策，营造有利于创新的文化氛围，加大人才创新激励。设立了航天功勋奖、航天创新奖、航天贡献奖（见图7）、“十大技术突破”对作出突出贡献的集体和人员给予表彰奖励，通过重奖树立标杆示范，强化榜样引导，提高全员干事创业活力和担当作为动力。每年投入专项资金2000万元建立重大奖励机制，设立航天功勋奖、航天创新奖和航天贡献奖，对作出突出贡献的优秀人才实施奖励，最高额度达100万元/人。

实施青年拔尖人才支持、科技创新团队建设等重大人才计划，培养选拔各类高层次人才，造就了一批世界一流的科技领军人才和创新团队，一大批优秀人才脱颖而出。孙家栋被授予“共和国勋章”、叶培建获得“人民科学家”荣誉称号，新增科学院和工程院院士4名、国家级专家50名、享受国务院政府特殊津贴专家282名，新增中华技能大奖获得者3名、全国技术能手38名。

图 7　2020 年度航天贡献奖

## 五、党建工作全面深入推进，为高质量发展凝聚伟力

面对新时代强军使命和建设航天强国任务，面对推动航天事业发展过程中内外部出现的风险挑战，航天科技始终坚持党的领导，加强党的建设，筑牢航天事业发展的“根”和“魂”，用党的红色基因传承锻造航天精神，将党的政治优势转化为新时代航天接续奋斗、创造新辉煌的发展优势，强化党的理想信念和理论根底指引中国航天实现高质量发展。

### （一）用党的优良作风强化科技创新本领

2020 年，航天科技坚守央企的责任担当，坚决打赢疫情防控阻击战和重大工程任务攻坚战“两个战役”，不断强化在中心任务完成中党建和思想政治工作的作用发挥，增强工作的主动性，思考在前，部署在前，落实在前。尤其加强型号外场试验（发射）任务党的工作，在火星探测、嫦娥五号等重要任务中成立临时党委，有力保证了国家重大工程任务的出色完成，全面提升空间运输、空间应用和空间探索能力（见图 8）。

图 8　神舟十二号试验队

## （二）将党的政治优势转化为航天发展优势

以高质量党建引领高质量发展是航天强国建设的成功经验，以抓重大工程的方法抓好党建是航天强国建设的重要举措，以任务圆满成功检验党建成效是航天强国建设的生动实践。坚持将党的组织深入到重大工程各阶段，坚持让党员身份闪亮在航天事业第一线，建标准、建体系、建机制，确保党建工作与科研生产同步开展、同频共振，推动党建工作和中心任务深度融合，让党旗始终在航天重大工程一线高高飘扬。

## （三）用党的理论指导和推动“三高”发展

以辩证思维把握新发展阶段面临的新机遇新挑战，以系统观念摸准规律、找准路径，以问题导向和目标导向破解难题，不断提高建设世界一流企业的能力和水平。把握“三高”发展的内在逻辑。“高质量保证成功”是底线，对航天事业而言，成功是永恒的主题，没有成功就没有一切。“高效率完成任务”是标线，高效率就是要解放生产力，提高工作效率，尽最大可能满足国防建设和经济社会发展要求。“高效益推动航天强国和国防建设”是高线，高效益不仅是经济要求，更是政治责任。作为社会经济组织，航天科技必须积极参与市场竞争，讲求经济效益，最大、最优地满足国防建设和经济社会发展要求。

自然界的春天是等来的，航天事业的春天则是奋斗出来的。走进新时代，航天科技立足新发展阶段，完整、准确、全面贯彻新发展理念，积极融入新发展格局，始终牢记强军首责，把握好“唯有成功才能专注发展、唯有奋斗才能实现发展、唯有创新才能持续发展”的辩证关系，牢固树立“高质量保证成功、高效率完成任务、高效益推动航天强国和国防建设”的发展目标，用奋斗豪情担当起时代的重任，以高质量创新引领高质量发展。以坚韧不拔的意志、只争朝夕的劲头、锐意进取的精神，团结奋斗、顽强拼搏，矢志追求工作一流、过程一流、结果一流，不断提升高质量、高效率、高效益发展的能力，加快建设世界一流航天企业集团，有效支撑世界一流军队建设，全面开启航天强国建设新征程，为建军百年目标实现、为实现社会主义现代化强国、为中华民族伟大复兴作出新的更大贡献。

（中国航天科技集团有限公司：杨　帆、孙　鲲、李双博、郑苋秋）

# 履行强军首责　推动高质量发展
# 努力建设具有全球竞争力的世界一流企业

## （中国兵器工业集团有限公司）

## 一、基本情况

兵器工业是我党最早创建和领导的军事工业部门，发源于1931年10月在江西官田成立的中央军委兵工厂，是中华人民共和国国防科技工业的摇篮。人民兵工创建90年来，始终坚持国家利益高于一切，大力弘扬“把一切献给党”的兵工精神，为缔造和捍卫人民共和国、为国防现代化建设和国防科技工业发展、为改革开放和中国特色社会主义事业作出了重要贡献。

中国兵器工业集团有限公司（以下简称“兵器工业集团”）是1999年在原中国兵器工业总公司所属部分企事业单位基础上改组成立的。兵器工业集团是我军机械化、信息化、智能化装备发展的骨干，是全军毁伤打击的核心支撑，是现代化新型陆军体系作战能力科研制造的主体，是“一带一路”建设和军民融合发展的主力。

兵器工业集团始终坚持国家利益至上，将装备保障放在首要位置，是唯一一家面向全军以及武警公安提供武器装备和技术保障服务的军工集团，除为陆军提供坦克装甲车辆、远程压制、防空反导等主战装备之外，还向各军兵种提供智能化弹药、光电信息、毁伤技术等战略性、基础性产品。同时，兵器工业集团集中力量打造了石油化工、汽车零部件、精细化工、民爆、光电信息、北斗产业、机械装备、应急产业、新材料、重型车辆、物资贸易、工程咨询设计等民品业务板块，大力发展军贸、海外战略资源开发、国际工程承包、民品出口及技术引进等国际化经营业务，着力推动我国装备“走出去”和国际产能合作，积极服务“一带一路”建设，为我国经济社会发展作出了积极贡献。兵器工业集团现有59家子集团和直管单位，人员总量22.7万人，科技人员6.1万人，主要分布在北京、陕西、内蒙古等29个省（直辖市、自治区），在全球73个国家和地区设立了144家境外分子公司和代表处。

## 二、高质量发展举措和成效

兵器工业集团坚持把履行好强军首责、推动高质量发展作为工作主线，发展质量和效益持续提升。“十三五”兵器工业集团主要经济指标均超额完成规划目标，利润总额、净利润年均增长达到两位数，主营业务收入在高基数上稳步增长，位居军工集团前列，“两利四率”等指标全面完成国资委考核目标。2020年夺取了疫情防控和实现全年目标任务“双胜利”，实现营业总收入4850亿元，实现利润总额196亿元。兵器工业集团连续17年和连续5个任期获得国务院国资委经营业绩考核A级，位列世界500强企业排名第127位，整体迈入高质量发展轨道。

### （一）坚决贯彻落实党中央重大决策部署

兵器工业集团始终坚持把贯彻落实党中央决策部署作为最高战略，学习领会习近平总书记重要指示批示精神，学习领会党中央、国务院、中央军委关于履行强军首责、创新驱动、供给侧结构性改革、“一带一路”建设、深化国企改革、打好三大攻坚战、提质增效稳增长和加强党的建设等决策部署要求，全面推动北斗应用等重大任务和重点工程，系统梳理贯彻落实措施，全力组织推动；同时在总部机构优化调整中设立重大专项办公室，由党组书记、董事长直接分管，体系化督导推进工作，真抓实干把习近平总书记重要指示批示精神和党中央决策部署落到实处，以实际行动和发展成效践行“两个维护”。

### （二）高质量完成装备保障任务

兵器工业集团始终把履行好强军首责作为党中央对兵器工业最直接、最重要的决策部署，积极聚焦备战打仗要求，全力推进武器装备机械化信息化智能化融合发展，有效支撑新时代强军目标。连续两年在军品任务考核中位列军工集团第一。

**一是全力推进新型武器装备研制保供。**坚持质量第一，加强组织调度，高质量完成装备保障重点任务，向部队按时保质交付一批先进装备，显著增强我军新质战斗力。特别是在疫情防控形势十分严峻的情况下，全力保障装备交付，军品科研生产经受住了严峻考验。

**二是系统构建军工核心能力体系。**聚焦补齐供应链、产业链短板弱项，“成体系、高效能”优化能力结构布局，提升供给保障水平，初步形成体系化系统创新研发能力。兵器工业集团新型装备研发制造、体系装备策划论证、基础研发、信息化协同和数字化研制、综合保障和绿色发展等五大能力得到系统提升。

**三是圆满完成服务保障任务。**高质量牵头完成庆祝建军 90 周年阅兵、庆祝中华人民共和国成立 70 周年阅兵等重大装备保障任务，获得了阅兵联合指挥部的肯定好评。

### （三）全面提升自主创新能力

兵器工业集团深入贯彻打造国家战略科技力量的要求，坚持把创新摆在发展全局的核心地位，持续完善技术创新体系，紧盯重大工程、重点专项、装备体系、重点装备，体系化提升自主创新能力，聚力自主创新突破一大批关键核心技术，跨越提升，科技创新实现新的重大突破，加快实现在高水平科技自立自强，积极推进向科技创新型企业转型升级。

**一是推进装备研发体系策划。**强化装备体系顶层设计，支撑典型部队需求，组织开展多项装备体系的论证实施，有力促进装备建设由装备到战斗力、由单装到体系的跨越提升；在现有装备体系基础上，体系化布局前沿技术领域，先期启动一批军事智能项目研究，有力支撑我军壮大新域新质战斗力。

**二是推进技术创新体系建设。**适应装备体系化建设和自主可控发展要求，坚持集中力量办大事、联合起来求发展，系统构建装备研发体系和技术研究体系，着力提升装备体系创新能力和基础研究能力，构建了 41 个创新平台、23 个创新团队，有力促进了装备体系建设和重大科研项目攻关。

### （四）加快现代民品产业体系建设

兵器工业集团始终坚持实业报国，聚焦主责主业，在重点领域危中寻机、主动应变，全面推进实施民品产业结构调整三年行动计划，民品产业结构加快优化，军民融合发展形成体系布局，加快构建现代民品产业体系。

**一是民品发展质量效益稳中有进、进中向好。**2020 年实现民品收入

3690 亿元，经济效益持续稳定增长，人造金刚石、硝化棉、汽车车锁产品国际市场占有率排名世界第一，大尺寸光电倍增管、微光像增强器、OLED 微型显示器、矿用车、重型机床、汽车管路系统、中高端甲基纤维素、超超临界厚壁无缝挤压钢管位列中国市场第一，北方股份、中南钻石、奥雷德入选工业和信息化部制造业单项冠军示范企业，江南化工、北方创业等 10 家子企业入选专精特新“小巨人”名单。

**二是结构调整取得重要进展。**精细化工及原料工程项目进入全面开工建设阶段，着力打造千亿级国家石油化工产业新基地；建成 M-XDI 柔性中试线，打破国外技术垄断，纤维素醚占据细分市场领先地位；完成江南化工等的并购重组，民爆产业夯实龙头地位、规模接近百亿级，位居全国第一；矿用车成功进入欧洲等高端市场，无人驾驶矿车实现批量应用，品牌地位保持国内第一、全球第三；高端无缝钢管性能指标比肩国外先进产品，在国内火电领域高端 P92 四大管道产品市场占有率达到 35%，保障国家核电超级战略项目建设需求；重型机床市场份额逆势增长至 70%，中高档机床销量占比达到 40% 以上，武重数控超重型立式车床入选单项冠军产品。

**三是战略性新兴产业加快发展。**建成国内首条 20 英寸微通道板型光电倍增管生产线，6 英寸 MEMS 陀螺仪性能指标国内领先；智能无人平台激光雷达列入国家“互联网+”重大工程，激光测风雷达取得民航试用许可，太赫兹便携式波谱仪完成样机试制；超硬材料持续保持产销量世界第一，突破大尺寸宝石级钻石合成技术、形成 12 万克拉产能；体系化策划推进应急装备产业发展，121 项应急产品进入应急管理部产品目录，全地形车等列入国家森林消防现代化专项规划。

### （五）加快国际化经营步伐

兵器工业集团坚持对外开放合作，深耕细作“一带一路”沿线国家和地区市场，深入推进军贸、石油、矿产、国际工程与产能合作、专业化民品五大领域协同发展，在服务国家政治军事外交和国家能源安全保障中展现兵器使命担当。国际化经营位居中央企业前列、军工集团首位。

**一是持续巩固我国军贸行业领先者地位。**系统构建军贸管理体系，将军贸视同国内装备集中统一管理，体系化提升军贸核心竞争力，成功签约一批重大军贸合同，有力配合了国家政治军事外交大局。

**二是积极保障国家能源资源安全。**充分发挥军贸溢出效应，积极获取境外油气田与矿产资源，海外原油年产量突破千万吨，位列中资企业前列，铜钴金属储量和产量位居中央企业第一阵营，同时积极承担国储油代储任务，为保障国家能源资源安全作出了积极贡献。

**三是着力打造“一带一路”标志性项目。**习近平总书记见证签约的巴基斯坦拉合尔橙线项目开通运营，助力巴基斯坦进入地铁时代；中蒙经济走廊矿山一体化项目签订1500万吨焦煤采购合同，推进全产业链贯通；着力推进国际工程向投建营一体化转型，老挝南湃水电站项目进入商业运营，年发电量达到3.67亿度，孟加拉火电、克罗地亚风电、南部非洲跨境物流等重点项目建设加快推进。出色完成第三届进博会组织工作，签约总金额较上届大幅增长，继续位居央企前列。

### （六）推进深化改革纵深发展

兵器工业集团深入贯彻落实党中央、国务院深化国有企业改革战略部署，紧密配合、通力协作、攻坚克难，推进困难企业脱困攻坚与驻东北企业振兴专项行动、国有企业全面深化改革等重点任务，在剥离企业办社会职能和解决历史遗留问题等重要领域、关键环节取得决定性成果，一批长期制约兵器工业发展的结构性矛盾得到有效破解，兵器工业集团的竞争力、创新力、控制力、影响力、抗风险能力持续提升。

**一是提升自主创新能力。**强化科研院所创新主体地位。创新科研机制，系统实施30条科技创新激励措施，强化对基础研究、工艺技术、前沿领域的创新激励。加大科技创新投入，对重大研究成果实施专项奖励，有效调动各层级的积极性和创造性。

**二是扎实推进国企三年改革行动。**全面对标党的十九届五中全会的指导方针、目标方向和重点任务，贯彻落实国企改革三年行动，持续深化三项制度改革，构建体系完整、架构清晰、流程顺畅、责任明确、运行高效的深化改革管理体系，“1+N”政策体系进一步落实落地，各项改革任务按计划顺利推进。

**三是有序推进混合所有制改革。**坚持“三因三宜三不”，突出“完善治理、强化激励、突出主业、提高效率”的要求，按照“一企一策”制订方案，成熟一个推进一个。一机集团完成主体业务上市，子公司宏远电器新三板上市，专用车和万佳信息公司引入外部非公资本，与混合所有制相适应的公司管控体系、董事会规范建设和市场化用工薪酬机制正在全面落实。北重集团混改试点方案获批并启动实施，所属全资子公司包头北方专用汽车公司推动引入外部资本，进行股权多元化改造。

**四是深入实施改革专项工程。**扎实推进国企改革“双百行动”，北重集团和武重集团两家试点企业已完成75%以上“五突破一加强”任务目标，企业经营质量得到持续提升，武重集团三项制度评估A级，获国资委通报表扬。启动科技型子企业“科改示范行动”，夜视股份推进分红权激励等34项改革举措，奥雷德推行职业经理人制度等18项改革举措。深入开展对标世界一流企业管理提升，持续加强企业管理的制度体系、组织体系、责任体系、执行体系、评价体系建设。压减工作稳步深入，法人户数累计减少195户，压减比例达28.10%，总体管理层级压缩至4级，节约人工成本6.55亿元，减少管理费用4.54亿元。“两非”剥离已完成13项任务，超前完成年度任务目标。剥离企业办社会职能和解决历史遗留问题各项任务按照政策目标要求完成。

**五是全面实施脱困攻坚和驻东北企业振兴行动。**系统推进困难企业和驻东北企业调结构、增活力、提效率，全力推进落实各项脱困振兴措施，着力破解制约兵器工业高质量发展的长期结构性矛盾。2020年困难企业同比减亏6.8亿元，整体实现盈利，自脱困振兴专项行动实施以来，资产负债率累计降低6.1个百分点，员工收入大幅增长。“僵尸企业”治理全面完成，东北振兴企业全部实现盈利，提前一年完成减亏70%的脱困振兴主体目标；5家困难子集团步入良性发展轨道、26家企业扭转困难局面、13家企业有效控亏、6家企业基本完成退出。

### （七）积极履行社会责任

兵器工业集团牢牢把握新时期履行强军主责与高质量发展的使命要求，积极践行创新、协调、绿色、开放、共享发展理念，深层挖掘履行社会责任的精神内涵，自觉做到履行政治责任、经济责任、社会责任与环境责任内在统一，为决胜全面建成小康社会作出积极贡献。

**一是高质量完成脱贫攻坚重大政治任务。**定点帮扶的黑龙江省甘南县提前脱贫摘帽，云南省红河县如期实现脱贫，江西省兴国县、吉水县等革命老区的帮扶工作全面完成，获得国务院扶贫开发小组定点扶贫成效评价“好”的最高等次，兵器工业集团社会责任发展指数评分位列军工行业第一。

**二是充分展现央企负责任的国际形象。**巴基斯坦拉合尔橙线项目直接带动当地就业 8000 人以上，预计经济增长带动作用将远超国际平均水平；老挝南湃 BOT 水电站项目员工本土化率预计超过 70%，为当地经济社会发展作出贡献。积极开展海外抗疫援助，提供医疗物资 570 万多件（套），派出兵器工业医疗队，帮助国际合作伙伴抗击疫情，国际国内影响力和声誉持续提升。

**三是坚持绿色发展、安全发展。**深入实施环境保护综合提升行动，积极落实强化长江、黄河流域生态保护重点工作，加快整治火炸药企业土壤污染等长期历史遗留问题，积极推进“碳达峰碳中和”工作，全年环保节能支出 20 亿元，综合能耗和主要污染物排放量连年大幅下降。坚决守住安全生产红线，大力加强本质安全条件建设，持续完善重大风险防范工作机制，着力构建安全生产管理体系，不断提升安全发展的能力和水平。

**四是抗疫斗争彰显央企责任担当。**2020 年在疫情防控最关键的时刻，紧急承担、提前完成国务院国资委下达的口罩机、压条机“两机”专项任务，迅速转产扩产防护口罩、负压救护车、大型红外测温仪、次氯酸钠等紧缺急需防疫物资，调集人力、物力资源驰援武汉保卫战、湖北保卫战，有力支援了全国抗疫大局。在抗疫斗争的最前线，兵器工业集团医疗队伍逆向前行、冲锋在抗疫第一线，1000 多名驻外员工坚守岗位、确保重大军贸和海外投资项目顺利执行，有力保证了兵器工业集团疫情防控和改革发展大局，展现了集中力量办大事、急国家之所急的“兵器速度”，彰显了“把一切献给党”的人民兵工精神，得到了国务院领导同志、中央赴湖北指导组、国资委、武汉市等各方面的高度评价和充分肯定。

### （八）全面加强党的建设

2020 年，在以习近平同志为核心的党中央坚强领导下，兵器工业集团深入贯彻新时代集团公司发展方针，坚定自觉在服务落实党和国家大局中找定位、强担当、作贡献，奋力夺取了统筹推进疫情防控和完成年度目标任务双胜利，以实际行动诠释兵器工业政治上绝对可靠、对党绝对忠诚。

**一是坚持以习近平新时代中国特色社会主义思想定向领航，以实际行动践行“两个维护”。**坚持把深入学习宣传习近平新时代中国特色社会主义思想作为首要政治任务，读原著、学原文、悟原理，深刻领会习近平新时代中国特色社会主义思想的丰富内涵、核心要义、实践要求。通过“党课开讲啦”、主题党日、党建 APP 等活动载体，持续推动党的创新理论进基层、进车间、进班组。坚决把学习贯彻习近平总书记重要指示批示精神和党中央、国务院、中央军委决策部署作为“第一议题”，确保学习领会第一时间、任务分解第一步骤、贯彻落实第一要求、督查考核第一内容。2020 年把习近平总书记对兵器工业集团重要指示批示和党中央、国务院、中央军委部署要求分解形成 66 项重点任务、544 项重点工作，列入总部部门 A 类目标，同时向各二级单位下达 1213 项考核任务。通过健全工作体系、完善落实机制、形成工作闭环，体系化地加强组织领导、学习领悟、分解任务、贯彻落实、督办督查，有力推动全集团上下真抓实干，把习近平总书记重要指示批示精神和党中央决策部署落到实处，以实际行动和发展成效践行“两个维护”。

**二是建机制强基础着力提高党的基层组织建设质量。**认真落实“两个一以贯之”重要要求，在公司治理中坚持党的领导，加强党的建设。制定实施兵器工业集团党组讨论和决定重大问题清单，细化明确党组前置研究讨论重大经营管理事项，分类指导推动二级单位党委发挥作用制度化规范化。持续深化“党组织强基工程”。建立健全常态化整治软弱涣散基层党组织工作机制。编印配发《党支部工作规范（2020 版）》等基层党建指导书，推进标准化规范化建设。全集团 4000 余名支部书记年度培训“全覆盖”，3800 余名党员加兵器党校在线党性教育培训。切实加强对各成员单位党内规范性文件政治性、合法合规性、规范性的指导和审查，着力提升党的制度建设质量，从源头上夯实基层党建工作质量基础。扣紧压实党建工作责任，全面开展子集团和直管单位党建工作责任制考核，建立问题整改“双台账”，推动补短板、强弱项。扎实开展“让党旗在统筹推进疫情防控和复工复产第一线高高飘扬”主题活动，围绕突如其来的新冠肺炎疫情和前所未有的装备科研生产保障繁重任务，兵器工业集团各级党组织和广大党员干部迎难而上、冲锋在前，共组建临时党组织 17 个、党员突击队 2293 个，设立党员示范岗 4663 个、党员责任区 3843 个，充分彰显了兵器工业集团党的严密组织体系强大的组织力、行动力、战斗力。

**三是紧扣主题开展正面宣传，凝聚改革发展正能量。**紧扣决胜全面建成小康社会、决战脱贫攻坚，围绕夺取疫情防控和完成年度目标任务双胜利，通过开设专版、出版专刊、制播专题视频等方式，集中宣传各类先进典型事迹，营造立足岗位创先争优的浓厚氛围。在中央电视台、新华社、

《人民日报》等中央主流媒体上持续开展兵器工业集团履行强军首责、抗疫斗争、定点扶贫等专题报道，充分展示兵器工业集团大国重器顶梁柱社会形象。在央视黄金时段播出《人民兵工》文献纪录片，编写出版《兵工百年纪事》《感动兵器的故事》，大力弘扬人民兵工精神。严把新闻宣传的政治关、内容关、保密关，织紧扣牢意识形态工作责任。

**四是坚持党建带群建激发职工活力动力。**坚守人民情怀，用心用情精准帮扶困难职工，在全总及各级工会建档的755名困难职工全部解困，同步进入小康社会，兵器工业一个职工也没有落下。大力弘扬劳模精神、劳动精神、工匠精神，评选表彰劳动模范。深入开展合理化建议活动，在改进工艺、提升质量、提高效率、降低成本等方面取得积极成效。组织“把一切献给党”兵工青年突击队万里行接力活动，着力发挥共青团生力军、突击队作用。

2020年，集团公司38名同志获得“全国劳动模范”“全国先进工作者”“全国优秀企业家”“全国抗击新冠肺炎疫情先进个人”“全国三八红旗手标兵”“全国向上向善好青年”“全国五好家庭”“全国创新争先奖”等荣誉称号，24家单位和集体获得“全国文明单位”“全国模范职工之家”“全国五四红旗团支部”“全国模范职工小家”等荣誉称号，83个单位和集体荣获省部级“五一劳动奖状”“抗击新冠肺炎疫情先进集体”“基层示范党支部”“文明单位”“青年文明号”“工人先锋号”等荣誉称号，88名同志获得省部级“劳动模范”“五一劳动奖章”“优秀共产党员”“精神文明建设奖”“优秀共青团员”“巾帼文明岗”等荣誉称号。

## 三、“十四五”展望

“十四五”时期，是我国开启全面建设社会主义现代化国家新征程、向第二个百年奋斗目标进军的第一个五年，是兵器工业集团履行强军首责、推进高质量发展、建设具有全球竞争力世界一流企业的重要战略机遇期。站在新的历史交汇点上，面对国内国际环境的深刻复杂变化，必须立足当前、着眼长远、强化创新、深化改革，全面推进新时代集团公司高质量发展新征程。

**一是推进武器装备现代化建设。**贯彻习近平强军思想，贯彻新时代军事战略方针，按照我军战略需要，着眼国家多样化安全需求，加快机械化信息化智能化融合发展，加快推进武器装备现代化建设。

**二是推动科技创新引领发展。**坚持创新驱动发展，推进科技兴业兴企，把科技自立自强作为集团公司发展的核心支撑，统筹军品、民品、军贸科技创新和创新体系建设，加强重大工程重大专项牵引、推进自主可控、突破核心关键、强化基础前沿、加强军民协同，有效支撑武器装备现代化和现代产业体系建设，着力打造原创技术“策源地”和现代产业链“链长”，加快建设创新型企业，形成科技引领发展新格局。

**三是发展现代民品产业体系。**深入落实制造强国战略，提升产业链供应链现代化水平，加快发展现代民品产业体系。融入新发展格局，深化供给侧结构性改革，进一步聚焦主业，集聚要素资源，加快发展北斗产业和战略性新兴产业，做强做优做大支柱产业，深耕专精特新产业，打造一批战略性新兴产业增长极、两个千亿和6个百亿级支柱产业、10个左右数十亿级专精特新产业。推动制造业和现代服务业深度融合，打造“制造+服务”产业生态。

**四是打造国际化经营新格局。**坚持总体国家安全观，充分融入国内国际双循环，积极参与共建“一带一路”，统筹军贸发展、战略资源、国际工程、国际产能合作、民品“走出去”五大领域，强化战略协同，推进互利共赢，实现更大范围、更宽领域、更深层次的国际化经营，打造新竞争优势，构建新发展格局。

**五是推进全面深化改革。**坚定不移推进改革，突出系统集成、协同高效，聚焦公司治理、活力效率、科技创新等重点问题，着力完善中国特色现代企业制度，深化混合所有制改革，健全市场化经营机制，提升自主创新能力，系统推进改革专项工程，提升改革综合成效，做强做优做大国资国企，不断增强兵器工业集团经济发展的竞争力、创新力、控制力、影响力、抗风险能力。

**六是推动区域融合协调发展。**深入落实对接国家区域重大战略、区域协调发展战略，围绕京津冀协同发展、长江经济带发展、长江三角洲区域一体化发展、黄河流域生态保护和高质量发展、成渝地区双城经济圈建设、粤港澳大湾区建设，以及西部大开发、东北振兴等四大板块协调发展，对接不同区域发展定位，推动区域内单位积极融入。统筹优化全国布局，打造一批定位清晰的产业集群、创新高地、新增长极、生态示范区、开放合作窗口，在对接融入中拓宽发展空间、优化结构布局、推进协调发展。

**七是建设人力资源新体系。**实施人才强企战略，全面推进体系建设、结构优化、竞争力提升、新动力激活等四大人才工程，不断强化高素质专业化领导人员队伍、创新型科技人才队伍、技能人才队伍建设，创新人才发展机制，打造一批优秀企业家、领军科学家、大国工匠，支撑保障新时代兵器工业集团改革创新发展。

**八是建设现代企业管理体系。**推进科学治企和管理提升，建立系统完备、科学规范、运行高效的现代企业管理体系，全面提升世界一流管理能力。建设法制央企、强化战略管控、深化精益管理、推进安全生产、发展绿色兵器、履行社会责任，为兵器工业集团新时代改革创新发展提供根本性、全局性、长期性的制度能力体系保障。

**九是统筹推进“数字兵器”建设。**深入落实网络强国战略、工业互联网创新发展战略、数字军工行动计划等国家战略部署，加快“数字兵器”建设，完善云、网、端体系架构，促进数字技术与产业发展深度融合，推进兵器装备“数字研制”和企业“数字运营”，全面建设结构合理、运行协调、技术先进、自主可控、军民融合的数字兵器新体系。

**十是以高质量党建引领高质量发展。**深入贯彻新时代党的建设总要求和组织路线，增强“四个意识”，坚定“四个自信”，做到“两个维护”，保持贯彻落实党中央决策部署的战略定力，扛起主责、抓好主业、当好主角，不断增强各级党组织的创造力、凝聚力、战斗力，以高质量党建引领和保障高质量发展。

百年恰是风华正茂。展望“十四五”，兵器工业集团坚持以习近平新时代中国特色社会主义思想为指导，贯彻落实习近平总书记“七一”重要讲话精神，以实现第二个百年奋斗目标的“九个必须”作为实践指南，围绕新时代集团公司发展方针，把贯彻落实党中央决策部署作为最高战略，以履行好强军首责、推动高质量发展为工作主线，砥砺前行、开拓创新，努力建设具有全球竞争力的世界一流企业。

（中国兵器工业集团有限公司：魏　军、张　旭、巴　图、孙鸣阳）

# 牢记强国强军使命　加快建设一流企业　奋力谱写高质量发展新篇章

## （中国电子科技集团有限公司）

中国电子科技集团有限公司（以下简称中国电科）是经国务院批准，在原电子工业部直属电子研究院所和高科技企业基础上组建而成的由中央直接管理的国有重要骨干企业，2002 年 3 月 1 日正式挂牌运营。中国电科继承了电子工业的科技“衣钵”，传承了军工许党报国的“红色基因”，始终坚定履行强军首责，全力支撑国防和军队现代化建设，始终坚持科技创新引领，打造国家战略科技力量，始终致力于推进国家信息化建设，服务经济社会发展，现已发展成为国内唯一覆盖电子信息全领域的大型科技集团。

中国电科深入学习贯彻习近平总书记重要讲话和重要指示批示精神，不断增强“四个意识”，坚定“四个自信”，坚决做到“两个维护”，聚焦“军工电子主力军、网信事业国家队、国家战略科技力量”使命定位，突出政治引领，突出强军首责，突出科技创新，突出深化改革，突出风险防控，改革发展和党的建设取得显著成绩，开创了高质量发展新局面。“十三五”期间，中国电科保持高质量发展态势，经营规模效益稳定提高，营业收入由 1659. 7 亿元增长至 2367. 5 亿元，年均增长率为 7. 4%；利润总额由 163. 2 亿元增长至 251. 6 亿元，年均增长率为 9. 0%；净利润由 147. 6 亿元增长至 223. 2 亿元，年均增长率为 8. 6%；经济增加值由 144. 7 亿元增长至 243. 7 亿元，年均增长率为 11. 0%。经营质量稳步提升，国有资本保值增值率达到 108. 4%，资产负债率为 48. 5%，收入利润率为 10. 6%，研发投入强度为 19. 3%，全员劳动生产率为 42. 8 万元/人年。截至 2020 年，中国电科在国资委中央企业经营业绩考核中，连续 17 年获得中央企业业绩考核 A 级和 5 个任期业绩考核 A 级。同时，被评选为任期“业绩优秀企业”和“科技创新突出贡献企业”，这已是中国电科第 5 次获得任期“业绩优秀企业”，第 3 次获得“科技创新突出贡献企业”称号。2021 年《财富》世界 500 强排行榜中名列第 354 位。

## 一、加强顶层设计，谋划高质量发展新格局

中国电科始终将贯彻落实党中央重大决策部署和国家重大战略作为高质量发展的根本方向，坚持国家所需、行业所趋、电科所能，立足新发展阶段、贯彻新发展理念、服务和融入新发展格局。

**一是加速优化重点业务布局。**落实《关于新时代推进国有经济布局优化和结构调整的意见》，紧扣国家和军队数字化网络化智能化发展大局，统筹业务能力建设与业务市场开拓，构建以电子装备为根本、网信体系为核心、产业基础为关键、网络安全为保障的四大重点业务板块，明确集团公司和二级成员单位的核心业务布局，完善业务管理架构和运行机制，理顺资源配置关系，推动集团公司在国防和军队现代化建设、现代产业体系建设的核心关键技术节点上“布点”，在价值链创新链关键环节上“成线”，在国家安全和国计民生关键领域上“控面”，实现业务发展专业化、体系化、规模化，探索成员单位强主责主业新模式，优化“十四五”时期全系统核心业务体系布局。

**二是加速融入新发展格局。**立足扩大内需战略基点，发挥科技创新、产业升级在畅通国内大循环的重要作用，主动服务京津冀协同发展、长三角一体化发展、粤港澳大湾区建设、成渝双城经济圈和西部大开发、东北振兴等国家重大区域发展战略，坚持务实高效、互利共赢，深化与北京、上海、广东、重庆、天津等地方政府合作，面向京津冀、长三角、成渝双城、粤港澳（含海南）“四大布局区域”，结合地方资源禀赋和发展需求，汇聚打造以“智能科技+智慧产业”为核心的智能产业集群，发展一批网信科创产业，大力推动新一代信息基础设施建设，构建区域布局、战略合作、园区经济“三位一体”的区域一体化动态管理体系，积极融入地方经济，服务国家区域重大战略。以国家“一带一路”建设为牵引，进一步推动优势技术、产品和服务“走出去”，大力开拓海外市场，持续深化土耳其、埃及光伏业务合作，积极推进中欧基础设施合作，努力构建中欧深度交融的多层次经贸合作关系，服务构建新发展格局。

**三是系统谋划“十四五”发展战略。**聚焦全面贯彻党中央、国务院、

中央军委关于“十四五”发展的系列战略部署和要求，以高质量发展为主题，以深化改革为动力，注重对核心业务国家战略需求分析，突出对国家重大战略的承接落实，有效对接军队和部委相关规划，主动承接、谋划重大工程、重要任务、重点项目，优化重大任务论证方式，强化资源有效配置，推动更多重大项目纳入国家、军队和地方规划，提升集团公司在战略必争领域的贡献量，更好支撑服务国家战略。科学开展规划研究论证，始终坚持和贯穿体现质量变革、效率变革、动力变革的“三个变革”要求，构建“1+10+N”的三层规划体系，即一个综合规划、十个专项规划、N个成员单位“十四五”综合规划，研究提出规划纲要思路和专项规划思路，进行资源匹配设计，提出发展举措，形成“十四五”规划纲要。突出规划体系的指导性和时效性，加强中国电科与成员单位五年规划和三年滚动规划的协同，形成“上下贯通、左右协调”的规划体系。

## 二、强化自主创新，激发高质量发展强劲动力

中国电科坚持“四个面向”，坚持把创新摆在核心位置，强化企业创新主体地位，坚持补短修长、换道超车、超前布局、龙头牵引，深入实施自主创新、协同创新和融合创新，着力完善科技创新布局，持续加大关键领域和“卡脖子”技术攻关，加快科技自立自强步伐。

**一是关键核心技术攻坚取得重要进展。**中国电科始终牢记强化国家战略科技力量重大使命，在服务高水平科技自立自强中勇挑重担、敢打头阵，作为主要单位承担的数千项重大科技创新任务按计划节点稳步推进，实施了一系列重大创新工程，建立了相对完备的基础产品自主可控的技术体系、产品体系，突破一批关键核心技术，解决了一系列受制于人的瓶颈短板，部分关键核心技术实现从跟跑向并跑、领跑的跨越，“卡脖子”问题逐步缓解，赢得了发展主动，增强了应对风险挑战的底气。近年来，中国电科重大科技成果不断涌现，多次牵头获得国家科技进步一等奖，数量位居中央企业前列。

**二是前沿科技战略预置能力显著增强。**中国电科加强前沿性、颠覆性、非对称性技术研究和投入，打造创新特区，努力通过原始创新实现“从0到1”的突破，聚焦电子信息领域后摩尔时代、量子信息、区块链、人工智能等关键领域，突破了电磁空间一体化、电离层控制、平流层通

信、新概念存储器、太赫兹器件与系统等前沿高端技术，取得了一批能够抢占发展制高点的前瞻性、战略性的创新成果，为开辟新赛道、抢占主导权、解决核心技术发展的路径依赖问题提供战略预置。

**三是科技创新体系加快构建。**建设协同创新平台，强化与政府、高校、中小企业的合作，牵头建设中央企业创新联合体，主动策划组建第三代半导体等国家级创新平台，目前，已建成国家级重点实验室20个，国家级科研中心13个，省部级重点实验室12个，自主可控专业化平台公司12个，并积极推进国家重点实验室的重组与科研院所的改革试点。创新政策机制进一步完善，从顶层谋划、队伍培养、机制保障和平台建设等维度，先后出台了激励创新的13项制度文件，系统完善了科技投入、科技成果转化、科技专家培养与激励等多方面的机制。深化集团公司国家级“双创”示范基地建设，促进大中小企业融通创新，发起成立了国内首个“新型智慧城市建设企业联盟”、全国“物联网产业技术创新战略联盟”。

## 三、突出强军首责，确保高质量发展蹄急步稳

中国电科始终把强军兴军作为首要使命，聚焦实现建军一百年奋斗目标，不断深化对科技是核心战斗力的认识，着力服务武器装备机械化信息化智能化融合发展，支撑国防和军队现代化建设。

**一是围绕“能打仗、打胜仗”提升装备供给能力。**中国电科紧紧围绕“能打仗、打胜仗”这个核心，以战斗力为标准，既立足现有武器装备能打仗，又瞄准未来战争发展武器装备，抓好国防领域重大工程任务，加强作战需求研究，研究装备的能力演进和新的组织运用模式，以需求牵引、用研结合、构建生态为发展思路，将作战需求转化为装备研制需求，再将装备能力演进转化为作战需求，实现技术与需求的“双牵双驱”，出色完成“十三五”军工任务，有力支撑国防和军队信息化建设。

**二是推动电子信息装备形态成体系走向实战化。**认真贯彻国家总体安全观和新形势下军事战略方针，持续提升装备质量和自主可控水平，提升基础产品支撑保障能力，全面完成了各项重点军工科研生产任务，在我军电子信息系统装备建设中占有重要位置，在支撑我军形成和提高基于网络信息体系的联合作战能力、全域作战能力中发挥了重要作用。

**三是重大活动保障任务高质量圆满完成。**作为副总指挥单位，相继圆

满完成载人航天、探月、北斗、火星探测等重大项目装备研制和任务执行；主动提出“电科演习”，结合部队作战需求和先进技术，研究装备的能力演进和新的组织运用模式，有力保障各军种、战区实战化演习演练任务。国庆 70 周年阅兵场上，中国电科研制生产的 18 型独立装备接受祖国和人民的检阅，受阅装备全面覆盖陆上作战装备方队和空中梯队，全面覆盖五大军兵种，充分展示了我国大国地位和国防实力。

## 四、发展数字经济，打造高质量发展新引擎

中国电科加强产业链、创新链、资金链对接融合，加快推进产业基础高级化、产业链现代化，加快数字化发展，在构建现代经济体系中发挥更大作用。

**一是产业链整体水平持续提升。**加快基础产品关键技术攻关和产业化步伐，持续打造安防、信创、三代半导体、高端装备等技术和产品先发优势，壮大新兴产业。加强产业链上下游合作，形成具有更强创新力、更高附加值、更安全可靠的产业链供应链。依托国家重大工程实施，不断推动强链、补链工作，显著提升基础电子领域产业化能力，逐步构建了支撑 5G、物联网、集成电路等行业发展的关键环节保障供给能力。围绕电子信息产业基础，针对自主发展集成电路等国家战略急需，全力增产能、扩规模、保供给，离子注入机、CMP 等集成电路装备成系列在多个主流制造厂商应用，高端电子测量测试能力逐步加强，产业链水平不断提升。

**二是行业数字解决方案提供能力不断增强。**在数字交通领域，全面布局空中、道路、轨道和水上四大产业，产品谱系相对完善，可提供行业各类专用设备、应用系统以及综合解决方案。在智慧海洋领域，参与国家“智慧海洋”论证建设，承担国家重大工程。在智慧政法领域，具备顶层设计与集成测评、智能化业务应用系统、信息安全产品、云平台、大数据平台、大数据服务等整体解决方案。同时进军金融科技、智慧生态、智慧应急领域，全面支撑行业数字化转型。

**三是依托新型智慧城市建设助力政府数字化治理。**积极参与地方数字化发展，围绕新型智慧城市建设，深耕新一代信息基础设施、城市运营管理中心等细分领域，为政府数字化治理提供丰富的产品和解决方案。新一代信息基础设施在上海嘉定区实施“新型城域物联专网建设（一期）”示

范，城市物联网平台（物联、数联、智联）产品正在向长三角、雄安、嘉兴等地推广。城市运营管理中心创新打造“管得住、放得开”的新平台新模式，积极推进深圳、福州、嘉兴、成都等区域新型智慧城市建设。

**四是资源配置效益明显提升。**以重组整合、资本运作、混合所有制改革等为抓手，加快国有资本布局优化和结构调整，推动资源向关键领域、优势企业和主业企业集中，协同增值效用不断显现。智慧城市业务重组落地见效，电科数字与上海柏飞重组顺利推进，形成发展合力；加大集成电路等领域资本运作力度，塑造产业竞争新优势。围绕打造千亿市值上市公司集群目标，推动优质资产进一步向上市公司汇聚，强化上市公司市值管理，上市公司数量从“十二五”末的 8 家增加到“十三五”末的 11 家，初步形成了龙头企业主导、优势产业规模发展的良好态势。截至 2020 年 12 月 31 日，中国电科上市公司总市值达 5482 亿元，相比年初增幅超 50%，远超同期市场平均水平。

## 五、深化国企改革，破解高质量发展难题障碍

中国电科落实国企改革三年行动，深入推进“双百行动”“科改示范行动”，加强顶层设计，坚持率先改、勇敢闯、大胆试，不断推动改革走深走实，为建设世界一流企业提供强大动力。

**一是完善中国特色现代企业制度。**进一步健全各司其职、各负其责、协调运转、有效制衡的公司治理机制，保障各治理主体依法履职。贯彻中央企业党委（党组）落实党的领导融入公司治理的制度文件，制定党委（党组）前置研究讨论重大经营管理事项清单，明确党委（党组）在决策、执行、监督各环节的权责和工作方式；根据中央企业“三重一大”决策制度指导意见，修订集团公司“三重一大”决策制度，厘清党组、董事会、总经理等治理主体的关系和权责边界。深入对标世界一流，强化精益管理，加强新时期“法治电科”建设，持续夯实现代企业制度基础。

**二是强力推进集团总部“去机关化”。**结合“总部机关化”问题专项整改及长效机制建设，对标行业先进，精准把握总部定位，紧扣有利于履行使命责任和响应市场需求两条主线，按照突出党的领导、突出强军首责、突出网信主业、突出创新驱动、突出精简高效的“五突出原则”，着力推进总部机构职能优化，完成总部组织机构改革，实现了“四减少一提

升”，即部门总量、处室数量、编制数量、领导职数“四个减少”，运转效率明显提升。

**三是提速破局军工科研院所改革。**坚持协同高效、优势互补、共同发展，进一步理顺和规范研究院所与子集团关系，加强分类指导，创新管理模式，优化运行机制。结合研究所、子集团功能定位，分类开展业绩考核和目标评价，明确研究院所军工和科技创新主体、子集团成果转化和产业发展主体的定位，突出各自优势，持续完善专项考核体系，切实发挥考核指挥棒作用。创新专业研究院管理模式，探索构建“院管所”治理机制，高效整合优质业务资源，在强军兴军和自主可控责任重大、重点任务占比较高、下属研究所独立发展能力较强的网络通信等领域开展专业研究院建设试点，网络通信研究院已获中央编办批准并实际运行，专业研究院试点建设迈出实质步伐。

**四是全力落实国企改革重点任务。**积极参与并深入推进国企改革示范和专项工程，在混合所有制改革、“双百行动”、“科改示范行动”及其他专项工程中，推动相关成员单位扎实推进改革措施的综合运用和系统集成，以点带面，推动改革工作全面突破，在公司内部打造综合改革示范区。中国网安、电科力神、电科装备 3 家“双百企业”按时保质完成 2018—2020 年全部改革任务。电科海康、电科软信 2 家“科改示范行动”入选企业实施市场化改革，按照高质量发展和提升自主创新能力要求，在完善公司治理、市场化选人用人、强化激励约束、激发科技创新动能等方面取得创新突破，成为在技术创新上有突出特点、在关键核心技术攻关上有显著成效的“领头雁”。

## 六、强化风险管理，筑牢高质量发展底线基石

中国电科坚决守住不发生重大风险的底线，持续深入加强风险防控，从制度建设、责任落实、监督检查等方面构建“大监督、大风控”体系，做到关口前移，抓好重点防控，切实有效防范化解各类风险。

**一是完善制度防控体系。**加强顶层设计，围绕保障改革发展和科研生产安全，形成中国电科特色的“1+X+Y”的安全管理制度体系。系统推进制度查漏补缺、优化合并、迭代更新工作，聚焦投资等重点领域，出台出资企业公司治理、内部审计监督、监事会监督等规定，筑牢制度防线。全

面完善投资管理、采购管理、合规管理等基本制度，建立投资项目集中审核机制，健全风险研判、评估、预警、防控体系，筑牢制度安全防线。深化内控体系建设，首次实现全级次单位内控现场评价全覆盖，狠抓关联交易管理、投资风险评估，加强重大风险监控预警。

**二是强化重点专项治理。**排查梳理集团公司风险点台账，逐条制定防治措施，明确责任部门和责任人，确保各项风险可控。实行重大风险“一票否决”制度，逐步形成了项目规划设计、建设与运营全生命周期的管理方式。严控低水平、高风险项目投资，推进金融、基金投资统一归口管理，加大违规经营投资责任追究力度，坚决杜绝融资性贸易、“空转、走单”等违规贸易情况。深入开展安全风险隐患大起底大排查大整治，有力防范、加快化解重大风险隐患。

**三是深化亏损低效整治。**加强经营运行监测和计划调度，严把新设公司及股权投资，完成 115 项投资项目后评价、82 个亏损低效企业专项评价、8 只主导基金管理运作情况专项审计；深入推进法人压减，五级以下企业基本出清，“一企一策”制订扭亏方案，分类细化落实治亏目标和工作措施，及时止住“出血点”。清退一批“低亏小散”，推进亏损企业治理，2020 年完成亏损低效及“两非”企业清理 58 家，法人总户数同比下降 9.9%。

**四是实施全面风险管理。**健全监督协同工作机制，实现党内监督与经营监督深度融合，完善内部控制体系，强化实时监测预警，及时排查处置风险隐患。建立健全“大监督、大风控”体系，发挥体系在线索共享、问题移交和监督整改方面作用，推动内控与风险管理体系全面融合，明确全员、全业务、全流程、全岗位风险防控责任，构建和完善各级次重大风险（重要风险）监控预警机制，健全监督协同机制和风险防控机制。建立违规经营投资责任追究工作体系和机制，建立健全监事事务管理制度体系，构建价值创造型财务管理体系，大力推行管理会计工具运用，为经营业务提供可靠的财务数据支撑，全面健全责任追究机制。

## 七、坚持人才驱动，提升高质量发展竞争能力

中国电科深入贯彻新时代党的组织路线，进一步加强干部人才队伍建设，着力打造构建新发展格局、建设现代化经济体系、推动高质量发展的

生力军。

**一是始终坚持突出干事创业导向。**把提高治理能力作为干部队伍建设的重大任务，坚持好干部标准和国有企业领导人员20字要求，选优配强成员单位领导班子，打破资历年龄等隐性台阶，加大优秀年轻干部培养选拔力度，有计划选派到重要领域、市场一线、困难企业历练成长。不断完善干部管理制度体系，突出实干实绩实效，从严管理与容错纠错并举，激励干部担当作为。大力推动干部交流和年轻干部选拔培养，新提拔党组管理干部44人中，45岁以下占比超60%、40岁以下占比超30%，干部队伍能力结构、专业结构和知识结构持续优化。

**二是坚持加强高端人才队伍建设。**中国电科建立了常态化人才盘点机制和具有竞争力的人才引进平台，瞄准重点领域和重大任务人才需求，搭平台、建团队、优待遇，建立完善全系统统一的人才招聘系统，定期开展人才充足率和能力匹配度评估，保障紧缺人才高效供给。中国电科专业技术、经营管理、技能人才占比分别为57%、18%、25%，高级职称人员1.96万人，呈较为合理的“哑铃型”结构。高层次专业技术人才能够基本满足电子装备、网信体系板块业务发展需要，产业基础、网络安全板块高端人才加速会聚。

**三是深入探索人才队伍建设机制。**中国电科不断深化人才发展体制机制改革，注重以系统工程思维谋划推进人才队伍建设工作，先后制定了《人才工作中长期发展规划》《深化人才发展体制机制改革的指导意见》等40余项制度和办法；以“高精尖缺”为导向培养引进人才，构建海内外人才资源网络，实施以才引才和靶向引才；畅通专业技术人才发展通道，构建专家直聘机制，完善技能人才职业发展通道；推动首科首专嵌入科研管理流程，促进首科首专作用发挥，优化科技人才交流制度。

**四是持续打造全要素激励体系。**建立向关键核心技术攻关、基础研究等领域倾斜的薪酬分配制度，对高层次人才和关键核心人才工资总额实行全额单列，对获得国家级重大科技奖励的单位给予最高2亿元工资总额奖励。2020年奖励8家单位1.4亿元工资总额，奖励优秀科技团队和个人1亿元奖金。建立健全人才激励体系，探索实施揭榜挂帅、约定收益、员工跟投等多要素参与分配的利益反哺激励机制，在央企率先开展项目跟投，大范围开展岗位分红激励，2020年已覆盖3万余人次，分红金额近14亿元，持续评选年度十大科技成果、创新团队、领军人才和青年拔尖人才，不断激发科技人才创新创造活力。

## 八、加强党的建设，为高质量发展提供有力保障

中国电科党组坚持以党的政治建设为统领，压紧压实全面从严治党政治责任，在深化改革中坚持党的全面领导，推动党建与生产经营深度融合，奋发有为推进各项工作，以高质量党建引领保障高质量发展。

**一是旗帜鲜明讲政治，不断增强政治判断力、政治领悟力、政治执行力。**中国电科党组把学习贯彻习近平新时代中国特色社会主义思想摆在最突出位置，及时学习习近平总书记最新重要讲话精神，深入学习习近平总书记关于强军兴军、科技创新、网络强国、国有企业改革发展和党的建设等方面重要论述，在研究重大事项、重要问题和重点工作中，坚持与习近平总书记重要指示批示严格对表对标，深入思考党中央重大决策部署对中国电科提出的新任务、新要求，深入研讨找准关键点和切入点，推动学习成果转化为抓落实的本领，转化为推进工作的办法和路径。坚守政治规矩，严格落实《中国共产党重大事项请示报告条例》，及时向中央报告习近平总书记重要指示批示精神和党中央重要会议、重要文件、重大决策部署贯彻落实情况，以及集团重大工作开展情况。

**二是筑牢做到“两个维护”的思想根基。**推动学习贯彻习近平新时代中国特色社会主义思想不断走深走实。创新学习方式。修订党组理论学习中心组学习规定，注重将学习和研讨相结合，定期邀请参与起草中央重要文件、重大会议报告的专家开展学习辅导，不断深化理解认识。坚持读原著学原文悟原理。组织汇编习近平总书记关于强军兴军、科技创新、网络强国、国企改革发展和党的建设等方面的重要论述，在学懂弄通做实上持续下功夫。通过组织宣讲团、读书班，到基层一线专题调研等方式，推动全系统党组织学习贯彻不断走向深入。

**三是高质量完成脱贫攻坚任务。**坚持从解决贫困地区和群众最急需、最迫切的实际问题着手，充分发挥电子信息技术优势，持续加大扶贫投入，增强人员力量，创新工作方式方法，圆满完成脱贫攻坚任务，定点帮扶的绥德县、叙永县提前脱贫摘帽，在国务院扶贫办年度考核中获得“好”的评价，集团公司扶贫案例入选国务院扶贫办发布的企业优秀扶贫案例50佳。持续加强对龙岩革命老区发展的支持，加大北斗林业监测系

统、长汀红色智慧旅游项目、闪烁晶体基地等帮扶援建项目建设，全力服务革命老区振兴发展。

**四是充分发挥全面从严治党引领保障作用。**修订印发《中国电科党组落实全面从严治党主体责任清单》，做到班子成员“一人一年一表”，把管党治党责任变为可检查可考核的制度规范。同时指导各单位党委对照制定本单位责任清单，建立集团党组、成员单位党委两级责任体系，层层压实管党治党责任。开展专项整治，持续将中央巡视整改引向深入，有效解决了一批影响和制约企业改革发展的高风险问题。统筹推进巡视巡察工作，加强巡视巡察上下联动，指导成员单位提升巡察工作质量。深化标本兼治，夯实治本基础，一体推进不敢腐、不想腐、不能腐，巩固和发展良好政治生态。

中国电科将以习近平新时代中国特色社会主义思想为指导，全面贯彻落实习近平总书记重要指示批示精神和党中央、国务院、中央军委决策部署，牢记“国之大者”，立足新发展阶段、贯彻新发展理念、融入新发展格局，大力实施“一三四六”发展战略，即坚持建设世界一流企业“一个目标”，聚焦军工电子主力军、网信事业国家队和国家战略科技力量“三大定位”主责，推进电子装备、网信体系、产业基础、网络安全“四大板块”主业核心能力提升与战略布局调整，抓好“六个着力”，着力加强党的领导党的建设，着力支撑科技自立自强，着力服务武器装备机械化信息化智能化融合发展，着力提升产业链供应链现代化水平、加快数字化发展，着力推进国企改革三年行动，着力防范化解重大风险，坚定不移做强做优做大，持续提升企业竞争力、创新力、控制力、影响力和抗风险能力，为保障和拓展国家核心安全利益、促进经济社会持续健康发展、全面建设社会主义现代化国家不断作出新的更大贡献。

（中国电子科技集团有限公司：陈　龙、罗欣伟）

# 贯彻新发展理念　奋进高质量发展
# 加快建设世界一流综合性国际能源公司

（中国石油天然气集团有限公司）

## 一、“十三五”高质量发展概况

“十三五”时期是中国石油发展历程中极不平凡、极具挑战的五年，也是生产经营改革发展取得重要突破、重大成就的五年。公司坚持以习近平新时代中国特色社会主义思想为指导，坚决贯彻总书记系列重要指示批示精神，全面落实党中央、国务院决策部署，积极应对复杂多变的外部环境，贯彻新发展理念，奋力高质量发展，较好发挥了中央企业“大国重器”和“顶梁柱”作用，实现了世界一流综合性国际能源公司建设“迈上新台阶”的阶段性战略目标，为保障国家能源安全、决胜全面建成小康社会作出了重要贡献。国内外油气产量当量迈上3亿吨新台阶。“十三五”期间，累计实现营业收入11.8万亿元，利润总额4225亿元，净利润1971亿元；国资委年度和任期考核均为A级。规模实力保持世界一流水平，世界500强排名保持前4、国际大石油公司排名位居前3。

## 二、主营业务发展迈上新台阶

坚持以市场为导向、以效益为中心，紧紧围绕提升原油和天然气两条价值链，调整理顺主营业务架构，优化布局结构，拓展发展空间，形成了各项业务共同驱动公司价值提升和可持续发展的新优势。

国内勘探开发业务认真落实习近平总书记关于大力提升勘探开发力度、加快天然气产供储销体系建设等重要指示批示精神，坚定不移实施高效勘探、效益开发，加快推进“七年行动计划”，实现了油气储量持续高峰增长，原油产量筑底回升，天然气产量快速增长。落实准噶尔盆地玛湖砾岩、塔里木盆地富满碳酸盐岩、鄂尔多斯盆地庆城页岩油等3个10亿吨，四川盆地川中古隆起北斜坡太和含气区、塔里木盆地库车前陆博孜-大北、四川盆地川南页岩气等3个万亿立方米规模增储大场面，以及15个亿吨级大油田、15个千亿立方米级大气区，年新增探明地质储量石油连续15年超6亿吨、天然气连续14年超4000亿立方米，创造了历史上持续时间最长的储量增长高峰期，立足国内保障国家能源安全的资源基础进一步夯实。油气产量实现两大历史性突破，油气产量当量突破2亿吨，成为继1978年我国原油突破1亿吨后又一重大里程碑；天然气产量当量突破1亿吨，首次超过原油产量，油气结构调整取得里程碑式进展，国内油气业务主导地位进一步巩固。重点油气区取得历史性重大成就，大庆油田连续六年原油稳产3000万吨、继续保持国内最大原油生产基地地位，长庆油田建成我国首个年产6000万吨级特大型油气田，塔里木油田建成3000万吨大油气田，西南油气田全面建成300亿立方米战略大气区。

炼油化工业务加快实施供给侧结构性改革，有序推进炼油布局完善工程和炼化质量升级与结构调整工程，部署实施化工增值计划，转型升级见到明显成效。建成云南石化1300万吨/年炼油项目，全面开工建设广东石化炼化一体化项目，建设长庆和塔里木两套乙烷制乙烯项目，优化完善辽阳石化、大庆石化、华北石化千万吨级炼油项目，炼化布局不断完善，2020年炼油能力达到2.04亿吨/年、乙烯能力达到601万吨/年。炼油向特色产品发展，世界最大石蜡和环烷基高档润滑油生产商地位持续巩固，航煤产能增长66%，柴汽比降至1.1；化工增产高效产品，聚烯烃专用料比例提升至54%、提高13个百分点，2020年化工商品量较2015年增长30%；昆仑润滑为首艘航母山东舰提供全舰配套用油，炼化结构持续优化。炼油综合能耗、乙烯燃动能耗2020年较2015年分别下降3.5千克标油/吨和23千克标油/吨，主要技术经济指标有效改善。

成品油销售业务积极应对国内柴油进入峰值平台期、汽油航煤增速放缓、资源量过剩以及新能源替代加快、“互联网+”等新业态、新模式兴起带来的多重挑战，着力保后路、拓市场、降库存，持续做大零售，实施销售网络建设工程，推进物流优化和“互联网+营销”行动计划，创新油、卡、非一体化营销，全面提升服务质量和经济效益。成品油销量保持相对稳定，年均销量保持在1.1亿吨以上，有效保障了原油产业链平稳顺畅运行。销售网络持续完善，新开发运营加油站2200座，经营中石油品牌加油（气）站22612座。加油卡发行规模持续增长，五年累计增加1.08亿张，年均增速18.2%；卡销比从41.8%上升到47.1%。非油业务实现跨越式发展，年均收入增长近30%。

天然气与管道业务以提高营销能力为重点，按照保自产、调进口、强销售、拓终端、优储运的思路，统筹协调业务各环节，持续优化资源组合和市场配置，推进效益最大化。天然气销量保持较快增长，2020年销售天然气1847亿立方米，终端销量407亿立方米，“十三五”年均增速分别达到8.5%和22.8%，终端销量占比提升至22%。天然气管网持续完善，相继建成西气东输三线东段（吉安—福州）、西三线中靖线、陕京四线、中俄东线北段（黑河—长岭段）、西三线闽粤支干线（增城—潮州段）、楚雄—攀枝花天然气管道、中俄东线中段（长岭—永清段）等管道，四大油气战略通道全面建成，油气管道总里程近9万公里，为油气产业链高质量发展奠定了坚实基础。天然气调峰能力持续增强，已建成10座储气库，形成储气能力120亿立方米以上，建成3座LNG接收站，接卸能力达到1900万吨/年，对气田平稳生产和冬季保供起到了积极保障作用。

国际业务按照突出中亚—俄罗斯、做大中东、加强非洲、拓展美洲、推进亚太的战略布局，强化现有项目增储上产，突出加强“一带一路”油气项目合作，持续优化业务结构、资产结构和区域布局，全面提升创效能力和国际化经营水平。海外油气产量逐年提升，2019年权益产量当量首次突破1亿吨、占集团公司总产量的1/3；原油生产能力1.7亿吨，天然气生产能力410亿立方米，原油加工能力800万吨，输油和输气能力分别达到9250万吨和754亿方。业务布局和资产结构持续优化，新获一批重点油气合作项目，截至2020年底，在全球33个国家管理和运作着90个油气投资项目，形成勘探开发、管道运输和炼油化工与销售上下游一体化的完整石油产业链。国际贸易业务不断提升全球资源配置能力，充分发挥专业优势，精心组织海外权益油气销售和油气进出口，实现国内油气供应多元化，建设完成欧洲、北美、亚太三大油气运营中心。2019年国际贸易量首次突破5亿吨，国际市场竞争力和影响力进一步提升。

服务支持业务坚持专业化、市场化、国际化方向，强化与油气业务协同协作，全力打造业务发展升级版，服务保障水平和市场竞争力不断提升，支撑主业发展的能力显著增强。工程技术服务业务水平大幅提升，装备结构进一步优化，形成了面向深层油气、致密油气、页岩油气、滩浅海、天然气水合物、高温地热等领域的一系列特色技术，技术水平和作业能力有效满足集团公司油气勘探开发和新能源发展需求。工程建设业务借助上市契机，逐步完善现代企业治理体系，积极拓展国际高端市场，技术水平和作业能力显著增强，打造出一批国内领先、国际先进的成套核心技术。金融业务成功实现重组上市，金融牌照日益齐全，产融结合持续深化，风险控制基础不断夯实，综合竞争力明显增强，经营业绩持续提升，在低油价下为公司保持稳定的效益水平作出了贡献。

扎实推动提质增效专项行动。认真落实国务院关于开展提质增效专项行动要求及国务院国资委相关部署，牢固树立过紧日子思想，分年度制订实施方案，接力推进开源节流降本增效工程，取得明显成效，年均增效100亿元以上。

## 三、公司治理体系和治理能力建设迈上新台阶

紧紧围绕健全完善现代企业制度、推进公司治理体系和治理能力现代化的改革目标，突出问题导向，建立健全公司改革领导机构和工作机制，先后召开39次全面深化改革领导小组会议，多次召开党组会和董事会会议，研究审议100余项重大改革议题，安排部署270多项改革任务和重要举措，取得了一系列重要成果，改革工作呈现全面发力、多点突破、蹄疾步稳的良好态势。公司深化改革工作得到国务院国资委的充分肯定。

集团层面改革基础框架搭建完成。制定出台全面深化改革实施意见和“十三五”改革专项规划，发布实施管理体制、市场化机制、人事劳动分配制度、党的建设制度等重点领域专项改革方案和指导意见，制定实施改革三年行动方案，集团公司“1+N”改革基础框架搭建完成。制定关于完善公司治理和深化体制机制改革的两个指导意见，明确了“四个坚持”的兴企方略和“四化”治企准则，构建完善了公司治理的结构、组织、运行、制度、监督、党建“六大体系”。实施集团总部组织体系优化调整，完善业务板块划分，加快构建适应时代要求和企业发展需要的新型组织体系。健全中国特色现代企业制度，把党的领导融入公司治理各个环节，进一步明确“三重一大”事项权责划分，完善党组前置研究讨论重大经营管理事项清单。健全董事会工作制度和党组相关机构，党建工作总体要求纳入公司章程，把党的领导融入公司治理各个环节，党组“把方向、管大局、促落实”的领导作用更加彰显。

业务结构调整和重组改制深入推进。推动海外油气、油田技术服务等业务改革，成立五个“中油”专业化公司。完成“总部机关化”问题专项整改，理顺燃料油公司、润滑油公司、塔石化等管理关系。推进油气管输和天然气销售业务分开运营，实施两批次矿权内部流转，平稳完成参股国家管网公司和管道资产重组移交。集团公司公司制改革顺利完成。积极引入战略投资者，成功实现中油工程和中油资本重组改制上市，与地方政府及各类资本的合资合作取得新突破。持续巩固“处僵治困”工作，特困企业亏损面缩减 80%。深入推进企业瘦身健体，超额完成国务院国资委下达的法人压减任务，完成厂办大集体改革以及退休人员社会化管理目标任务，基本完成剥离企业办社会职能工作。

市场化改革和经营机制转换迈出重要步伐。坚定实施和完善市场战略，“市场导向、客户至上，以销定产、以产促销，一体协同、竞合共赢”的营销工作方针和“六个坚持”的基本遵循有效落实，全员、全产业链市场意识和竞争意识普遍增强。深化市场化改革，以市场为导向、效益为中心的投资、预算、资金管理机制以及内部价格形成和传导机制初步形成。推动实施 14 家企业扩大经营自主权、5 家装备制造企业“五自”经营、3 家企业“双百行动”和两家单位“科改示范行动”专项改革，企业活力动力有效增强。深化“三项制度”改革，完善干部选拔任用制度，健全差异化绩效考核机制，开展工资总额预算制试点，“能上能下、能进能出、能增能减”的机制正在形成。

## 四、自主创新能力迈上新台阶

全面贯彻国家创新驱动发展战略，把“创新”作为第一战略，按照“快速突破”和“久久为功”两个层面，研究部署主营业务科技攻关方向和重点，着力推进科技与信息化创新，取得了明显成效。科技实力稳步增强。新研发形成 29 项重大核心配套技术和 24 项重大装备、软件及产品，关键技术及装备替代率达到 85%，主导制修订国际和国家标准 130 余项，获国家级科技奖励 16 项，其中国家科技进步一等奖两项、中国专利金奖两项，科技进步贡献率达到 61. 4%，在国家油气创新体系中的主导地位更加突出，被国务院国资委评为“科技创新突出贡献企业”。科技创新体系逐步完善。成立集团公司科技专家委员会、关键核心技术攻关领导小组、新能源新材料事业发展领导小组、国家高端智库建设工作领导小组，统筹推进“卡脖子”技术攻关、新业务发展和新型智库建设。将直属科研机构归口到四大业务板块（子集团），研究院院长兼任专业公司总地质师、总工程师，加强企业技术总师的选配与管理；整合企业科研院所优势资源，启动建设特色技术研究开发中心，新建4个国家科技创新基地和国家能源研发（实验）中心，实施2家直属科研院所综合改革试点，推行完全项目制管理和项目经理公开竞聘上岗，不断提升科技创新体系整体效能。加大对重大科技贡献者的激励力度，大幅提高奖金额度，充分调动了科技人员创新创造积极性。信息化建设与应用水平持续提升。智能油气田、智能炼厂、智慧加油站建设加快推进，核心业务系统自主研发攻关取得重要阶段性成果，智能运营中心等信息系统平台有力支撑生产经营管理和决策，数据基础设施持续完善，网络安全防护能力明显增强，信息化建设加快从应用集成向共享服务迈进。加快推进数字化转型、智能化发展，明确目标方向和工作主线，并组建昆仑数智公司。科技与数字化人才队伍不断壮大。形成了一支以23名院士、300余名集团高级技术专家和企业首席技术专家、3万余名科研人员和1.6万名信息技术及管理人员为主体的科技创新和数字化人才队伍。

## 五、风险防范能力迈上新台阶

认真落实中央防范化解重大风险攻坚战部署要求，牢固树立底线思维，强化措施保障和责任落实，建立完善风险防控机制，推动企业平稳有序健康发展。经营风险防控方面，严控投资风险，严格投资决策程序和投资论证，对达不到回报标准的项目坚决不投，严控非生产性设施投入和非主业投资，投资回报率稳定回升。严控债务和资金风险，落实国务院国资委降杠杆减负债要求，实行分年度资产负债率管控线目标和警戒线标准“双指标管理”，加大“两金”清理力度，全面完成僵尸企业处置和特困企业专项整治任务目标，保持了稳健的财务状况。严控金融风险，健全完善“三道防线、两级管理”机制，推动金融回归本源，各金融风险监管指标均优于国家监管标准。严格合规风险，健全完善和严格执行“三重一大”决策制度，加大依法治企、合规管理理念宣传，生产经营活动全面纳入法治化轨道。国际化经营风险防控方面，建立完善常态化安保防恐和应急响应机制，健全职业健康管理和环保综合治理机制，建立涵盖总部部门、专业公司、地区公司和项目公司“四位一体”的防恐应急组织体系，建立与资源国和国际合作伙伴风险共担、收益共享机制，覆盖海外重点业务领域的内控与风险管理体系持续构建完善。同时，坚持按合同和国际惯例规范运作，依法合规经营，积极防范应对地缘政治和重大突发事件风险，确保了海外员工生命安全和国家财产安全，在国际上树立了中国国有企业的正面形象。安全环保风险防控方面，形成了中国石油特色的 QHSE 管理体系，安全环保基础保障能力不断增强，初步树立绿色低碳发展理念。事故总量大幅下降，杜绝了重大及以上安全事故，“十三五”期间事故起数与死亡人数较“十二五”期间分别下降 23%、25.3%，特别是 2020 年安全事故起数和死亡人数均下降到个位数，为历史最好水平。环保控制指标持续改善，未发生重大及以上环境污染和生态破坏事件，相比 2015 年，2020 年 COD、氨氮、二氧化硫、氮氧化物分别削减 17.5%、28.9%、31.9%、35.5%，超额完成“十三五”环保规划设定的污染排放总量要求；炼化企业挥发性有机物排放总量显著减少，降幅达 45%。质量控制指标稳定向好，成品油质量实现国Ⅳ、国Ⅴ、国Ⅵ、国ⅥB 四连升，一、二类工程建设项目质量合格率 100%，中缅天然气管道工程（缅甸段）获得鲁班奖，中俄原油二期、云南 1300 万吨/年炼油等 22 个工程获得国家优质工程奖，终端销售品牌指数和顾客满意度持续提升。油品销售业务顾客满意度评测连续两年加油站满意度位居第一。完成节能节水任务指标，能源利用效率和精细化管理水平进一步提升，综合能源消费量年均增幅控制在 1.5%以内，累计实现节能量 430 万吨标准煤，节水量 5910 万立方米。另外，矿区治安综合治理状况明显好转。疫情防控方面，面对突如其来的新冠肺炎疫情，坚持把员工生命安全和身体健康放在第一位，第一时间启动公共卫生突发事件一级响应，第一时间成立新冠疫情防控工作领导小组，坚持工作场所和生活场所、中方员工和外籍员工、员工和家属“三个并重”，做到“宁可十防九空、不可失防万一”，不惜一切代价筑牢守护员工生命和健康的安全保障，坚决守住了工作场所“零疫情、零感染”底线，确保了员工及家属、承包商服务商、石油社区居民 400 多万人生命健康安全。同时，公司发挥产业优势和资源优势，全力以赴保证油气和相关防疫物资稳定供应，紧急布局投产 22 条口罩生产线、7 条熔喷料生产线，捐款捐物驰援重点地区，协调数百名石油医疗工作者“逆行”湖北保卫战，组织春季招聘支持“抗疫稳岗就业”，彰显了央企大国重器顶梁柱的担当。武汉宏图大道加油站成为我国唯一获评“全国抗击新冠肺炎疫情先进集体”的英雄加油站。

## 六、企业形象建设迈上新台阶

面对部分高管腐败的发生给中国石油形象和声誉造成严重损害，公司聚焦“忠诚担当、风清气正、守法合规、稳健和谐”的目标，全方位组织开展大讨论活动，集中整治一批影响公司形象的突出问题；在《求是》《学习时报》等主流媒体发表党组署名文章，组织石油精神论坛和英雄人物先进事迹巡回报告会，持续开展中国石油开放日等活动，“让损害形象的行为不再发生”的理念不断深化，“我当个石油工人多荣耀”的自豪感被重新唤醒，社会各界对中国石油理解、认同和支持声音明显增多。全力以赴助力国家脱贫攻坚，“十三五”期间，公司投入超过18亿元开展精准扶贫，涉及全国1175个村庄，定点扶贫与对口支援县（市、区）全部实现脱贫摘帽，两家单位获评“全国脱贫攻坚先进集体”，两名扶贫干部获评“全国脱贫攻坚先进个人”，公司被联合国全球契约组织和中国政府分别授予“2020实现可持续发展目标企业最佳实践（消除贫困和促进繁荣）”和“全国脱贫攻坚奖组织创新奖”荣誉。全力维护国家重大活动期间油气市场平稳供应，特别是在天津港“8·12”特大火灾爆炸事故中，中国石油救援队科学高效地排查清理剧毒氰化钠，解决了整个救援工作的最大难题。同时，按照中央企业助力地方经济社会发展部署，积极推动战略合作协议和项目落地，构建和谐企地关系，有力促进了地方经济社会发展。经过几年的努力，公司负面舆情大幅下降，在“全球品牌价值500强”中居油气公司第2名，荣获中央企业十大品牌建设优秀企业、上市公司监事会最佳实践20强、国际EAP质量大奖等荣誉，品牌美誉度和影响力进一步提升。

## 七、全面从严治党迈上新台阶

全面贯彻新时代党的建设总要求，旗帜鲜明坚持党对国有企业的领导，层层压实党建责任，“三个体系”“三个平台”大党建格局基本构建，党建工作弱化、淡化、虚化、边缘化等现象明显改善，公司在中央企业党建工作责任制考核中保持A级。切实加强党的政治建设，认真执行学习贯彻习近平总书记重要指示批示精神落实机制，总书记重要指示批示精神和党中央重大决策部署在中国石油不折不扣得到贯彻落实。切实加强思想教育，高标准高质量组织完成“两学一做”学习教育和“不忘初心、牢记使命”主题教育，系统组织习近平新时代中国特色社会主义思想和党的十九大和十九届三中、四中、五中全会精神学习培训，深入开展爱国主义教育和忠诚教育，教育引导广大党员干部自觉对标对表、及时校准偏差，广大党员干部“四个意识”更加牢固、“四个自信”更加坚定、“两个维护”更加坚决。深化基层党建工作，扎实推进“三基本”建设和“三基”工作有机融合，大力推动党支部达标晋级管理，深入开展党建责任制考核和党委书记抓党建述职评议，基层党组织政治功能、组织功能进一步增强。坚持新时代好干部标准，健全完善选人用人制度体系，推动实施差异化精准化干部考核测评，扎实推进重点人才工程，一批年富力强、敢于担当、善于作为的领导干部得到重用提拔，对精神状态不好、群众认可度不高的领导干部进行调整和劝退，干部队伍进一步优化，公司选人用人满意度逐年提高。特别是突出加大优秀年轻干部培养选拔力度，2020年新提拔“七零后”党组管理干部72名、占比达到64.3%。一体推进不敢腐、不能腐、不想腐，坚决彻底肃清流毒影响，全面整改中央巡视反馈问题，精准运用“四种形态”，严肃查处违反政治纪律政治规矩问题，专项整治“四风”问题，开展“三超”、违规使用“五项费用”等突出问题专项治理，推动内部巡视巡察全覆盖，企业政治生态得到全面重塑并全面向好，反腐败斗争压倒性胜利巩固发展。认真落实习近平总书记等中央领导同志关于石油精神的重要指示批示精神，深入挖掘丰富内涵，继承弘扬石油战线优良传统，一批英模任务和先进典型脱颖而出，王启民同志被中央授予“改革先锋”“人民楷模”国家荣誉称号，陈建军、梁楠郁同志被评为“央企楷模”。

“十四五”是我国全面建成小康社会、实现第一个百年奋斗目标之后，乘势而上开启全面建设社会主义现代化国家新征程、向第二个百年奋斗目标进军的第一个五年，也是中国石油推动高质量发展、建设基业长青的世界一流综合性国际能源公司的关键时期。公司将坚持以习近平新时代中国特色社会主义思想为指导，立足新发展阶段，完整准确全面贯彻新发展理念，遵循“四个坚持”兴企方略和“四化”治企准则，大力实施创新、资源、市场、国际化、绿色低碳五大战略，以推动高质量发展为主题，以深化供给侧结构性改革为主线，以改革创新为根本动力，以“绿色发展、风险能源，为客户成长增动力、为人民幸福赋新能”为价值追求，统筹推进“发展、调整、改革、管理、创新、党建”总体工作布局，努力实现更高质量、更有效率、更加公平、更可持续、更为安全的发展，为保障国家能源安全、推动构建新发展格局、夺取全面建设社会主义现代化国家新胜利贡献石油力量。

（中国石油天然气集团有限公司）

# 立足新发展阶段　贯彻新发展理念 加快推动我国海洋石油工业高质量发展

（中国海洋石油集团有限责任公司）

中国海洋石油集团有限责任公司（以下简称“中国海油”或“集团公司”）是我国最大的国家石油公司之一，主要从事海洋石油与天然气的勘探、开发、生产和石油化工产品生产和销售。自 1982 年 2 月 15 日经国务院批准成立，中国海油经历了从无到有、从小到大、由弱到强的发展历程。中国海油坚持“在经济领域为党工作”，积极贯彻落实党和国家重大决策部署，大力推动国内油气增储上产。经过近 40 年的改革发展，中国海油已由一家单纯从事油气开采的上游公司，发展成为集油气勘探开发、工程技术与服务、炼化与销售、天然气及发电、金融服务等为一体的，主业突出、产业链完整、业务遍布全球 40 多个国家和地区的国际能源公司。

“十三五”时期，面对两轮“低油价”严重冲击叠加新冠肺炎疫情深刻影响，中国海油深入贯彻落实习近平新时代中国特色社会主义思想，主动适应经济发展新常态，化被动为主动，坚定信心，迎难而上，高质量完成各项改革发展任务。公司总资产从 2016 年的 1. 16 万亿元增长至 2020 年的 1. 26 万亿元，净资产从 6750 亿元增长至 7870 亿元，营业收入从 4377 亿元增加至近 6000 亿元。五年累计实现利润总额 3290 亿元，其中 2020 年实现利润总额 646 亿元，贡献利税费 5000 亿元；净资产收益率从 1. 5%提升至 6. 1%，国有资本保值增值率 104. 6%；全员劳动生产率、资产负债率位居中央企业领先位置。在《财富》杂志“世界 500 强企业”排名从第 109 位升至第 64 位，2020 年首次进入普氏全球能源公司 250 强前 10 位（位列全球第 8，成为排名前 10 的唯一中国能源企业）。

## 一、大力推进增储上产，做好国有经济战略支撑“主力军”

中国海油深入学习习近平总书记重要讲话和指示批示精神，胸怀两个大局，积极践行国家海洋强国战略，聚焦国内油气增储上产，持续加快新产能建设步伐，提高油田管理现代化水平，聚焦做优油气资产结构，坚持“油气并举、海陆并进”，积极助力我国海洋经济和海洋产业转型提质升级，争当海洋能源开发领军者。

**一是加强顶层设计，积极部署增储上产工作。**为加大油气勘探开发力度、保障国家能源安全，中国海油成立了集团公司主要领导任组长的国内油气增储上产领导小组，组织编制《中国海油强化国内油气勘探开发“七年行动计划”》，争做国内油气增储上产主力军。为确保“七年行动计划”的落地实施，进一步制定了渤海油田、南海东部油田、南海西部油田等上产方案，确保增储上产“七年行动计划”目标的实现。目前，各阶段、各区域的增储上产工作正有力推进。

**二是加大勘探力度，储量资源基础进一步夯实。**坚持把勘探放在首位，保证勘探投入，优化勘探部署，努力寻找大中型油气田。2020 年，公司大力实施增储上产“七年行动计划”，新增探明地质储量石油 3 亿吨、天然气 1600 多亿方，落实了垦利 6-1、渤中 13-2 两个亿吨级油田，国内陆上首次探明千亿方致密气。全年勘探新增经济可采储量 698 百万桶油当量，实现储量替代率 136%，共获 33 个商业和潜在商业发现，成功评价 41 个含油气构造，储采比大幅提升，由 2016 年的 8.1 提升至 2020 年底的 10.2，储量资源基础得到进一步夯实。

**三是增加油气供给，能源安全保障能力进一步提升。**2020 年，公司生产原油 7729 万吨，天然气 304 亿方，其中国内原油 4542 万吨，同比增长 6%；国内天然气 199 亿方，同比增长 15%，增产 26 亿方。LNG（液化天然气）进口量 2975 万吨，同比增长 7.4%；国内天然气销量 599 亿方，同比增长 9.8%。油品贸易量 1.28 亿吨，同比增长 17.0%。2020 年天然气供应市场量在全国占比达 18%以上，为“美丽中国”建设作出积极贡献。“十三五”期间，公司累计生产原油 3.83 亿吨、天然气 1166 亿方，较“十二五”期间分别增长了 24%和 13%，充分发挥了油气增储上产“主力军”作用。

## 二、攻克关键核心技术，坚决当好科技自立自强“国家队”

中国海油大力推进科技创新，推动科研攻关及数字化转型，相继攻克海洋油气勘探开发等领域多项关键核心技术，具备了独立自主勘探开发海洋油气资源的能力和完备体系，实现了我国海洋石油工业的跨越式发展，奋进号、深海一号，南海高温高压钻完井技术、渤海大型整装凝析气田勘探开发等一批标志性装备、工程、技术成为“大国重器”。

**图 1　“深海一号”大气田投产**

**一是研发投入不断增长，科技支撑力显著提升。**中国海油紧紧围绕国家和集团公司重大战略需求，积极组织科研攻关，不断加大投入力度，共实施国家科技计划课题 31 项，集团公司课题 463 项。“十三五”期间累计研发投入 192 亿元，科研项目经费支出 116 亿元。集团公司落实“十三五”科技规划，实施了“海上稠油高效开发新技术”等 35 个重大科技项目，突破了“海上细分层系智能注采”等 12 项关键核心技术，建成了“渤海油田高效开发”等 4 个示范工程；支撑“七年行动计划”目标实现，设立了“渤海油田稳产 3000 万吨、上产 4000 万吨关键技术研究”等 5 个重大科技专项，助力油气储量产量再创历史新高；推进“三新三化”实施，取得了大长度脐带缆等多项国产化成果；提升原始创新能力，作为首批央企加入国家自然科学基金委企业创新发展联合基金，增设集团公司前瞻基础类项目。截至 2020 年底，集团公司累计拥有有效专利 6881 件，其中发明专利 3217 件。

**二是平台体系不断完善，自主创新力大幅提升。**中国海油积极推进科技创新平台建设。“海洋石油高效开发国家重点实验室”获评优秀，“天然气水合物国家重点实验室”获批建设，北京昌平未来科学城中国海油园区建成投用。天然气水合物开采模拟等 14 个“十三五”重点平台全部启动建设，形成了 7000 米钻井等多项重要实（试）验能力，有效支撑了旋转导向与随钻测井等一批关键技术、装备的研发突破。发布《加强重点实验室建设与管理工作的指导意见》，推进系统规划布局科研平台建设。与中国石油大学（北京）等 6 所国内知名高校成立联合研究院。形成了 331 人的两级专家队伍，16 人获得何梁何利基金产业创新奖等个人荣誉，两个科研团体分别入选国家重点领域创新团队和中央企业优秀科技创新团队。

**三是推进智能化，企业数字化取得新进展。**中国海油积极顺应全球能源行业发展新趋势，建设“智慧海油”，实现从传统管理模式向现代化、数字化、智能化的跨越。打造新时代海油“信息高速公路”，加强 IT 基础设施建设。实现海陆干线提速 3 倍、平台局域网千兆接入、海上员工上网覆盖率超 95%。持续推进云资源扩容建设，云平台实现业务核心区域全覆盖，算力提升 55%，业务系统上云数量同比翻番。打造海油特色“营销生态圈”，加快中国海油首个自营综合性能源电商平台的推广实施，海油商城累计交易额超 4000 亿元。打造海上油气勘探开发“智慧大脑”，加快智能油田建设步伐。目前有 29 座平台实现无人化改造，平台无人化比例达 11. 3%，改造后平台预计每年可节省操作费约 15%。打造守护海油平稳发展的“防火墙”，加强网络信息安全防护。2020 年，中国海油在国资委开展的国资监管信息化建设“三年行动计划”实施情况验收评估中名列前茅。

中国海油荣获国家科技奖励 11 项、省部级科技奖励 55 项、行业协会科技奖励 172 项，其中“南海高温高压钻完井关键技术及工业化应用”“渤海湾盆地深层大型整装凝析气田勘探理论技术与重大发现”分别获 2017 年、2019 年国家科技进步一等奖。成功创办“深海能源大会”等自有品牌大型科技交流活动。各级标准领域成绩突出，完成制修订国际标准 6 项、国家标准 66 项、行业标准 108 项，其中首部国际标准——ISO 18647《石油与天然气工业——海上固定平台模块钻机规范》于 2017 年发布实施，标志着集团公司标准化成果迈上国际舞台。践行中央企业责任担当，已启动 12 项关键核心技术攻关，“超高温高压电缆测井系统”和“旋转导向与随钻测井技术与装备”两项技术入选国务院国资委《中央企业科技创新成果推荐目录（2020 年版）》。

## 三、把准国企改革方向，当好做大做强做优国企“排头兵”

中国海油认真落实国企改革“1+N”系列文件要求，紧紧围绕“1534”总体发展思路落实落地，抓重点、补短板、强弱项，大力推动以结构调整为主要内容的体制变革、以流程再造为主要内容的制度变革、以三项制度改革为主要内容的机制变革，有效激发了公司发展活力，增强了公司竞争力和抗风险能力。2020年，按照国企改革三年行动的总体要求，集团公司迅速行动，形成《中国海油改革三年行动实施方案》，成为指导和推进中国海油2020—2022年改革的纲领性文件。

**一是完善法人治理结构，推进现代企业制度建设。**按照两个“一以贯之”的要求，积极探索把加强党的领导和完善公司治理统一起来的有效途径和方式，通过推动集团公司和二三级境内全资及控股公司党建工作要求入章程、完善“三重一大”权责事项清单等，有力保障了党的领导融入公司治理、嵌入经营管理。实施集团及子企业公司制改制，2017年11月先后完成集团公司及所属22家全民所有制企业的工商登记变更工作，是最早完成集团层面改制的3家央企之一和最早完成全系统改制的央企之一。

**二是加快产业布局优化重组，提升产业链竞争能力。**积极配合国家油气体制改革工作，全力支持推动国家管网公司筹建各项工作，完成油气管网资产划转、人员、业务平稳交接工作。积极推进炼化产业改革重组，按照“统一产业规划、统一资源配置、统一营销策略、统一体系建设”原则，整合成立中海石油炼化有限责任公司。积极推动销售贸易体制改革，印发《中国海油销售贸易体制改革方案》，将油品贸易业务和有限公司油气销售业务全部集中统一运作，实现销售贸易业务的统一布局规划、统一资源配置、统一体系建设，打造具有全球竞争力的国际一流贸易公司。

**三是深入推动供给侧结构性改革，实现瘦身提质增效。**深入开展“三去一降一补”，认真落实“巩固、增强、提升、畅通”八字方针，扎实推进“处僵治困”“压减”“两金”压降等专项工作，完成55家僵尸特困企业治理任务，亏损企业户数和亏损金额大幅下降。“三供一业”分离移交和剥离企业办社会职能工作圆满完成。

**四是积极稳妥推进混合所有制改革，放大国有资本价值。**推进中海油能源发展股份有限公司上市，标志着中国海油专业服务板块全部实现上市，集团公司存续企业改革圆满收官。海上油气项目混改试点工作取得积极进展，垦利油田群和乌石 17-2 油田群被列入国务院批复的混合所有制改革第三批试点名单。成功完成山东海化股权划转工作，实现中央企业国有资本与地方国有资本的战略性重组。积极推进海油发展安技服公司混合所有制改革，探索采取多元股权结构设计，在引入战略投资机构、建立职业经理人团队、实施员工分红激励等方面取得实质性进展。

**五是深化“三项制度”改革，有效激发队伍活力。**深化干部人事制度改革，2016 年起党组直接管理的 22 家二级单位领导班子全面实行任期制管理，并于 2019 年完成直管领导班子和领导人员的首个任期制考核；对特殊的、紧缺的、市场化程度高的岗位实施职业经理人制度；研究制定《干部人才队伍建设“3+1”工程实施方案》，努力打造高素质、年轻化、专业化、国际化干部人才队伍。深化劳动用工制度改革，出台《关于健全人员退出机制的指导意见》，加强内退政策探索，选取 6 家所属单位先行试点。深化薪酬分配制度改革，构建结构统一化、测算差异化的薪酬福利体系；改进员工绩效考核办法，加大考核结果挂钩分配力度，扩大绩效奖金分配差距；建立“业绩考核奖金池”与绩效考核得分的联动机制、工资总额与编制用工相配套的衔接机制和用工增减、劳动生产率和工资总额的联动机制；探索实施科技型企业岗位分红激励。当前，公司新一轮深化三项制度改革已全面开启，加快建立充满活力的市场化经营机制。

**六是落实国企改革专项工程，充分发挥示范带动作用。**大力支持中海油服和海油发展安技服公司参与国企改革“双百行动”，将可授的权限全部授予两家企业董事会，切实落实董事会职权。组织落实“科改示范行动”，海油发展天津院、常州院两级单位成功入选国资委“科改示范企业”，推动两家科技型企业在完善公司治理、“三项制度”改革等方面加快探索创新、尽快取得突破。

## 四、贯彻绿色低碳发展战略，争当新能源产业“生力军”

坚持新发展理念，是关系我国发展全局的一场深刻变革。中国海油主动顺应清洁能源转型大势，积极践行国家碳达峰、碳中和战略部署，编制碳中和工作方案，加大新能源新产业新业态培育力度，积极发展节能环保产业，加快绿色低碳转型，争当能源绿色低碳转型“生力军”。

**图 2　秦皇岛 32-6 平台正在生产**

**一是引领建立绿色低碳制度体系，彰显负责任央企形象。**中国海油积极从“油气”供应商向“综合能源”供应商转型，建立低碳管理制度体系。2019 年发布《绿色发展行动计划》，致力于提高清洁低碳能源在能源结构中的比例，采取更为积极的绿色低碳发展行动措施。2020 年，首个海上风力发电项目实现并网发电，首次引进“碳中和”LNG 资源，开创我国天然气行业“碳中和”实践的先河。2021 年，大力推动“秦皇岛 32-6”“曹妃甸 11-1”等岸电入海工程，每年可减少二氧化碳排放 17 万吨以上。

**二是大力发展清洁能源，打造绿色低碳转型新动能。**中国海油在“稳油”的基础上，把加快天然气发展作为构建清洁低碳、安全高效的现代能源体系，保护生态环境的重要举措和主攻方向，持续打造绿色低碳转型新动能。“十三五”时期，中国海油天然气产量较“十二五”增长了 13%，从国际市场引进 LNG 1.2 亿吨。仅 2020 年，公司就向社会供应天然气 599 亿立方米，进口 LNG 2975 万吨。中国海油已发展成为我国第二大天然气供应商，并形成了以勘探开发海上天然气资源和从国际市场进口 LNG 资源“两条腿走路”的清洁能源稳定供应模式。积极推动海上风电项目建设，2020 年中国海油首个集中式海上风电项目江苏竹根沙项目并网发电，年上网电量约 8.6 亿千瓦时，与同等发电量的常规燃煤火电机组相比，可节约标煤 27.9 万吨，减排二氧化碳 57.1 万吨，清洁能源的市场供应比重不断提高。

**三是加强现有产业低碳治理，为共建美丽中国做贡献。**实施源头管控。自2017年起，中国海油在国内率先实施固定资产投资项目碳排放影响评估，并将其作为项目投资建设的前置条件。碳排放不合规，项目绝不开工。截至2020年底，中国海油对涉及油气开发、石油化工、发电等多个领域的60余个新建固定资产投资项目完成碳排放评价，从项目设计源头推动节能减碳措施落地，构建绿色低碳生产体系。实施LNG接收站冷能资源开发，在广东、福建等地发展冷能发电、冷能空分产业。积极探索二氧化碳化学转化利用，联合国内科研院所和工程公司率先完成每年5000吨的全球最大规模二氧化碳加氢制甲醇工业试验。

## 五、落实国家重大战略部署，勇作践行初心使命“先锋队”

站在新的历史方位，党的十九届五中全会从党和国家事业发展全局出发，紧紧抓住我国社会主要矛盾，从12个方面分领域阐述“十四五”时期经济社会发展和改革开放的重点任务，为今后5年乃至更长时期我国经济社会发展提供了行动指南。中国海油深刻领会全会重大战略部署的丰富内涵和重大意义，把重大战略部署对接具体现实、化为具体方案、变成具体措施，全面落实重大战略部署，把新发展理念贯穿发展各领域和全过程。

**一是深入贯彻落实“海洋强国”战略。**超深水钻井船“海洋石油981”、“海洋石油982”、深水铺管船“海洋石油201”成为深水作业主体船队，自营开发建设流花16-2油田群、陵水17-2深水气田，大幅提升了深海油气勘探开发能力。

**二是积极践行“一带一路”倡议。**坚持扩大对外开放和深化国际合作相结合，充分利用“两种资源、两个市场”，不断加大“走出去”力度，积极推动“一带一路”沿线及周边地区油气领域合作。目前，中国海油海外业务覆盖30个“一带一路”国家，业务范围涵盖油气勘探开发、专业技术服务和国际贸易三个领域。“一带一路”地区油气产量占海外油气总量比例近40%，进入中东阿布扎比海上项目，完成俄罗斯北极LNG 2公司10%的股权收购，成功建造俄罗斯北极亚马尔项目LNG核心工艺模块。

**三是全力打好打赢“三大攻坚战”。**扎实做好防范化解金融风险工作，建立集中统筹管理机制，将金融业务风险防控要求纳入集团公司风控体系。推进合规管理体系建设，发布《集团公司合规管理规定》《有限公司合规管理体系建设2020行动方案》，着力提升依法合规经营管理水平。坚持以习近平生态文明思想为指引，牢固树立“在保护中开发、在开发中保护”的理念，采取多种举措打好污染防治攻坚战。自 2018 年起实施“渤海油田环保升级三年行动计划”，截至目前已累计投资 35.8 亿元、完成 11 个技改及建设项目，实现了生产污水“零排放”、井控失控“零记录”、溢油污染“零事故”目标。决战脱贫攻坚，累计投入帮扶资金超 8 亿元，在对口帮扶地区搞教育、投产业、建基础设施、保民生，显著改善了贫困地区和贫困群众生产生活条件。对口帮扶的甘肃夏河县、合作市，内蒙古卓资县，海南保亭县、五指山市和西藏尼玛县等 6 个国家级贫困县市全部脱贫摘帽。

**四是主动融入国家区域发展战略。**与上海、天津、广东、三峡集团、国投集团、国家能源集团等省市和央企共签署系列战略合作协议，推动企地和央企间战略合作再上新台阶。

## 六、全面加强党的建设，确保党的领导全面覆盖、一贯到底

中国海油深入学习领会新时代党的建设总要求，认真落实中央企业党建工作落实年、党建质量提升年、基层党建推进年、党建巩固深化年、党建创新拓展年 5 个专项行动，坚持党的领导，全面加强党的建设，集团上下管党治党责任意识明显增强，党建工作面貌、干部队伍面貌发生了根本性的变化。

**图 3　海上钻井队对党旗宣誓**

**一是加强政治建设。**坚持以党的政治建设为统领，不断提高政治判断力、政治领悟力、政治执行力，切实做到党中央提倡的坚决响应、党中央决定的坚决执行、党中央禁止的坚决不做，始终在思想上十分自觉、政治上十分明白、行动上十分坚定。把认真贯彻落实习近平总书记重要指示批示精神作为践行“两个维护”的实际行动，建立“回头看”长效机制，确保习近平总书记重要指示批示精神件件有着落、事事有落实。

**二是加强思想建设。**把学懂弄通做实习近平新时代中国特色社会主义思想作为常抓不懈的政治任务，扎实开展“两学一做”学习教育、“不忘初心、牢记使命”主题教育和党史学习教育，率先建立“第一议题”制度，探索实践党组中心组“1234”学习体系，广泛推行“第一堂课”，2019 年以来党组累计开展“第一议题”学习 191 次；2016 年以来党组累计开展中心组学习 69 次，全系统累计举办各类培训 698 期，覆盖近 7 万人次，通过大学习、大普及、大实践，全体党员持续补足精神之“钙”，把稳思想之“舵”。

**三是加强组织建设。**坚持党管干部党管人才原则，把政治标准作为选人用人的首要标尺，将“20 字”标准融入干部选育用管全过程。大力推进干部人才队伍“3+1”工程，以提高质量、优化结构、减少束缚、畅通渠道为突破口，系统谋划“十大关键措施”，选人用人满意度大幅提升。精心组织党支部达标。从 2017 年开始，中国海油结合实际在全系统部署开展党支部达标工作，设置 3 大类 10 项基础指标和 4 项关键指标，全面规范党支部组织行为，强化党支部政治功能，三年来涌现出 299 个标杆党支部和 32 个示范党支部，党支部达标率从 2017 年的 68.38%提升到 2020 年底的 99.43%。

**四是加强作风建设。**大力弘扬石油精神、大庆精神，进一步坚定“在经济领域为党工作”和“我为祖国献石油”的使命担当。以“严、实、快、新”为要求，进一步提高干部员工队伍的执行力和行动力。持续开展“总部机关化”问题专项整改，强化上下联动，一体推动解决各所属单位“机关化”问题。持续精文减会、压减督查检查考核、优化调研。持续开展“党组领导接待日”活动，积极实施“民生工程”，主动回应和推动解决广大员工的关切与诉求，切实帮助基层一线员工解决工作生活中面临的困难和问题。

**五是加强纪律建设。**持续深化纪检监察体制改革，以查办案件为龙头，以巡视和派驻为两翼，落实不敢腐、不能腐、不想腐一体推进要求。成立党组巡视办、巡视组、党风廉政建设工作办公室和海外监督中心，做实主体责任工作抓手。先后向 23 家所属单位派出 18 个党组派驻纪检组，推动二级单位党委派驻或三级单位纪委专职专责，补齐基层监督力量。深化政治巡视巡察，2016 年以来累计开展 8 轮巡视、实现两次全覆盖，推动巡察覆盖率达 97.7%。加强日常监督，坚持正面引导和反面警示相结合，构建上下联动的通报曝光体系，中国海油政治生态持续好转。

**六是加强群团统战工作。**坚持工建凝心，建立“e 工会”平台，常态化开展劳动和技能竞赛，实施暖心工程，工会系统累计获得全国级荣誉 23 项。坚持团建聚力，召开集团第三次团代会，出台中国海油党建带团建实施意见，连续举办 4 届青年先锋评选，连续举办 5 届青年创新创效论坛，共青团系统累计获得全国级荣誉 15 项。坚持统战汇智，公司成为央企中第一家由党组成员兼任统战部部长、第一家出台统战工作指导意见、第一家在京外建立“代表委员建言献策工作室”的企业。

踏上实现第二个百年奋斗目标的伟大征程，中国海油将立足“两个大局”，胸怀“国之大者”，完整、准确、全面贯彻新发展理念，以落实“能源企业要确保安全保供、确保率先达峰”为主线，以实施“三大工程”为抓手，在保障国家能源安全、实现科技自立自强和推动绿色低碳发展上展现更大作为，在新的赶考路上创造无愧于党和人民的新业绩，为实现中华民族伟大复兴的中国梦贡献海油力量。

（中国海洋石油集团有限责任公司：时　超、王　琛）

# 牢记“国之大者” 聚焦“一体四翼”推进国家电网高质量发展

（国家电网有限公司）

国家电网有限公司成立于2002年12月29日，以投资建设运营电网为核心业务，是关系国家能源安全和国民经济命脉的特大型国有重点骨干企业，经营区域覆盖我国26个省（自治区、直辖市），供电范围占国土面积的88%，供电人口超过11亿。公司位列2020年《财富》世界500强第3位，连续16年获国务院国资委业绩考核A级，连续8年获标准普尔、穆迪、惠誉三大国际评级机构国家主权信用评级（标普A+、穆迪A1、惠誉A+），连续5年获中国500最具价值品牌第一名，是全球最大的公用事业企业，也是具有行业引领力和国际影响力的创新型企业。

国家电网有限公司认真学习贯彻习近平新时代中国特色社会主义思想，立足新发展阶段，践行新发展理念，服务新发展格局，全面落实“四个革命、一个合作”能源安全新战略，聚焦“碳达峰、碳中和”目标，始终坚持人民电业为人民，践行国有企业“六个力量”，有力保障国家能源安全，服务经济社会发展和人民美好生活，推动高质量发展，并在引领我国电力工业高质量发展中发挥了中央企业“国家队”和“大国重器”作用。

## 一、坚持旗帜领航，“一体四翼”布局高质量发展

深刻认识习近平新时代中国特色社会主义思想是新时代中国共产党的思想旗帜和精神旗帜，坚持不懈用伟大思想凝心铸魂，筑牢信仰之基、补足精神之钙、把稳思想之舵。

**强化政治建设。**增强“四个意识”、坚定“四个自信”、做到“两个维护”，牢记“国之大者”，把旗帜鲜明讲政治的要求融入公司各项工作。

把党的创新理论作为党员干部教育培训的主课和必修课，2020 年公司党组中心组带头开展集体学习研讨 11 次，领会立场观点方法，提升马克思主义理论水平和运用能力。严格落实“第一议题”制度，全年召开 52 次党组会，第一时间传达学习习近平总书记重要讲话和重要指示批示精神 99 项，不断深化习近平新时代中国特色社会主义思想大学习，促进学思用贯通、知信行统一。把学习宣传贯彻党的十九届五中全会精神作为重要政治任务，各级班子成员累计宣讲 1.4 万余场次，推动全会精神直达基层、直抵人心，教育引导全体党员干部职工提振精气神、奋进“十四五”（见图 1）。

**图 1　公司员工在党性教育基地开展主题党日活动**

**提升政治能力。**牢记“央企姓党”政治本色，坚决听党话、坚定跟党走，始终在政治立场、政治方向、政治原则、政治道路上同以习近平同志为核心的党中央保持高度一致。建立公司贯彻落实习近平总书记重要指示批示和党中央决策部署工作机制，建立专门台账，加强督察督办，把政治上的忠诚付诸为做好本职工作的实际行动。对“国之大者”了然于心，时刻关注党中央在关心什么、强调什么，充分发挥中央企业“大国重器”“顶梁柱”作用，主动融入和服务党和国家工作大局。印发巩固深化“不忘初心、牢记使命”主题教育成果实施意见，明确 30 项重点措施，引导党员干部自觉把初心和使命融入血脉、见诸行动。统一开展“做好电力先行官、架起党群连心桥”主题党日等组织生活，严肃党内政治生活，永葆共产党人政治本色。

**确立“一体四翼”发展布局。**学习贯彻习近平总书记关于国企改革党建、能源电力发展等重要讲话和指示批示精神，再学习再领会“四个革命、一个合作”能源安全新战略，明确了建设具有中国特色国际领先的能源互联网企业战略目标，确立了“一业为主、四翼齐飞、全要素发力”的发展布局，提出了“五个不动摇”“四个统筹好”和“六个更加注重”的工作总要求。进一步完善战略体系，明晰发展方向，以党的创新理论“金钥匙”开启公司发展新征程。主动对接国家“十四五”规划和2035年远景目标纲要，编制形成高质量的公司“十四五”规划，确保与国资国企、中央企业、能源电力规划及各地发展规划有效衔接，积极服务构建新发展格局（见图2）。

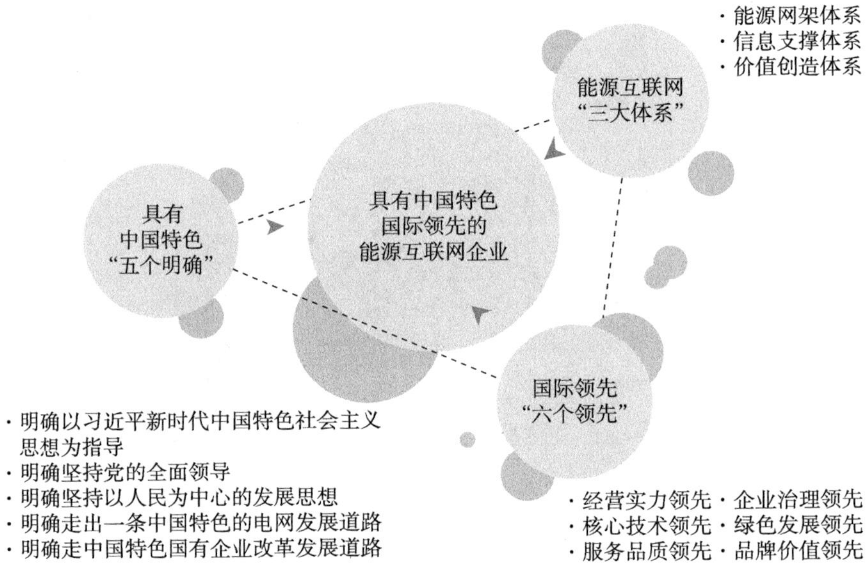


**图2　公司战略**

**全要素发力助推高质量发展。**在加强传统要素投入的同时，更加注重知识、技术、管理、数据等新要素投入，提高全要素生产率，推动企业内涵式增长。一是持续增强创新“第一动力”。深入实施“新跨越行动计划”，培育更多的引领性原创性成果。二是持续强化管理“永恒主题”。以改革创新的精神破除管理体制机制障碍，持续优化管理模式和运行机制。三是不断释放数据“倍增效应”。推动全业务、全环节数字化转型，培育更多“叫好”又“叫座”的数据增值服务。四是着力激活人才“第一资源”。畅通道、优结构、提质量、强激励，统筹推进人才培养，打造一支高素质专业化的干部人才队伍（见图 3）。

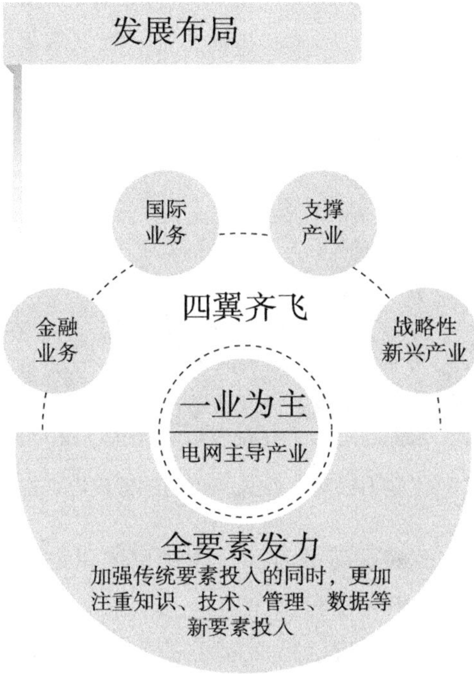


**图 3 公司发展布局**

## 二、牢记“国之大者”，彰显“大国重器”使命担当

牢记党中央设立国家电网的初衷和国有企业“六个力量”新的历史定位，主动融入和服务党和国家工作大局，在党和国家需要的时刻闻令而动、忠诚履责。

**在大战大考中始终冲锋在前。**坚决贯彻中央统筹推进新冠疫情防控和经济社会发展各项部署，2020 年先后出台并实施 7 批 59 项措施，全力做好医疗救治、复工复产、百姓生活电力保障各项工作，疫情防控关键时段全系统日均投入 10 万人，确保了 2.2 万家重点用户电力供应万无一失（见图 4）。主动作为服务“六稳”“六保”，加大电网和充电桩等新基建投入力度，2020 年固定资产投资调增 12.9%。严格执行国家阶段性降电价政策，2020 年全年降低社会用能成本 886 亿元。主动扩招稳定就业，2020 年提供 4.62 万个就业岗位，同比增长 40%，面向“三区三州”等深度贫困地区提供 1 万个就业岗位。助力复工复产，推出“企业复工电力指数”，依托国网电商搭建国资委全国企业复工复产供需对接服务平台，通过“电e金服”为产业链上下游提供低成本金融服务超千亿元。

**图4 “电力铁军”在火神山医院敷设电力电缆**

**在服务“双碳”中锚定前进方向。**围绕贯彻习近平总书记提出的“碳达峰、碳中和”目标，率先出台央企首个“双碳”行动方案，加快电网向能源互联网升级，当好能源清洁低碳转型的引领者、推动者、先行者。把握新能源大规模发展和高比例接入发展趋势，推动构建以新能源为主体的新型电力系统。一是以打造坚强智能电网为关键。推动电网向能源互联网升级，加快构建坚强骨干网架，推进各级电网协调发展。深化先进信息通信技术、控制技术和能源技术融合应用。二是以推进源网荷储协同互动为支撑。推动合理安排新能源发展规模、布局和时序，促进新能源与电网、新能源与灵活调节电源协调发展，因地制宜发挥好微电网作用，切实提高电力系统整体运行效率。三是以发挥体制优势为保障。坚持巩固和发展好电网统一规划、统一调度、统一管理的体制优势，推动构建统一开放、竞争有序的全国统一电力市场，推动形成科学合理的价格形成机制，在全国范围优化配置能源电力资源。全力推进绿色低碳发展，公司经营区域内清洁能源总装机达到7.4亿千瓦，是2015年底的两倍，新能源利用率提升至97.1%，全年消纳5872亿千瓦时，相当于减排二氧化碳4.5亿吨；2020年青海实现绿电31日的突破，达到世界领先水平；抽水蓄能工程建设全面突破，丰满水电重建工程、安徽绩溪3号机组正式投产，到2020年底在建抽水蓄能电站29座，创历史新高（见图5）；大力推进电能替代，累计推动社会实施电能替代项目30余万个，完成替代电量7274亿千瓦时，在能源消费终端减少散烧煤 4.07 亿吨、减排二氧化碳排放 7.2 亿吨（见表 1）。

表1 服务清洁能源发展

| 指标 | 单位 | 2016年 | 2017年 | 2018年 | 2019年 | 2020年 |
|---|---|---|---|---|---|---|
| 清洁能源机组并网容量 | 万千瓦 | 43079 | 50306 | 56884 | 62306 | 73572 |
| 其中：水电并网容量 | 万千瓦 | 21589 | 22414 | 22659 | 22904 | 23295 |
| 核电并网容量 | 万千瓦 | 2067 | 2176 | 2789 | 2914 | 3028 |
| 新能源发电机组并网容量 | 万千瓦 | 19423 | 25716 | 31436 | 36488 | 47248 |
| 其中：风电并网容量 | 万千瓦 | 11654 | 12890 | 14612 | 16933 | 23217 |
| 光伏发电并网容量 | 万千瓦 | 6676 | 11506 | 15283 | 17703 | 21664 |
| 清洁能源机组上网电量 | 亿千瓦时 | 11347 | 12626 | 14179 | 15682 | 17087 |
| 其中：水电上网电量 | 亿千瓦时 | 7375 | 7446 | 7615 | 8049 | 8490 |
| 核电上网电量 | 亿千瓦时 | 1173 | 1380 | 1695 | 1975 | 2088 |
| 新能源发电机组上网电量 | 亿千瓦时 | 2799 | 3800 | 4869 | 5658 | 6509 |

图 5 运行中的天荒坪抽水蓄能电站

**在助力小康中彰显脊梁作用**。全力促脱贫助小康，实施“国网阳光扶贫三年行动计划”、服务脱贫攻坚十大行动，构建行业扶贫、定点扶贫、社会扶贫“三位一体”大扶贫格局，如期完成脱贫攻坚任务。一是攻坚克难做好行业扶贫。完成“十三五”新一轮农网改造升级、“三区三州”深度贫困地区电网建设攻坚、381 个国家级贫困县电网建设、易地扶贫搬迁配套电网建设、村村通动力电等工程，实现除西藏等地区外的自然村动力电全覆盖；圆满完成光伏扶贫接网任务，接入光伏扶贫电站容量 2268 万千瓦。二是精准施策做好定点扶贫。投入帮扶资金 9.3 亿元，助力定点“四县一区”全部脱贫摘帽，公司连续三年在中央单位定点扶贫考核中评价为“好”。三是协同各方做好社会扶贫。帮扶各地方政府 2029 个扶贫点脱贫出列，完成消费扶贫 3.83 亿元，出资 16 亿元参与中央企业贫困地区产业投资基金发起和募资。乡村电气化工程扎实推进，建设新型农村电网，助力新型城镇化建设，建成山东寿光、浙江安吉、湖北潜江 3 个县（市）41 个电气化试点项目，完成 2270 个惠农富民项目建设。23 名（个）先进个人、先进集体获得全国脱贫攻坚表彰，其中国网西藏公司获全国脱贫攻坚楷模荣誉称号。

**在落实国家重大战略部署中展现责任担当**。一是支撑区域协调发展。落实党中央、国务院关于京津冀（含雄安新区，见图 6）、长三角、黄河流域等重大战略部署，制定专项规划或支持措施，印发公司基础设施高质量发展实施意见、支持国家级新区重点工作措施。全面完成公司服务京津冀协同发展行动计划 50 项重点任务，高质量制定雄安新区电力专项规划并实现全电压、大规模开工建设，组织完成上海临港新片区电网规划与长三角一体化示范区电网规划，支持苏州率先建设城市能源互联网典型样板、打造国际能源变革发展典范城市。二是助力打赢污染防治攻坚战。实施 7 项蓝天行动 18 项重点举措，三年行动计划圆满收官。建成投运大气污染防治行动“四交四直”特高压工程，大幅提升清洁能源消纳能力。贯彻落实《北方地区冬季清洁取暖规划（2017—2021 年）》，有序推进“煤改电”清洁取暖，实施燃煤自备电厂清洁替代，完成电采暖改造 1063 万户，供暖面积 8.26 亿平方米。三是大力推动交通领域绿色发展。推动建设“两纵一横”绿色运输线，累计建成充换电站 1.56 万座，充电桩 17.2 万个，构建形成“十纵十横两环”高速公路电动汽车快充网络，智慧车联网平台实现“百万桩”接入（见图 7、图 8）。

图 6　雄安高铁站屋顶分布式光伏发电项目并网发电

图 7　海拔 4600 米的西藏阿里普兰县日土羊景观站

图 8　国家电网公司智慧车联网平台

## 三、践行“六个力量”，坚定不移做强做优做大

围绕“一体四翼”发展布局，聚焦主责主业，形成“一盘棋”格局，

提高经营效率效益和发展质量，不断增强公司的竞争力、创新力、控制力、影响力和抗风险能力，全面推进公司和电网高质量发展。

**谋划“十四五”发展“路线图”。**公司党组高度重视“十四五”规划工作，立足新发展阶段，践行新发展理念，服务新发展格局，落实能源安全新战略，服务碳达峰、碳中和目标，坚持稳中求进工作总基调，坚持以推动高质量发展为主题，坚持以深化供给侧结构性改革为主线，以公司战略为统领，以改革和创新为动力，以安全稳定为基础，按照“一业为主、四翼齐飞、全要素发力”发展布局，更加聚焦主责主业，更加注重绿色发展，更加注重提质增效，更加注重产业协同，更加注重制度完善，更加注重风险防范，坚定不移做强做优做大国家电网，持之以恒践行人民电业为人民的企业宗旨，编制完成总规划、5 个业务规划、16 个专项规划和两个综合性规划。

**做好经济发展电力“先行官”。**一是不断优化完善电网结构。统筹推进各级电网协调发展，累计建成“14 交 12 直”26 项特高压工程，初步形成以特高压为骨干的交直流互联电网，跨区跨省输电能力实现翻番，并网发电装机容量从 2016 年的 11.6 亿千瓦提高到 2020 年的 17 亿千瓦，城网、农网供电可靠率分别达到 99.970% 和 99.843%，北京、天津、上海等 10 个城市供电可靠率达到世界先进水平，国家电网已经成为全球电压等级最高、并网装机规模最大、能源资源配置能力最强的特大型电网。二是充分发挥电网投资带动作用。2016 年以来，累计完成电网建设投资 2.38 万亿元，满足了最大负荷 9.5 亿千瓦、全社会用电量 5.8 万亿千瓦时的供电需求，引领上下游产业共同发展，全力为美好生活充电、为美丽中国赋能（见图 9）。三是统筹发展和安全“两件大事”。始终把大电网安全放在首位，针对特高压多直流馈入、新能源大规模高比例接入等带来的挑战，持续巩固安全防线，国家电网成为过去 20 多年来世界上唯一没发生大停电事故的特大型电网。

**当好国民经济“压舱石”。**一方面，聚焦“新基建”领域加大投入力度。深刻认识电力作为基础性产业的“托底”与“先行”功能，延伸拓展电网产业链、价值链，抢抓机遇发展战略性新兴产业，积极助力稳固国内大循环主体地位。坚决落实国家降低用能成本政策，2016 年以来，降电价累计降低社会用能成本超过 1 万亿元，其中电网环节承担约 60%，充分发挥电网引领带动作用，全力支持实体经济发展。另一方面，坚持苦练内功。加强精益管控，公司营业收入从 2016 年的 2.1 万亿元增长到 2020 年的 2.7 万亿元，位居《财富》世界 500 强第三位，资产总额从 3.39 万亿元增长到 4.35 万亿元，5 年来累计上缴利税 8129.4 亿元，确保了企业稳健经营和国有资产保值增值。

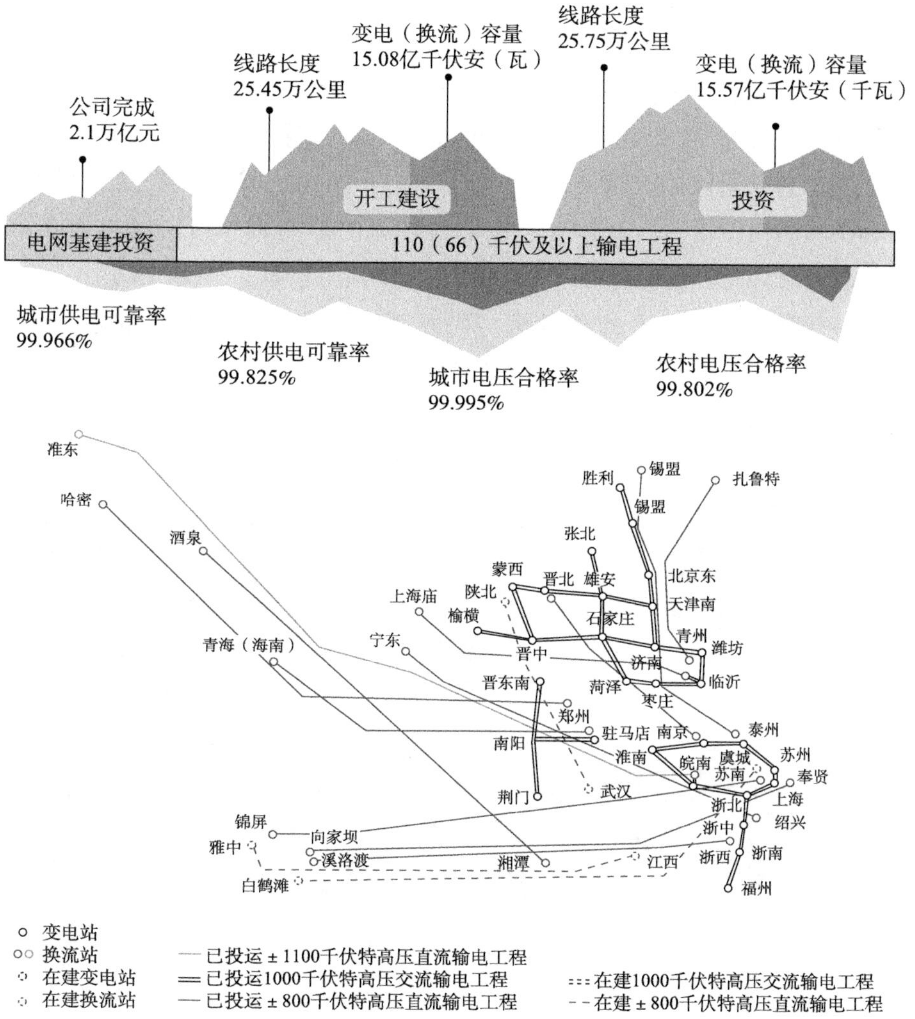


**图 9 “十三五”期间国家电网布局**

**打造能源电力科技“策源地”**。始终把创新作为第一动力，深入实施“新跨越行动计划”，发挥新型举国体制优势，着力打好关键核心技术攻坚战（见图 10）。一是全面激发科技创新内在动力和活力。持续深化科研改革，在重大技术攻关、深化科研机制改革和加快高端人才队伍建设等方面部署一揽子政策措施，实施股权激励、虚拟分红权激励等多种方式激励，推行“揭榜挂帅”和“赛马”制，构建国家电网公司首席专家制度。二是推进电力科技自立自强。8 大类 120 余款工业级芯片产品成功开发，3300 伏 IGBT 等核心零部件研制取得重大进展，建成了世界上电压等级最高、输送容量最大、输送距离最远的±1100 千伏特高压直流输电工程、世界首个柔性直流电网试验示范工程等一系列世界级创新工程，在特高压输电、大电网安全控制、新能源并网等领域达到世界领先水平，公司累计获得国家科学技术奖 85 项，拥有专利超过 10 万项，主导立项国际标准 102 项，专利申请量和累计拥有量连续 10 年位居央企第一，2020 年发明专利拥有量首次跃居央企第一，我国在能源电力领域的影响力和话语权显著增强，为实现内涵式增长、高质量发展积蓄了“硬核”动能。三是主动适应能源革命与数字革命相融并进大趋势。研究制定数字化转型发展战略，深化“大云物移智链”等现代信息技术应用，孕育电力芯片、新能源云、综合能源服务等新业务、新业态，积极推动公司和电网数字化转型，让电网更“智能”、让能源更“绿色”、让用能更“美好”。

**图 10　开展关键核心技术攻关**

**提升优质服务架起“连心桥”。**坚持以人民为中心的发展思想，不断丰富服务内容、创新服务方式、提高服务品质，切实增强群众获得感、幸福感、安全感。构建以客户为中心、市场为导向、协同高效、价值共创、精益管理的现代服务体系，实现“全能型”乡镇供电所建设全覆盖，推进营业厅“三型一化”升级，推进实现简单业务“一次都不跑”，复杂业务“最多跑一次”。开发建设“网上国网”，注册用户数突破 1.3 亿（见图 11），线上办电率突破 95%，让人民群众足不出户享受便捷的电力服务。供电服务“十项承诺”兑现率持续保持在 99.9%以上，客户服务满意度稳居我国公共服务行业榜首。制定打造国际领先电力营商环境三年行动计划，全面落实提升“获得电力”9 项措施，深入实施“阳光业扩”，大力推广“三零”“三省”（业扩零上门、零审批、零收费，办电省时、省心、省钱）服务，推动我国在世界银行“获得电力”指标排名从 2018 年的第 98 位上升至 2020 年的第 12 位。

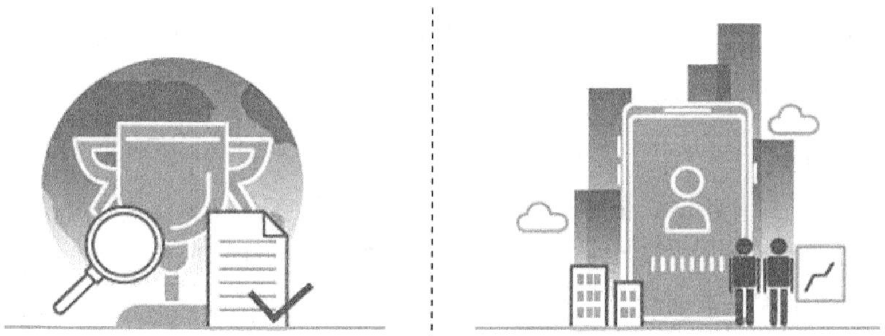

“获得电力”指标位列全球12位　　“网上国网”App注册用户总量1.31亿户

**图 11 “获得电力”与“网上国网”**

**坚决啃下深化改革“硬骨头”。**始终把改革作为推动发展的“关键一招”，认真贯彻中央关于电力改革和国企改革各项部署，推进重点领域、关键环节改革取得实质性突破。积极推动输配电价改革。推动电网企业盈利模式由“统购统销、价差收入”逐步向收取独立输配电价转变，建立健全独立输配电价体系。初步建成“统一市场，两级运作”的电力市场交易体系，全面完成北京电力交易中心和省级电力交易机构组建及股份制改造。公司经营区市场化交易电量突破 2 万亿大关，市场化交易电量占售电量的比重由 2015 年的 14%提高到 2020 年的 50%。售电侧改革加快推进，初步形成多买多卖竞争格局。贯彻落实党中央、国务院关于国有企业改革发展的决策部署，制定实施公司国企改革三年行动实施方案，全面完成公司制改制。优化集团管控模式，健全市场化经营机制，深入推进三项制度改革，实施“放管服”改革，企业发展动力活力明显提升。在特高压直流工程等十大领域推出重大混改举措，累计引入社会资本超过580亿元，混合所有制改革取得重要成效。对标世界一流管理提升行动走在央企前列，公司获评管理提升“标杆模式”，涌现出一批“标杆企业”“标杆项目”。

**提质增效专项行动“育新机”。**聚焦电网、产业、金融、国际各业务板块和投资、建设、生产、运营各业务环节，围绕降低社会用能成本与实现电网可持续发展、提高效率与防范风险“两大平衡”，聚焦8个“全力”促提质、8个“增效”稳发展，落实48条125项重点任务。加大资源优化配置力度，紧盯市场变化、深挖市场空间、优化交易安排，2020年省间交易电量1.16万亿千瓦时，省间清洁能源交易电量4949亿千瓦时。实施6项扩招稳就业措施，2020年新增加就业岗位4.62万个。全面推广智能电能表状态评价与更换技术，创新运行电能表监管模式，3803万只电能表得到延期使用，节约电能表轮换资金66亿元。全面建成“1233”新型资金管理体系，实现资金运作收益170亿元。推广应用现代智慧供应链，2020年集中采购4124亿元，为供应商释放保证金165亿元，节约管理成本30亿元。

**服务“一带一路”更好“走出去”。**助力增强国际大循环带动能力，深化“一带一路”电网基础设施建设和互联互通，推动投资、建设、运营和技术、标准、装备全方位一体化“走出去”。习近平总书记见证见签的重大项目取得突破，巴西美丽山特高压直流一期和二期项目提前建成投运、巴基斯坦首个直流工程默拉直流输电项目全面建成并启动带电、埃及国家主干网升级改造工程完工。累计投资运营9个国家和地区的骨干能源网，管理境外资产超过650亿美元。积极推进能源电力国际合作，中俄联网等与周边国家跨境线路稳健运行，累计交易电量超过330亿千瓦时（见图12）。

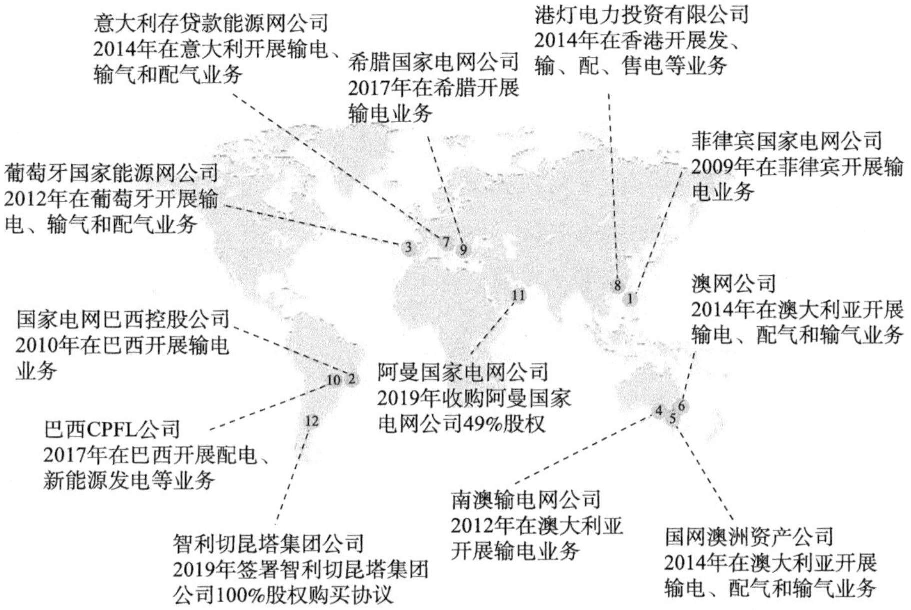


**图 12 “一带一路”电网基础建设和互联互通**

## 四、落实“两个一以贯之”，推动党的建设提质登高

以全面贯彻全国国有企业党的建设工作会议精神为主线，认真落实新时代党的建设总要求和新时代党的组织路线，抓党建、带队伍、聚合力、强作风，推动党建工作不断迈上新水平，为公司高质量发展提供根本保证。

**将党的领导融入公司治理。**坚持“两个一以贯之”，在“融入”上下功夫，在“内嵌”上做文章，全面落实“党建入章”、党组（党委）书记和董事长“一肩挑”、党组织研究讨论前置程序等制度性要求，充分发挥党组（党委）把方向、管大局、促落实作用。加强各级领导班子运行机制建设，明确党组织与董事会、经理层等治理主体的权责边界，积极探索有效融合的治理体系。建立健全以职工代表大会为基本形式的厂务公开民主管理制度。

**党的建设质量全面提高。**深入学习贯彻国有企业基层党组织工作条例，组织各级党组织“学、查、改”一体推进，推动基层党组织全面进步、全面过硬。巩固公司党的建设“旗帜领航·三年登高”计划成果，推进“基层党建巩固提升年”任务，深化基层党组织标准化规范化建设，健全大党建工作格局，党建工作质量不断提高。坚持服务生产经营不偏离，全面实施“党建+”工程，党委抓统筹、部门抓融合、支部抓落实，形成强党建促发展的生动局面。

**全面从严治党不断深入。**加强党风廉政建设，“两个责任”贯通联动、一体落实，“不敢腐、不能腐、不想腐”机制一体推进。贯彻落实中央八项规定精神，制定 30 项工作措施，持续深化专项整治，把“四风”整治引向深入。持续深化形式主义、官僚主义集中整治。深化“漠视侵害群众利益”专项整治，加强行风监督。以钉钉子精神狠抓中央巡视整改，深入开展巡视巡察，利剑作用充分彰显。深化标本兼治，严肃查处违规违纪问题，始终保持反腐败高压态势。

**正面宣传引导不断加强。**加强组织机构建设，全面加强党对意识形态和宣传工作的领导。围绕“庆祝建党 100 周年”“庆祝新中国成立 70 周年”“庆祝改革开放 40 周年”“决胜全面小康、决战脱贫攻坚”等，精心组织宣传宣讲等系列活动，激发广大职工爱党爱国之情、兴企兴业之志。严格落实意识形态工作责任制，坚持正确舆论导向，加快推动媒体深度融合发展，构建全媒体传播体系，高频度、全方位、立体化开展主题宣传，塑造责任央企良好形象。连续 16 年在央企率先发布社会责任报告，持续推进世界一流品牌建设，国家电网品牌价值连续六年位居中国 500 最具价值品牌榜首，获得习近平总书记肯定。

（国家电网有限公司：林新生）

# 强化改革创新　加快转型升级
# 全面建设具有全球竞争力的世界一流企业

（中国南方电网有限责任公司）

南方电网公司于2002年成立，是关系国计民生、国家安全和国民经济命脉的骨干能源央企，经营区域主要覆盖广东、广西、云南、贵州、海南五省区，东西跨度近2000公里，并与港澳地区以及老挝、缅甸、越南等澜湄国家电网互联，员工总数近30万人，供电面积约100万平方公里，供电人口约2.7亿，供电客户达1亿户。

南方电网因改革而生、因改革而兴。公司成立近20年来，牢牢把握国有企业战略定位和中央赋予南方电网的职责使命，坚定不移做强做优做大，有力支撑国家重大战略实施，扎实服务南方五省区和港澳地区经济社会发展，改革发展取得显著成绩，连续15年获得国资委经营业绩考核A级，连续17年入围全球500强企业，目前列第91位。公司认真学习贯彻习近平新时代中国特色社会主义思想，完整准确全面贯彻新发展理念，坚持质量第一、效益优先，深入践行“人民电业为人民”企业宗旨，将高质量发展要求落实到公司的方方面面，推动质量变革、效率变革、动力变革，坚定不移地做强做优做大，加快建设世界一流企业，持续彰显“六个力量”的责任与担当。

## 一、主动服务党和国家工作大局，加快建设世界一流企业

认真贯彻总书记关于国企改革发展和党的建设重要论述精神，牢牢把握国有企业战略定位，贯彻落实党中央、国务院重大决策部署，在彰显使命担当中加快建设具有全球竞争力的世界一流企业。

### （一）明确制定清晰的战略发展方向

对照我国社会主义现代化强国建设目标，牢牢把握中央成立南方电网的

战略意图和公司所处历史方位、发展阶段，制定实施立足新时代、奋进新征程的发展战略，勇做推进国家现代化的重要力量、贯彻新发展理念的排头兵、构建新发展格局的生力军、高质量发展的引领者。构建管制、新兴、国际、产业金融、共享服务五大战略单元协同发展的新局面，推动公司向数字电网运营商、能源产业价值链整合商、能源生态系统服务商转型。聚焦世界一流企业在经营实力、效率效益、产品服务质量、品牌形象、公司治理、战略管控、运营管理、产业引领、创新驱动、人才发展、资源配置、数字化等12个方面的特征要素，实施电网转型、服务升级、产业拓展、国际发展、人才强企、创新驱动、数字赋能、安全强基、管理变革、提质增效、强根铸魂11项战略举措。围绕战略管理核心流程，打造具有南网特色的涵盖战略制定、战略分解、战略实施、战略回顾的战略管理体系（POCA），分批策划实施78个灯塔项目、标志项目、标杆项目、试点项目，以“四类项目”为抓手大力实施一系列重大变革、重大创新、重大工程，加快推动战略落地，以好的战略、好的组织结构、好的运行机制、好的激励约束机制、好的监督控制机制、好的企业文化确保履行好央企职责使命。

## （二）有力有效服务党和国家工作大局

尽锐出战，全力打赢“三大攻坚战”。公司定点帮扶694个扶贫点、34.7万余名贫困人口全部实现脱贫，两个定点扶贫县脱贫摘帽，新一轮农网改造升级全面完成，扶贫工作考核连续三年蝉联最高评级。区域清洁能源开发利用保持领先，西电东送电量连续五年创新高，全网可再生能源利用率达到99.5%，非化石能源装机、电量占比继续领跑全国。坚决完成央企降杠杆减负债目标任务，资产负债率控制在60%以下。制定实施融入和服务粤港澳大湾区、深圳先行示范区、海南自贸港、新时代西部大开发、新时代革命老区振兴发展等重点举措，扎实服务区域协调发展和全体人民共同富裕。积极履行国家赋予的大湄公河次区域电力合作中方执行单位职责，推动澜湄国家电力合作迈出新步伐。扎实做好“六稳”工作、全面落实“六保”任务，抓实抓细疫情防控，坚持“双统筹”、夺取“双胜利”，与全社会同舟共济、共克时艰。

## （三）大力优化调整业务布局和结构

连续5年保持千亿元以上投资规模，围绕输配电核心业务优化国有资本布局，发挥中央企业在科技革命和产业变革中的引领作用，推动产业融合化、集群化、生态化发展，提升产业链供应链现代化水平。组建产业投资集团、资本控股公司、国际金融公司等专业公司，加大专业化整合，在数字技术、综合能源、电动汽车、通航服务等细分领域持续发力，新兴业务与产业金融布局基本形成。节能环保领域保持行业领先，建成分布式光伏项目超100万千瓦，投产珠海桂山海上风电等标志性项目，南网能源公司位列全国节能服务公司百强榜前列，成功实现上市。构建电动汽车产业服务体系，大力推进充电基础设施建设，打造“顺易充”充电服务平台，公司充电桩保有量4.2万个，平台注册用户超70万人。数字电网核心支撑产业实现快速发展，国产化电力专用主控芯片“伏羲”实现量产，宽带载波通信、智能网关等核心技术产品研发取得突破。发起设立南网能创股权投资基金、海南绿行基金、绿色能源混改基金等产业基金，积极融入和服务区域重大战略，促进能源绿色低碳发展。

### （四）大步迈出国际发展的坚实步伐

持续做实澜湄国家电力企业交流合作机制，倡导建立澜湄国家电力合作中资企业沟通合作机制。在中老两国领导人见证下，南方电网公司与老挝有关方面签署《老挝老中铁路供电项目股东协议》，高质量完成中老铁路外部供电项目建设。建成投产老挝南塔河一号水电站项目，助力老挝发挥水能资源优势、改善民生发展，受到老挝政府的高度评价。成功签署老挝国家输电网（EDL-T）股东协议，推动成立老挝国家输电网公司，借鉴南方电网电网建设、运营管理经验，加快建设覆盖老挝全国的一体化骨干输电网，为老中命运共同体建设贡献南网力量。在中缅两国领导人见证下，南方电网公司与缅甸有关方面签署《关于开展中缅联网项目可行性研究的备忘录》。越南永新一期电厂BOT项目投入商业运营，带动国内工程服务、技术和装备“走出去”。牵头开展菲律宾MVIP跨海直流换流站及接地极EPC项目，推动公司直流技术“走出去”。完成智利川斯兰科输电公司、马来西亚埃德拉电力公司、卢森堡恩赛沃能源公司股权并购，投资范围向全球拓展。

## 二、深入贯彻“四个革命、一个合作”能源安全新战略，加快建设世界一流电网

聚焦发挥电网资源优化配置平台作用，不断增强电网平台资源配置、

优质供电、柔性可控、安全保障能力，有力支撑清洁低碳、安全高效能源体系构建，更好地服务新型电力系统构建和碳达峰碳中和目标实现。

### （一）能源资源优化配置能力显著增强

西电东送实现跨越式发展，建成永富直流、金中直流、鲁西背靠背、滇西北直流、云贵互联通道、昆柳龙直流等西电东送主网架重点工程，实施云南异步联网工程，彻底解决云南电力外送长期存在的“强直弱交”问题。新增送电能力 2300 万千瓦，南方区域西电东送形成“八交十一直”主网架结构，最大送电能力达到 5800 万千瓦，特高压直流通道利用小时数超过 4600 小时。“十三五”期间累计送电量突破 1 万亿千瓦时，减排二氧化碳 7.2 亿吨、二氧化硫 520 万吨，促进了东西部协调发展，为粤港澳大湾区发展注入强劲的绿色动能。建成海南与南方主网联网二回工程，合理管控海南“大机小网”风险，提升海南电力安全保障能力，实现云南清洁水电送电海南。建成广东清远、深圳、海南琼中等抽水蓄能电站，开工建设梅州、阳江抽水蓄能电站，调峰电源累计装机达到 1000 万千瓦。着力发挥电网平台资源配置能力，区域电源装机规模达到 3.8 亿千瓦，非化石能源电量占比达到 53.2%。

### （二）优质供电水平大幅提升

加强输配电网架建设，110 千伏及以上变电容量达到 11.1 亿千伏安、输电线路长度达到 24.8 万公里，有力保障 2020 年南方区域 2.2 亿千瓦新增负荷、1.3 万亿千瓦时新增用电量的供应。落实配电网建设改造行动计划，城乡配电网全面加强，公司全口径客户平均停电时间 12.2 小时，同比大幅降低近五成。中心城区和广州、深圳、中山、珠海、佛山、东莞、江门、南宁、昆明、贵阳等 10 个主要城市城区客户平均停电时间低于 1 小时，珠海、中山、深圳等粤港澳大湾区地市供电可靠率排名全国前列。扎实推进新一轮农村电网改造升级建设攻坚，完成 7665 个小城镇（中心村）电网改造升级、4709 个机井通电和 262 个贫困村通动力电、自然村通动力电等专项攻坚任务，以省为单位提前一年实现国家新一轮农网改造升级“两率一户”目标。贯彻落实党中央、国务院防灾减灾决策部署，强化安全底线思维，创新电网发展理念，全面推进“安全可靠的城市保底电网建设、更高标准的对港澳供电保障能力建设、差异化标准的沿海电网建设”，防灾减灾救灾经验做法在全国推广。

### （三）电网数字化智能化迈上新台阶

开展省域、地市、县区、园区等 20 个电网数字化智能化示范区建设。建成广东珠海“支持能源消费革命的城市——园区双级‘互联网+’智慧能源示范项目”、广州“面向特大城市电网能源互联网示范项目”两个国家级能源互联网示范项目。基本实现重要输电线路直升机、无人机巡检全覆盖，机巡作业年度规模达到 56 万公里。建成 220 千伏中山光明等一批智能变电站，初步实现巡视无人化、操作智能化。配电自动化覆盖率达 90%，在广东中山等地区建成智能分布式配电自动化系统，实现故障毫秒级复电。实现低压集抄、智能电表“两覆盖”，推动计量中心、95598 客户服务中心“两集中”。

## 三、坚持以人民为中心的发展思想，着力提供一流供电服务，更好满足人民追求美好生活的电力需要

电网企业关系国计民生，服务千家万户，是党密切联系群众的重要桥梁纽带，南方电网公司坚持以用户为本，加快推进现代供电服务体系建设，为用户提供可靠、便捷、高效、智慧的新型供电服务，不断提升用户能源电力获得感、幸福感、安全感。

### （一）全面构建现代供电服务体系

深化“解放用户”探索实践，创新提出涵盖用户价值体系、组织能力体系、生态伙伴体系、评价反馈体系的 VOSA 模型，全面构建南网特色的现代供电服务体系，打造敏捷前台、高效中台、坚强后台，培育“基础性+增值性”用电用能新业态，为用户提供“可靠、便捷、高效、智慧”的服务，助力乡村振兴和新型城镇化，让农村和城市居民享受到均等化的服务。

### （二）强化客户服务能力快速响应客户需求

构建全网互联网客户服务平台，互联网业务办理比例达到 99%。在深圳等地区创新探索高端客户经理模式，实现了服务专业化、多样化、“零距离”。深化营销创新，抄核收业务“四个自动”基本实现，实现网级电能量数据平台上云。加强 95598 能力建设，推进实体营业厅转型，推广智能客服、智能 IVR、智能质检，强化专业协同，切实解决人民群众关心的

热点难点问题。

### （三）打造新标杆，优化用电营商环境

对标世界一流水平，实施公司全面提升“获得电力”服务水平、持续优化用电营商环境专项行动，不断提升客户获得感。全面推行“三零”“三省”服务，优化“一次都不跑”流程。加强政企联动，全网低压非居民、高压单电源客户平均接电时间分别下降到2.7个、21.2个工作日，小微企业接电实现“零投资”，累计节约客户投资108亿元。着力打造横琴合作区、前海合作区、南沙自贸区等“获得电力”示范区，深圳、广州在中国营商环境“获得电力”评价中名列前茅。

## 四、加快建设创新型企业，以一流创新增强企业高质量发展动力

发挥中央企业创新主体作用，积极融入社会主义市场经济条件下新型举国体制，面向国家重大战略、面向行业科技前沿、面向生产经营一线需求、面向人民高品质生活，统筹推进科技创新、服务和商业模式创新、管理创新，促进创新链、产业链融合发展，努力打造国家可以信赖的战略性科技力量。

### （一）创新体制机制不断完善

积极推进新型科技研发平台建设，建成国家级创新平台两个、省部级创新平台20个，组建16个联合实验室。实施“揭榜挂帅”、赛马攻关、成果知本券等管理模式，推出离岗创业、以虚拟股权开展项目跟投等一系列举措，激发科研人员创新原动力。赋予“挂帅”项目负责人技术路线选择、团队组建、经费使用、考核分配等方面的自主权。“一人一策”精准支持高层次人才，推行科研人员协议制薪酬。坚持创新链产业链“双链融合”，完成228项科技成果转化。

### （二）科技创新硕果累累

聚焦行业前沿、产业变革、新型电力系统构建等，明确10大科研攻关方向。聚焦关键技术“卡脖子”问题，大力实施关键核心技术攻关。在确保完成国资委5项、国家能源局4项攻关任务的同时，公司部署了83项攻关任务。柔直穿墙套管、微型智能电流传感器等国家重点攻关项目取得标

志性成果。建成世界海拔最高、距离最长的±800千伏特高压直流输电工程——滇西北直流工程，突破特高压直流高海拔、高地震烈度瓶颈。完成世界首个超高压两端直流三端改造，依托云贵互联通道工程建成世界首个±500千伏三端直流工程——禄高肇直流工程，实现多端直流灵活送电、工程关键设备全面国产化等多项电网技术突破。建成世界首个特高压多端混合直流工程——昆柳龙直流工程，创造19项世界第一，实现IGBT等关键设备国产化和对进口产品的全场景替代，推动世界直流输电技术再上新台阶，锻造出“胸怀大局、迎难而上、自立自强、勇攀高峰”的昆柳龙精神。启动国家直流输电及电力电子技术标准创新基地建设。研发具有自主知识产权的大规模交直流混联电网SMRT电磁机电混合实时仿真平台。成功研制“伏羲”系列电力专用主控芯片，研发国内首颗适用电力安全防护策略的配网IPsec安全芯片，集成配网安全芯片的配网终端在广东佛山、江门等地投入运行。公司“十三五”期间累计研发投入超过380亿元，承担国家级科技项目36项，获得国家级科技奖励5项、省部级科技奖励161项，特高压±800千伏直流输电工程获国家科学技术进步特等奖；累计有效发明专利拥有数超过8000件；牵头制定、修订国际标准12项、国家标准35项、行业标准81项，特高压直流领域国际标准制定取得突破，获得中国标准创新贡献奖二等奖。

### （三）数字化转型加快推进

把握数字时代发展要求，加强顶层设计，制订公司数字化转型和数字电网建设行动方案，实施“4321”十大工程，制定云计算、物联网、大数据、移动应用、人工智能等专项规划，加快推动公司数字化转型。组建全球首家数字电网研究院。发布全球首份《数字电网白皮书》。加快构建云数智一体数字技术平台，按照“主节点+分节点”模式初步建成南网云，按照“两地三中心”模式打造全网统一的调度云；基本建成云化数据中心，初步建成企业级数据湖，数据总量达到1.5PB；基本完成物联网平台部署。电网管理平台、客户服务平台、调度运行平台、战略运行管控平台四大数字业务平台建设初见成效，“南网在线”智慧营业厅上线运行，“南网智瞰”实现电网数据、业务数据实时共享开放，“南网智搜”为公司全员提供低门槛、高可信的多维信息搜索服务，运营管控形成“一级部署、多级应用”。广州、贵阳等国家工业互联网标识解析二级节点上线，与国家顶级节点实现互联互通。建成全域、纵深的网络安全防护体系，电力关键信息基础设施安全防护水平显著提升。

## 五、推动更深层次改革，着力把“试验田”深耕为“示范田”

改革是南方电网公司与生俱来的基因。公司坚持系统观念，坚持敢闯敢试、敢为人先，统筹谋划、一体推进国企改革与电力体制改革，不断提高改革综合成效，公司改革呈现全面发力、多点突破、纵深推进的良好局面。

### （一）系统谋划扎实推进国企改革三年行动

专题开展总书记国企改革方法论研究，把做强做优做大国有资本和国有企业作为“国之大者”，从讲政治的高度将国企改革三年行动落实到谋划重大战略、部署重大任务、制定重大举措、推进重大工作的具体实践中。**坚持综合改革与定制式改革相结合。**对照国企改革三年行动方案，制定了涵盖 11 个方面、55 条、180 项改革任务举措的公司总体实施方案，同时“一企一策”量身定制二级单位改革发展意见。**坚持实践探索与制度固化相结合。**推动制度图谱与改革业务联动、制度流程与授权放权同步，坚持重大改革制度先行，确保改革于法有据、于事有效。对于改革实践证明行之有效的、对企业活力效率影响重大的经验做法，及时固化上升为制度，持续巩固深化改革成果。**坚持统筹推进与重点突破相结合。**构建责任、组织、计划、评价四大工作体系，建立指标管控等十项工作机制，强化整体推进。对公司治理、活力效率等重点难点问题开展专项研究、专项部署、专项跟进，对 10 家滞后单位及时发出提醒督办函。**坚持顶层设计与基层探索相结合。**选取 7 家不同类型企业纳入“双百行动”“科改示范行动”改革专项工程，大胆授权、鼓励探索，以“小切口”撬动“大变化”，及时总结基层单位经验做法，提炼形成可复制、可推广的标杆样板，采用多种方式宣传推广。抓好对标一流管理提升行动，积极开展“三个标杆”创建，深圳供电局、超高压公司、广东电网公司 3 家单位获评“标杆企业”，资产管理体系、电网可靠性管理理论与实践 2 个项目获评“标杆项目”。

### （二）持续完善中国特色现代企业制度

加快构建权责法定、权责透明、协调运转、有效制衡的公司治理机制。在完善公司治理中加强党的领导，全面完成“党建进章程”，全面建立“双向进入、交叉任职”的领导体制，创新探索出“制度审议”“综合审议”“一事一议”等党组前置研究方式，在充分把控决策风险的同时提升了决策效率。全面规范董事会建设，全面实现各级子企业董事会应建尽建，应建范围内全面实现外部董事占多数，按照“专职、专业、专管、专用”要求选聘出资企业专职董事监事。构建纵横衔接的授权体系，规范法人内部治理主体授权，加大法人层级间授放权力度，压缩总部权责事项达50%，分子公司治理更加灵活高效。

### （三）深化三项制度改革激发企业内生活力

紧盯“三能”狠下功夫、大胆突破。**坚持以上率下。**从总部改起，内设机构压缩70%、人员编制压缩33%，总部带头推出6个党组管理干部、58个业务团队负责人及主管岗位的公开选聘，全系统新晋管理人员竞争上岗比例近80%。从领导改起，刚性执行管理人员末等调整和不胜任退出机制，2021年以来管理人员退出比例达5.6%。**坚持基层导向。**不重视基层和一线员工的企业是没有希望的企业。坚持面向基层、服务基层，将薪酬、待遇、奖励向一线倾斜，2020年累计奖励约8万名基层人员。划小工资核算单元，层层授权，绩效工资全部由一线班组长自主分配。广东电网能源发展公司将薪酬考核权放给直线经理后，团队员工绩效薪酬差距由“大锅饭”拉大到最高2.3倍。**坚持市场化。**全面完成经理层任期制和契约化，公司174家子公司、692家分公司，3297名经理层成员“一人一岗”签订岗位聘任协议、“一人一表”设置经营业绩指标。深化全员绩效考核，强化员工岗位胜任能力评价和考核结果应用，以劳动合同为核心大力实施轮岗、降岗、待岗、退出管理机制，畅通员工退出通道，今年以来通过市场化方式退出人员达4257人。**坚持精准激励。**对具有市场竞争优势的核心关键人才实施“依岗议薪、一人一薪”，分子公司经理层最大收入差距超过2倍。南网科技公司20%专业技术人员收入高于中层管理人员。大力推进职业经理人制度，将薪酬激励与企业业绩紧密挂钩，2018年在南网能源公司率先实施，近三年利润年均增长43%，目前已在27家单位推进实施，还有3家即将开展选聘工作。积极推行中长期激励，健全管理、技术等要素参与分配的激励方式，累计8家科技型子企业已开展或正在开展分红激励，占符合条件企业的89%。

### （四）新一轮电力体制改革扎实推进

落实“放开两头、管住中间”电力体制改革要求，在全国率先启动输配电价改革，率先以股份制模式组建电力交易机构，开创性建立“协议+市场”跨省区交易机制，开创性实施云贵水火置换、云电送琼等电力交易，率先开展电力现货市场结算试运行，在深圳前海成立全国第一家混合所有制增量配电企业。南方区域统一电力市场建设有序推进，构建形成主体多元、有序竞争的市场格局，省内市场化交易电量占比达到45%，充分释放改革红利。公开公平公正地参与增量配电网改革试点。深入推进央地融合发展。加强央地合作，与广西壮族自治区人民政府共同推进广西“一张网”改革，组建广西新电力集团，以控股方式重组广西40个县农电资产并及时投资161亿元加快农网升级改造，有力支持脱贫攻坚。

## 六、全面加强党的领导和党的建设，以高质量党建引领和保障公司高质量发展

持续深入学习贯彻习近平总书记在全国国有企业党的建设工作会议上的重要讲话精神，坚持“三位一体”统筹推进全面从严治党主体责任落实，充分发挥党组（党委）把方向、管大局、促落实作用，在完善公司治理中加强党的领导，推进党的建设与改革发展生产经营深度融合，把党的组织优势更好转化为企业竞争优势、发展优势。

### （一）坚持把政治建设摆在首位

不断提高政治站位、增强政治功能、彰显政治属性、强化政治引领，建立健全政治台账，强化督查问责，在对标对表中找准方向、明确思路、抓好落实。落实“第一议题”制度，第一时间传达学习、细化落实习近平总书记最新重要讲话及指示批示精神和党中央重大决策部署，完善跟进督办制度。深入开展党史学习教育，从中汲取智慧和力量。

### （二）压紧压实全面从严治党主体责任

“三位一体”统筹推进党组（党委）书记第一责任人责任、班子其他同志“一岗双责”及下级党委主体责任的严格履行。不断健全完善“三不”体制机制，建立监督体系规范化操作工具库，落实问题发现、跨部门协作、上下联动、整改落实、成果运用等“五项机制”，提高党组（党委）

监督能力，持续强化对改革发展中权力运行的制约和监督。

### （三）深入落实新时代党的组织路线

突出选人用人的政治性、战略性、系统性、改革性、导向性，在改革攻坚中发现人才、培养人才、使用人才。建立“五个一线、五个交流”干部培养锻炼机制，实施“百千人才去基层到西部计划”，交流干部人才1500余人。

### （四）持续推动深度融合

坚持抓基层、打基础、提质量，深刻把握基层基础与创新发展、高质量党建与高质量发展的内在逻辑关系，围绕发展抓党建、抓好党建促发展，深化党建工作与改革发展生产经营深度融合。牢固树立大抓支部、大抓基层的鲜明导向，让支部在基层工作中唱主角、打头阵、挑大梁，推进基层党支部建设和基层基础基本技能建设相融互促，在抗疫保电等大战大考中充分发挥“两个作用”。

南方电网公司取得的各项成绩，离不开国资委的悉心指导和帮助。下一步，公司将更加紧密地团结在以习近平同志为核心的党中央周围，坚决贯彻落实党中央、国务院各项决策，严格按照国资委的工作部署，以更高站位、更大力度推进对标世界一流管理提升行动，更好发挥中央企业骨干中坚作用，以企业高质量发展引领带动行业高质量发展，加快向成为具有全球竞争力的世界一流企业的目标迈进！

（中国南方电网有限责任公司）

# 贯彻新发展理念　着眼“国之大者”开创建设世界一流能源集团新局面

（国家能源投资集团有限责任公司）

国家能源投资集团有限责任公司（以下简称国家能源集团）于2017年11月28日正式挂牌成立，是经党中央、国务院批准，由中国国电集团公司和神华集团有限责任公司重组而成的中央骨干能源企业，是国有资本投资公司改革、创建世界一流示范企业的试点企业，具有独特的煤电化路港航一体化发展模式，产业分布在全国31个省区市以及加拿大、南非等10多个国家和地区，是全球规模最大的煤炭生产公司、火力发电公司、风力发电公司和煤制油煤化工公司，集团煤炭产销量、发电量分别约占全国的17%和15%。

“十三五”以来，集团营业收入、利润总额、净利润年均分别增长2.9%、8.9%、9.9%，资产负债率下降3.08个百分点，主要生产经营指标均超重组前同期指标之和，煤炭产能达到6亿吨，比重组时增加7000万吨；电源装机达到2.57亿千瓦，比重组时增加2700万千瓦；清洁可再生能源装机占比达到25.8%，比重组时提高1.6个百分点，充分发挥了“1+1>2”的重组效应。集团连续4年获得央企业绩考核“A”级，连续两年获得央企党建责任制考核“A”级，2020年位列世界500强第108位。

## 一、强化政治建设，把“两个维护”作为最高政治原则和根本政治规矩

### （一）强化理论武装

夯实“两个维护”的思想根基，坚持以习近平新时代中国特色社会主义思想武装头脑，把学习贯彻习近平总书记重要讲话和重要指示批示精神作为首要政治任务，在央企中率先制定党组“第一议题”制度，全年第一时间在党组会上传达学习习近平总书记重要讲话和重要指示批示精神66

次。研究制定贯彻落实习近平总书记重要指示批示精神的工作办法，建立完善习近平总书记重要指示批示精神贯彻落实机制，定期“回头看”，每年向中央报告情况，确保落实落地。认真学习《习近平谈治国理政》等重要著作，及时跟进学习党的创新理论。完善理论学习中心组学习办法，建立“不忘初心、牢记使命”长效机制，巩固深化主题教育成果。党的十九届五中全会召开后，集团系统内全面深入开展了党的十九届五中全会精神学习宣传，党组连续召开理论学习中心组学习会，举办中心组读书班，各级党委召开专题中心组学习会980余次，举办专题培训班，实现处级以上领导全覆盖，组织各级宣讲1100余次，党组成员和各级领导班子成员赴基层宣讲，推动全会精神进基层、进车间、进班组，全系统12.5万名党员实现学习全覆盖（见图1）。

**图1　国家能源集团举办党组理论学习中心组专题读书班，集中学习党的十九届五中全会精神**

### （二）大力践行“社会主义是干出来的”伟大号召

2016年7月19日，习近平总书记在集团宁夏煤业煤制油项目现场发出“社会主义是干出来的”伟大号召（见图2）。习近平总书记的伟大号召，集中体现了党不忘初心、牢记使命的宗旨信念，深刻揭示了建设中国特色社会主义的内在规律，清晰指明了做强做优做大国有企业的现实路径。国家能源集团把“社会主义是干出来的”作为企业改革发展的行动指南，党组每年召开理论中心组专题学习会，重温总书记伟大号召，2019年7月在伟大号召发出三周年之际现场召开党组中心组学习。持续深入开展

“社会主义是干出来的”岗位建功行动，2020 年召开“社会主义是干出来的”（“一防三保”疫情防控）岗位建功行动表彰大会，表彰在防控疫情、保安全生产、保职工健康、保能源供应中的先进集体和个人。

在总书记伟大号召指引下，各级党组织和广大党员干部职工埋头苦干、真抓实干，持续推动习近平总书记重要指示批示精神在集团公司落实落地，通过持续深入践行伟大号召，全体党员干部职工更加坚定了坚持党的领导不动摇的政治信仰，更加坚定了走中国特色社会主义道路的信念，更加坚定了做大做强做优国有企业的信心，自觉肩负起国有企业的经济、政治和社会责任，凝聚建功新时代、奋进新征程的强大力量。

**图 2　2016 年 7 月 19 日，习近平总书记视察国家能源集团宁煤 400 万吨年煤间接液化示范项目，发出“社会主义是干出来的”伟大号召**

## 二、着眼国之大者，中央重大决策部署落实落地

### （一）坚决打好疫情防控阻击战

面对突如其来的新冠肺炎疫情，集团 34 万干部职工团结一心，攻坚克难，坚持服务大局，坚守主责主业，奋力担当作为，集团公司系统没有发生群体感染事件，湖北、北京等区域防控有力有序有效，境外企业保持零确诊。朔黄铁路以最快速度，确保“火神山”医院建设和医疗防护用品生产所需货物运输。集团驻湖北地区企业，不计代价、不讲条件，全力以赴支援保障打赢湖北保卫战、武汉保卫战，汉川公司获评中央企业抗疫先进集体。积极响应“搭把手、拉一把”号召，及时向湖北等重点省份捐赠资

金1.4亿元，实施支持湖北疫后重振一揽子举措，累计采购湖北地区企业产品及服务金额36.7亿元。坚持稳就业保民生，2020年在完成毕业生招聘基础上，追加大学生春季招聘计划977人，集中组织社会招聘3880人，受到社会各界广泛关注。

## （二）充分发挥能源安全"稳定器"和"压舱石"作用

面对疫情冲击、迎峰度夏、洪涝灾害、低温寒潮等多重因素叠加影响，坚决贯彻落实党中央"六稳""六保"决策部署，克服疫情不利影响，全部生产单位迅速复工复产达产，保持稳产增产增供，北方港下水煤供应量占比超过45%，圆满完成重点区域、重点时段的保供保暖保民生任务（见图3）。主动应对市场剧烈波动局面，坚守企业信用，带头稳价稳市，2020年长协煤向社会让利128亿元，保障产业链供应链安全稳定，2021年煤炭中长期合同签订顺利完成。

**图3　国家能源集团胜利露天矿员工在-43℃作业环境检查设备，保障煤炭供应**

## （三）深入践行能源安全新战略

坚决落实碳达峰碳中和目标要求，推动企业转型升级，争做能源革命主力军和排头兵。**一是**加快传统能源实现清洁化。有序推进煤基产业安全清洁智能高效开采，坚持高质量保供和高效能减排相协同，"十三五"累计退出煤炭产能3571万吨，关停落后煤电725.5万千瓦。制定《煤炭产业高质量发展实施意见》，煤矿全员工效达到全国大型煤企平均水平的 4.5 倍。高标准建设清洁高效机组，加强供热、节能和灵活性改造，降低单位能耗。**二是**大力推进清洁能源规模化。坚持集中分布并重、开发合作并举、效益效率并进，风电装机及运营管理水平保持世界领先，大力发展光伏发电，积极开发优质水电资源，加快多能互补、风光火储氢一体化发展，2020 年实现新能源开工和投产两个“500 万+”目标。**三是**更深层次推进能源布局集约化。加强分布式能源建设，发挥氢能产业优势和氢能联盟作用，研究推进新能源与储能、制氢、储氢、化工一体化项目，加快推进能源综合利用项目。主动对接区域发展规划，发挥煤电化运一体化运营优势，融入京津冀协同发展、长江经济带发展、粤港澳大湾区和海南自贸区规划建设，加快推进雄安基地项目。

### （四）决战决胜脱贫攻坚

国家能源集团全力做好 7 个定点扶贫和 2 个对口支援县帮扶工作，西藏聂荣、青海曲麻莱和刚察、四川普格和布拖、山西右玉、内蒙古宁城、陕西米脂和吴堡全部实现脱贫摘帽，子分公司同时全力完成对口县乡村的帮扶任务，累计投入 26.7 亿元。实施民生扶贫、教育扶贫、医疗扶贫、产业扶贫、生态扶贫、消费扶贫，创新开展党建扶贫，组织开展党支部结对共建，所属 3 家单位获全国脱贫攻坚先进集体，1 名扶贫干部荣获全国脱贫攻坚先进个人，持续实施爱心学校等公益项目，在中央单位定点扶贫考核中，连续 4 年荣获“好”的最高等次评价（见图 4）。

**图 4　国家能源集团援建的四川凉山布拖县阿布泽鲁小学开学**

### （五）深入践行习近平生态文明思想

建设绿色矿山 49 处，煤矿沉陷区土地治理率 99.64%，所属神东矿区建成国家水土保持生态文明工程和国家级水土保持科技示范园，黄骅港在全国 22 个沿海主要港口绿色安全评价中名列第一，在曲麻莱县黄河源头核心区禁牧 32 万亩，累计建设“国家能源集团生态保护林”16 万亩，在大渡河放流百万尾珍稀鱼苗。

## 三、深化改革攻坚，持续推进企业高质量发展

### （一）改革重组任务基本完成

坚持蹄疾步稳、动真碰硬，推进“改革攻坚年”工作。一是积极稳妥推进“总部机关化”整治。打造“战略+运营”管控体系，总部部门、中心精简近一半，人员平稳减少 42%，管理审批事项下放 29%，基本建成现代化管理制度体系。二是有序推进资产整合和管理整合。落实煤电资源区域整合任务，实施 16 家同质化公司业务重组，实现 14 个省区市电力企业管理整合，改革后 9 家省公司成为区域内最大火电企业。高效实施金融产业改革重组，资本控股、财务公司正式挂牌。三是制定实施集团公司改革三年行动方案。构建职位职级、全员绩效考核、薪酬激励三大体系，推进经理层成员任期制和契约化管理，二三级子公司实现全覆盖。深入推进双百行动、科改示范行动、混合所有制、员工持股试点等专项改革，厂办大集体、退休人员社会化管理等改革主体任务如期完成，包神铁路、龙源环保入选国资委“双百行动”案例集，国能信控、节能山东公司入选国资委“科改示范行动”案例集。

### （二）完善“十四五”发展规划

把高质量编制和落地实施“十四五”发展规划作为贯彻落实党的十九届五中全会精神的落脚点，贯彻新发展理念，主动对接行业发展规划和区域发展战略，将能源供给结构和运输结构调整、千万千瓦级综合能源基地和清洁能源基地建设、高端化工发展等子战略融入集团“十四五”规划，不断完善调整滚动计划，计划“十四五”期间一体化优势不断增强，实现清洁可再生能源跨越式发展，攻克一批重大共性关键技术和前沿引领技

术，智慧企业建设达到行业领先水平（见图 5）。

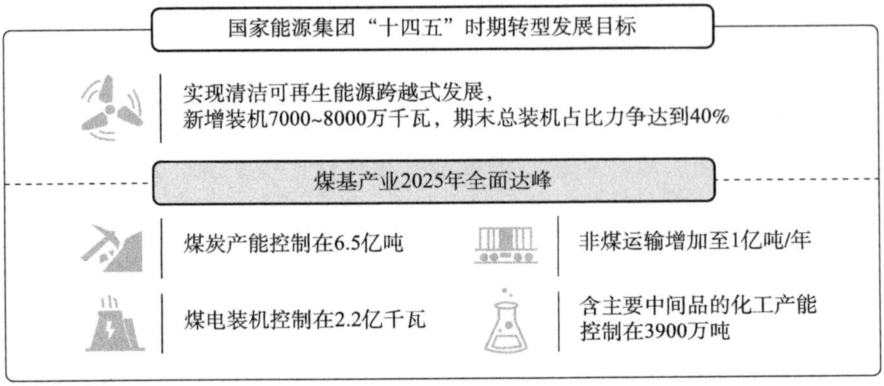


**图 5　国家能源集团“十四五”时期转型发展目标**

### （三）加快推进国有资本投资公司试点和世界一流示范企业建设

打造与“战略+运营”管控模式相适应的能源领域综合投资公司，制订产业调整优化方案，聚焦主责主业，畅通产业链供应链循环。加大产业基金、融资租赁、资产管理等金融服务主业力度，设立清洁能源和新能源产业投资基金，重点支持风电、光伏等产业发展。按照“三个领军、三个领先、三个典范”要求，制定实施创一流推进方案及专项方案 20 项，扎实开展对标世界一流管理提升行动，建立创一流专班工作机制，将创一流工作纳入子分公司年度业绩考核，在国资委世界一流企业试评价中位居同类企业前列。中国神华、国电电力、龙源电力入选普氏能源全球 250 强，神东煤炭、准能集团、龙源电力被国资委确立为管理标杆企业，一体化发展的能源企业生产运营协同调度系统入选标杆项目。

## 四、推动创新发展，不断激发企业发展活力

### （一）推进关键核心技术自立自强

一是实施科技创新驱动发展战略。深化“1+2+3+N”科研体系改革，建成 12 个国家级研发平台，发挥协同创新中心作用。二是积极开展重大技术攻关。破解“卡脖子”技术难题，完成国资委 1025 专项，牵头实施

"2030煤炭清洁高效利用"等一批国家重大科技项目，攻克8.8米超大采高智能综采、100万千瓦超超临界二次再热燃煤发电、400万吨级煤间接液化、百万吨级煤直接液化、重载铁路运输等共性关键技术。实施"无人化矿井关键技术研发与工程示范""全国产化智能火电控制系统研制及示范"等重点科技项目，以及"煤电化运产业高质量路径研究"等软科学项目。三是加强低碳、零碳、负碳技术攻关。积极布局建设大规模碳捕集等重大科技示范项目（见图6）。做精现代煤化工，推广煤基新型燃料，在可降解材料、碳素材料等领域取得突破。"十三五"期间，累计获国家科技进步一等奖3项、二等奖34项，省部级科技奖376项，累计授权专利5745件，其中发明专利2564件，获中国专利金奖5项。

**图6　国家能源集团锦界电厂建成目前国内最大规模的15万吨年燃烧后$CO_2$捕集示范装置**

## （二）提升企业生产经营智慧化水平

抓住产业数字化和数字产业化机遇，积极应用5G、工业互联网、大数据、云计算、人工智能等现代信息技术，构建智慧管理、智慧运营和智能生产体系。积极打造智能矿山、智能电站、智能运输、智能化工和智能营销，9座煤矿入选国家示范智能化煤矿，国电电力投运国内首个5G+智慧火电厂，科环集团自主研发的煤电智慧管控系统 IMS 达到国际领先水平，铁路运输调度信息系统上线运行，黄骅港世界首家实现翻堆取装全流程设备智能管控，智能化工完成顶层设计。高水平建设生产调度指挥系统“基石”项目，应用好新 ERP 系统，建设世界一流协同调度指挥智能化平台。国能智深 DCS 项目进入核电领域。

## （三）积极参与“一带一路”建设

开发海外清洁能源，在印度尼西亚、澳大利亚、南非、加拿大等 10 个国家成功运营 17 个能源项目。国华电力印度尼西亚三个项目整体成为首个“一带一路”高质量发展案例。首个中外合资的海上风电项目——江苏东台 50 万千瓦海上风电项目正式建成。落实中蒙跨境风光火储综合能源基地项目，龙源南非德阿风电作为中国企业首个全产业链“走出去”风电项目，被誉为金砖国家能源合作典范。积极履行央企海外社会责任，树立央企海外形象。筑牢防疫“红色防线”案例入选《中央企业海外社会责任蓝皮书》，被评为海外社会责任优秀案例。承担“一带一路”国际传播能力建设专项任务，面向南非开展跨文化传播，南非德阿项目“云开放日”活动信息被中宣部内参选用（见图 7），《国家能源集团龙源电力南非公司：一度绿电照亮彩虹》被评为 2020 中国企业海外形象建设“海外社会责任”优秀案例。

**图 7 国家能源集团举办龙源电力南非德阿风电项目“云开放日”活动，海外媒体刊发相关报道 212 篇，总覆盖人数超过 1 亿**

## 五、强化安全环保，筑牢企业发展根基

### （一）加强安全风险管控

深入学习习近平总书记关于安全生产的重要论述，坚持总体国家安全观，坚持“人民至上、生命至上”，统筹发展和安全，准确把握进入新发展阶段、贯彻新发展理念、构建新发展格局对安全环保工作的新要求，全面开展安全生产专项整治三年行动，实施煤矿、电力、危化品等 6 个专项方案，集团总部、基层单位逐级建立完善问题隐患和制度措施“两个清单”，集中修订完善安全监察和业务保安制度，建立覆盖全员、全过程的安全生产责任制，实行重大危险源安全包保制度。加强风险管控和隐患治理，分级挂牌督办重大安全事故隐患，限期销号，实现重大危险源检查全覆盖。治理职业病危害严重工作场所 927 个。安全生产标准化建设取得实效。积极开展现场安全生产标准化动态达标评级工作，全年新增 9 家国家一级标准化矿井，港航单位全部实现国家安全生产标准化一级达标，131 家三级单位被评为集团公司安全环保一级单位。集团公司安全生产形势持续向好，全年未发生较大及以上安全生产事故，370 家单位安全周期超过 1000 天，168 家单位安全生产 10 周年，54 座煤矿获评安全高效矿井，运输产业连续安全生产 1800 多天。

### （二）加强生态环保治理

学习贯彻习近平生态文明思想，圆满完成“十三五”环保目标任务。着力打好污染防治攻坚战，成立集团公司生态环境保护工作领导小组，召开生态环境保护治理现场推进会，上线运行生态环保监察系统。严格落实节能减排任务，实现重点污染源、重点产业生态治理、节能环保数据统计监测全覆盖。推进煤炭全生命周期绿色开发利用，加快绿色矿山建设，实施土壤修复和治理，完成 65 座煤矿生态治理与水土保持监测（见图 8）。在常规煤电机组 100%实现超低排放的基础上，进一步完成超低排放改造，二氧化硫、氮氧化物和烟尘同比分别下降 16%、7%和 18%，全面开展挥发性有机物排查专项治理。完成 7 家火电企业废水综合治理和 28 家煤矿生产用水、生活污水处理提标改造，黄骅港务建立本质长效抑尘和生态水系统，新疆化工和巴彦淖尔甲醇厂获能效“领跑者”标杆企业称号。龙源环

保“总理基金”成果为国家大气污染防治提供科技支撑。通过重大项目、排污许可和生态治理专项督查，有效管控生态环境风险。

**图 8　国家能源集团准能公司亚洲最大露天矿建成绿色矿山示范区**

### （三）打好风险防控攻坚战

全面深化内控、风险、合规监督一体化管理，加强依法治企和审计监督，推进重大案件“分层挂牌督办”机制，加快法律纠纷案件管理、合同管理信息系统建设，安全保密制度和工作要求落实落地，确保企业重大风险可控在控。全体提升网络安全管理能力，健全态势感知管理系统，消除集团广域网安全监测盲区。建立统一防火墙管理平台，全面启动网络安全数据采集，有序推动集团软件正版化、国产操作系统替换，在公安部组织的“护网 2020”中，防守成绩获评“优秀”。

## 六、坚持筑牢根魂，以高质量党建引领和保障企业高质量发展

### （一）在完善公司治理中加强党的领导

坚持“两个一以贯之”，制定子公司章程指引，党建进章程实现“应进尽进”。全面推行“双向进入、交叉任职”领导体制，85 家子分公司全部实现党委书记、董事长“一肩挑”、党员总经理兼任副书记。完善议事

决策制度，修订“三重一大”决策制度、党组工作规则等制度20项，出台决策事项清单，厘清党组、董事会、经理层权责边界。严格执行议事决策制度，切实发挥“把方向、管大局、促落实”作用。持续加强董事会建设，二级子企业全部建立董事会，三级及以下企业董事会完成应建范围的70%，国资委2020年度董事会评价等次为“优秀”。

### （二）构建大党建工作格局

一是贯彻落实新时代党的建设总要求，明确“四强化、六提升”党建工作总体思路，成立党建工作领导小组，建立领导小组工作机制，召开党建月度例会，研究部署推进党建重点工作，形成抓党建工作合力。全面提升党建工作质量实效，按照国资委党委统一部署，压茬推进中央企业党建工作落实年、党建质量提升年、基层党建推进年、党建巩固深化年专项行动，把党建优势转化为企业发展优势和竞争实力。二是坚持系统观念，把党委领导力、支部战斗力、干部执行力建设作为提升党建工作质量的着力点和重要抓手，作为检验党建工作成效的重要标尺。切实增强各级党委政治引领力、科学决策力和组织落实力，牢固树立党的一切工作到支部的鲜明导向，加强组织体系建设，推动实现“两个覆盖”，突出基层创新，切实发挥支部攻坚克难的组织力、凝聚力、行动力。以弘扬担当精神为核心，坚持实字为要、干字当头，打造一支政治强、作风硬、能力突出的高素质专业化干部队伍。三是注重加强宣传思想文化和精神文明建设，严格落实意识形态责任制，发布企业文化核心价值理念体系，构建大宣传工作格局，做强做优新闻传媒平台，30家企业获评全国文明单位。四是注重发挥统战群团工作优势，加强党外代表人士队伍建设，建立健全党外人士发挥作用常态化工作机制，开展党外人士建言献策活动，规范和利用好集团“缪平建言献策工作室”平台，开展香港通识科教师“中国神华能源之旅”活动（见图9）。坚持以党建带团建，加强青年思想政治引领，激励广大青年建功立业，举办集团首届“青马工程”培训班，组织开展“两红两优”评选表彰暨主题团日活动，组织开展“青创杯”大赛，团青工作协作区建设和“浪漫国家能缘”交友活动等做法获上级好评。深化“巾帼建功”活动。五是加强工会工作，坚持从职工群众多样化需求出发开展工作，探索服务群众新途径，维护好合法权益，解决好关心关切问题，不断提升全体职工的获得感、幸福感、安全感。大力弘扬劳模精神、劳动精神、工匠精神，集团涌现出 10 名全国劳动模范和一批能源行业领军人才、技术能手，命名挂牌首批 82 个劳模和工匠人才创新工作室。

**图 9　国家能源集团中国神华携手香港励进教育中心联合主办“中国神华能源之旅”活动，先后 5 次邀请 200 余名香港通识科教师走进生产一线调研，图为香港教师参观煤制油生产装置模型**

## （三）建设高素质专业化干部人才队伍

贯彻新时代党的组织路线。坚持正确的选人用人导向，坚持好干部“20 字”标准，加快配齐配强领导班子，对 85 家子分公司班子全部进行调整充实。完善干部考核评价机制，制定实施领导人员能上能下管理办法，激励干部担当作为。大力实施优秀年轻干部工程三年行动，党组遴选掌握 2254 名优秀年轻干部人选，2020 年以来，集团党组管理干部“70 后”比例达到 30%，一大批“80 后”年轻干部进入基层企业班子，2020 年选拔 101 名年轻干部到西藏、青海、新疆等区域基层企业交流锻炼。大力实施人才强企战略，制定“十四五”人才发展规划，实施“3+4”七大人才工程，统筹推进管理、科技、技能三支人才队伍建设。累计引进海外高层次人才 48 人，自主培养院士 3 名、聘用院士 7 名，10 人入选新世纪百千万人才工程国家级人选，评聘首席师 489 人次（见图 10）。

**图 10　国家能源集团龙源环保“双百行动”职业经理人选聘现场**

### （四）持续加强基层党组织建设

落实党建责任制，实现各级党组织和党组织书记考核全覆盖，将党建考核结果与领导班子和领导干部综合考核、经营业绩考核“双挂钩”。开展区域公司党组织建设专项行动，制定基层党建“三个工作规范”，出台加强新能源企业党建工作指导意见，实施基层党建创新工程三年行动。加强基层支部建设，突出政治功能，制定党支部标准化工作手册，努力打造“四好”“四强”党支部，评选首批 100 个示范党支部，发布 100 个党支部创新案例，3300 多个先进集体、5800 多名个人荣获省部级以上荣誉。开展“能源转型当先锋、改革攻坚做表率”等主题活动，增强党支部生机和活力。实施党务干部能力提升“三年登高计划”，加大基层支部书记培训力度，建强党务干部队伍。按照有利于加强党的工作和精干高效原则，选优配强党建力量，加强党务人员政治建设，加大培训力度，提升综合素质，打造一支政治过硬、业务过硬、作风过硬的党建队伍。2020 年，在应对疫情大战大考中，各级党组织和广大党员闻令而动、挺身而出，在“一防三保”中当先锋、做表率，加强调度指挥，抓好疫情防控，强化安全生产，打通运输通道，保障能源安全稳定供应，鲜红的党旗在疫情防控和复工达产一线高高飘扬。

图 11　国家能源集团神东煤炭集团井下一线党员在工作面重温入党誓词，践行“社会主义是干出来的”伟大号召，扎实岗位建功立业

## （五）推进全面从严治党向纵深发展

压实管党治党责任，制定党组落实全面从严治党主体责任实施办法和责任清单，召开全面从严治党专题会、推进会，建立覆盖党委主体责任、书记第一责任、委员“一岗双责”的“三位一体”党建责任体系，作为中央组织部和国资委党委确定的首批试点企业，率先开展党组织书记抓党建工作述职评议考核，建立全述全评全考工作体系，坚持线上线下相结合、日常考核与年度考核相结合，推动党建工作减负增效，国华电力“两级乘数”考评得到中央组织部肯定。强化考核结果运用，建立党建考核结果与领导班子和领导人员奖惩薪酬挂钩机制。完成集团纪检监察体制改革，聚焦“两个维护”根本任务开展政治监督，紧盯管党治党政治责任，紧盯重点领域、关键环节，做到全程监督。统筹推进中央巡视和集团党组巡视整改，巡视子分公司党委 100 家次，全覆盖完成率近 90%。加强党风廉政建设和反腐败工作，一体推进“三不”机制建设，保持高压态势，坚决削减腐败存量，遏制腐败增量。贯彻落实中央八项规定精神 46 条措施和正负面清单，坚定不移纠“四风”，开展“六项从严查处”，传递全面从严、一严到底强烈信号。集团党建责任制考核、巡视等经验做法得到中央组织部和

国资委等上级部门充分肯定和报道。

展望“十四五”，国家能源集团将进一步以习近平新时代中国特色社会主义思想为指导，持续深入落实习近平总书记重要讲话指示批示精神和党中央各项决策部署，坚定不移心怀“国之大者”，自觉服从服务国家战略，统筹推进绿色转型、创新驱动、提质增效、深化改革、管理提升和党的建设各项工作，着力发挥能源安全“稳定器”和“压舱石”作用，着力发挥绿色低碳发展主力军作用，着力发挥国有经济战略支撑作用，着力发挥构建新发展格局的引领带动作用，坚定不移做强做优做大国有资本和国有企业，奋力建设具有全球竞争力的世界一流能源集团，为促进经济社会持续健康发展、全面建设社会主义现代化国家作出更大贡献。

（国家能源投资集团有限责任公司：张兴冠、孙　琰、张　霞、邵　程）

# 推进数智化转型　加快高质量发展
# 全力构筑创世界一流“力量大厦”

（中国移动通信集团有限公司）

中国移动通信集团有限公司（简称中国移动）是按照国家电信体制改革的总体部署，于2000年在原邮电部移动通信业务和资产的基础上组建的中央企业，伴随了中国移动通信发展改革的全过程。2004年实现主营业务资产整体海外上市，2008年中国铁通集团有限公司整体并入中国移动，2017年进行公司制改制更名为中国移动通信集团有限公司。中国移动间接控股的中国移动有限公司在香港和纽约作为红筹股公司上市，并在国内31个省（自治区、直辖市）和香港设有全资子公司，此外，中国移动还在巴基斯坦拥有全资子公司。为拓展新领域、完善管理职能，中国移动陆续成立了29家专业公司及直属单位，形成了“总部+省公司+前端专业化公司+后端集中化资源能力服务中心”的体系。成立20多年来，在党中央、国务院的坚强领导下，在国资委等上级部门的指导支持下，中国移动牢记“央企姓党”政治属性，践行“红色通信”初心使命，始终站在党执政兴国重要支柱和依靠力量的高度谋划推动工作，着力打造党和国家可依靠、可信赖的网信事业“大国重器”，实现了从小到大、由弱到强的跨越式发展。截至2020年，中国移动资产规模超1.7万亿元，基站总数达514万个，覆盖全国超99.5%人口，服务9.5亿个人客户、1.9亿家庭客户、1300万政企客户，拥有8.7亿个物联网设备连接，已成为全球网络规模最大、客户数量最多、品牌价值和市值排名位居前列的电信运营企业，连续17年获国资委中央企业负责人经营业绩考核A级，连续2年获国资委党建考核A级、董事会考核优秀，连续21年入选《财富》世界500强企业，2021年列第56位。

近年来，面对错综复杂的形势，尤其是新冠肺炎疫情带来的冲击，中国移动以习近平新时代中国特色社会主义思想为指导，坚决贯彻落实党中央、国务院决策部署，坚持稳中求进，统筹推进疫情防控和改革发展党建工作，以“推进数智化转型、实现高质量发展”为主线，发力“两个推进、两个融合”（全面推进新型信息基础设施建设、全面推进全社会数智化转型，加速信息技术融合创新、加速信息技术与经济社会民生深度融合），发挥拉动投资、促进消费的“扁担效应”，加快建设信息“高速”，创新运营信息“高铁”，构筑创世界一流“力量大厦”取得新成效，公司“十三五”规划目标圆满完成。“十三五”时期，中国移动累计创造利润超7300 亿元、上缴税收超 2590 亿元，为全面建成小康社会、实现第一个百年奋斗目标贡献了力量。聚焦推进数智化转型、实现高质量发展，中国移动从八个方面进行了探索实践。

## 一、落实中央决策部署，明确数智化转型、高质量发展主线

党的十九届五中全会作出系列战略部署，明确了“十四五”时期我国经济社会发展的指导方针、主要目标、重点任务、重大举措和二〇三五年远景目标，指出要立足新发展阶段、贯彻新发展理念、构建新发展格局，推动高质量发展。同时，随着新一轮科技革命和产业变革深入发展，物理距离消失、虚实世界融合、万物智能互联、数智生态共生成为大势所趋，将进一步重塑生产力、引领生产关系变革、重构生产要素体系。一方面，经济社会数字化转型呈现出“五纵三横”的时代特征。“五纵”是指新一代信息技术向基础设施、社会治理、生产、工作、生活 5 个典型场景加速渗透，推动新产业、新业态、新模式快速涌现；“三横”是指经济社会数字化转型带来的线上化、智能化、云化 3 大共性需求，正逐步成为支撑经济高质量发展的产业级、社会级平台通用能力。另一方面，“实虚软”相互作用促进新经济形态蓬勃发展。新经济形态是实体经济、虚拟经济、信息服务“实虚软”的“化学反应”，“实”与“软”融合，催生数字经济；“虚”与“软”融合，赋能金融科技；“软”加速“实”“虚”融合，助力产业升级；“软”在对“实”“虚”注智赋能过程中，孕育了信息服务广阔蓝海。预计到 2025 年，我国信息服务规模将从 2020 年的 10.8 万亿元增至 20 多万亿元。

中国移动以习近平新时代中国特色社会主义思想为指导，落实中央决策部署，对接国家战略安排，顺应产业形势变化，紧紧围绕发展壮大网信事业和保障国家网络安全，把握做强做优做大发展方向，丰富拓展了创世界一流“力量大厦”内涵外延，制定了“十四五”时期主要目标和二〇三五年远景目标（见图1）。明确坚持和加强党的全面领导，践行创世界一流企业，做网络强国、数字中国、智慧社会主力军的职责使命，以推进数智化转型、实现高质量发展为主线，聚力“三转”“三化”“三融”“三力”“四个三”战略内核，全面实施“5G+”计划，统筹推进CHBN（个人、家庭、政企、新兴市场）全向发力、融合发展，推动信息服务融入百业、服务大众。

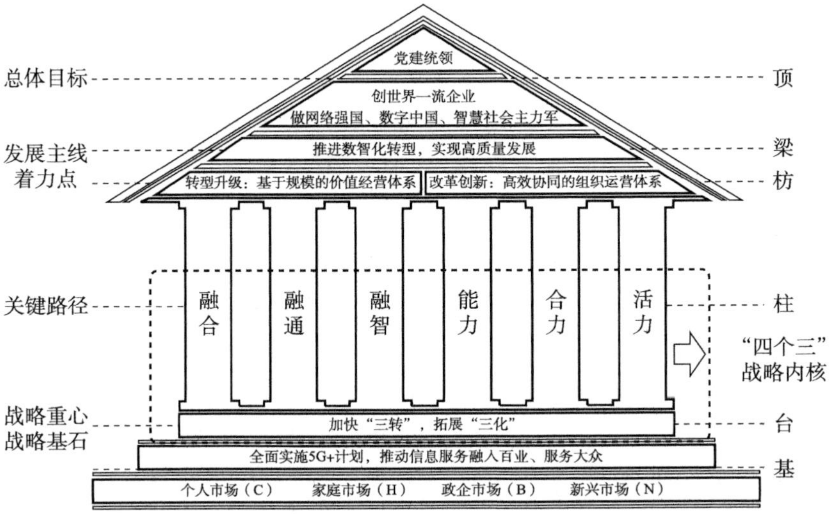


“四个三”战略内核指加快“三转”、拓展“三化”、深化“三融”、提升“三力”。三转：推动业务发展从通信服务向信息服务拓展延伸，业务市场从ToC为主向CHBN全向发力、融合发展，发展方式从资源要素驱动向创新驱动转型升级。三化：线上化、智能化、云化。三融：打造基于规模的价值经营体系，实现融合、融通、融智。三力：构建高效协同的组织运营体系，塑造能力、合力、活力。

**图1　中国移动创世界一流“力量大厦”**

## 二、服务国家战略全局，放大经济社会数智化转型、高质量发展效应

中国移动深入贯彻落实习近平总书记“发挥信息化对经济社会发展的引领作用”等重要指示精神，把服务经济社会高质量发展、增进人民福祉作为发展的出发点和落脚点，推动信息技术在更高层次、更大范围、更深

程度应用，释放数字对经济社会发展的放大、叠加、倍增作用。

## （一）扎实推进“三个保障”，有力支撑疫情防控和复工复产

新冠肺炎疫情暴发后，积极发挥中央电信企业网络、技术、数据优势，全力以赴做好通信保障、服务保障、防控保障，始终确保通信畅通、服务不停、支撑有力（见图 2）。一是全力做好通信保障。启动一级应急通信保障预案，实施全网通信设备 24 小时“全天候”动态监控、调度、排障，确保网络稳定、可靠、畅通。不计代价、不讲条件，针对疫情防控重点场所新开通 540 多个基站、1.2 万余条专线，仅用 36 小时率先开通了雷神山和火神山 5G 基站。二是全力做好服务保障。疫情期间大部分营业厅正常营业，开通 3 万余个居家服务座席，最大限度保障 11 亿客户通信“不掉线、不断线”。创新推广远程医疗、云视讯、云课堂、平安乡村等 10 余项信息化应用，满足疫情期间工作、学习、娱乐等信息服务需求。为 3 万余名援鄂医护人员累计补贴话费约 4000 万元，协助政府部门免费发送疫情预警公益短信 1209 亿条，提供通信大数据行程卡查询服务达 26 亿次，高效支撑各地疫情防控和复工复产。三是全力做好防控保障。组织近 1.4 万个党员突击队、2.8 万余个党员先锋岗投身抗疫一线，36 万余名员工参与群防群治。加强公司疫情监测，动态做好境外疫情防控，坚决防范聚集性群体性感染，生产经营保持不间断平稳运行。

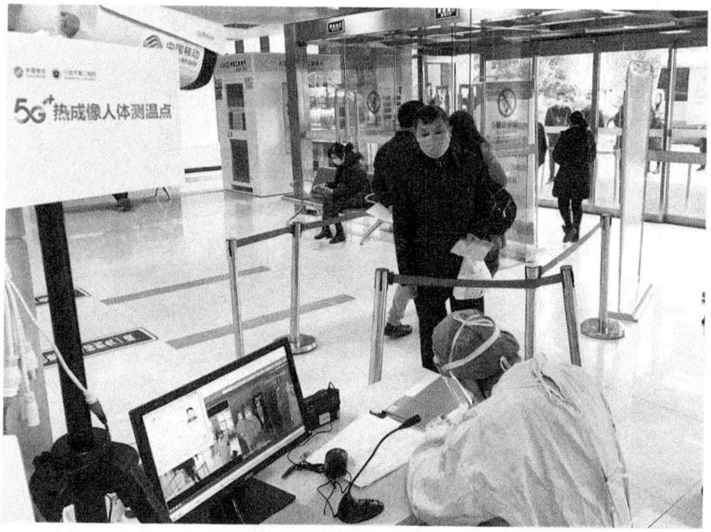


**图 2　中国移动“5G 热力成像体温检测”助力中国科学院大学宁波华美医院疫情防控**

## （二）创新实践“网络+”扶贫模式，助力如期打赢脱贫攻坚战

发挥信息技术对精准扶贫、精准脱贫支撑作用，创新实践基于“1+3+X”体系（以网络扶贫为主线，强化组织、资金、人才3方面保障，将信息技术与教育、消费、健康、产业等多个领域相结合）的“网络+”扶贫模式，累计定点帮扶13个县、12个乡、1786个村共108万贫困人口脱贫，连续3年获中央企业定点扶贫考核最高等级“好”（见图3）。一是筑牢脱贫攻坚战斗堡垒。“十三五”期间累计投入扶贫资金9.5亿元，推进解决“两不愁三保障”突出问题，向中央企业贫困地区产业投资基金出资16亿元，促进贫困地区产业发展。选优配强扶贫干部，累计派出4100余名挂职干部、第一书记和驻村工作队成员，奋战在脱贫攻坚第一线。二是弥合城乡数字鸿沟。“十三五”期间累计投入超120亿元，开展电信普遍服务试点工程，打通信息基础设施“最后一公里”，让农村及偏远地区老百姓享受与城市同等品质的信息通信服务。推出大幅优惠的扶贫套餐、购机补贴，释放信息扶贫红利，惠及建档立卡贫困户1500万人。三是打好“网络+”扶贫组合拳。在“三区三州”2600余所中小学实施宽带“倍增计划”，平均带宽提升126%。打造扶贫电商平台，销售农产品金额达4.7亿元。建设远程医疗平台，惠及基层医院400余家、贫困群众超260万人。帮助贫困地区招商引资，引进企业170余家、引入投资1.6亿元，助力增强贫困地区“造血”功能。

**图3　中国移动在湖北打造电商扶贫平台，发展空心李种植产业**

### （三）持续深化网络提速降费，增强人民群众获得感

牢固树立以人民为中心的发展思想，不断增强做好网络提速降费的内生动力和责任担当。降低手机通信和上网资费，先后全面取消手机国内长途和漫游费、国内流量“漫游”费，全面实行携号转网，持续下调国际长途语音和流量漫游资费，手机上网流量资费下降至 0.0046 元/MB、不到 2015 年的 1/20。降低家庭宽带资费，推出家庭宽带融合套餐、免费提速等服务，家庭宽带平均资费较 2017 年底下降 76%。降低企业宽带和专线资费，实施企业宽带和专线“倍增计划”、重点企业月租减免行动等，企业宽带和专线平均单价分别较 2016 年底下降 82%、75%。各项降费举措累计惠及超 10 亿客户和千万家企业，让利超 4800 亿元。通过一系列实实在在的降费举措，提升了企业竞争力，降低了社会总成本，让老百姓享受到用得上、用得起、用得好的信息服务。

### （四）提高网络安全保障水平，筑牢国家网络安全防线

坚持总体国家安全观，加强网络安全能力及体系建设，构筑网络安全屏障。一是建强安全防护手段。完善网络安全管理制度，构建监控、防护、溯源三位一体的技术支撑体系。加强 5G 网络关键系统及平台的网络安全审查，创新推广 5G 安全产品服务，“云端联动的隐私安全防护体系及公益服务”获联合国 2020 年信息社会世界峰会杰出项目奖，是信息通信技术安全领域唯一获奖的中国项目。二是捍卫清朗网络空间。全力支撑打击治理电信网络诈骗犯罪，落实“断卡”行动部署，保护客户信息安全，“十三五”期间累计拦截垃圾短彩信 153 亿条、骚扰电话 577 亿次、国际诈骗电话 1.8 亿次，封堵不良网站域名 44 万个。全面整治自有 APP 违规收集个人信息、过度索权问题，下线 APP 560 余款。三是抓好应急通信保障。构建应急保障能力体系，建立红橙黄蓝分级响应机制，完善两级联动、多专业协作的应急保障流程，“十三五”期间圆满完成党的十九大、中华人民共和国成立 70 周年系列庆祝活动（见图 4）、中国国际进口博览会、全国“两会”等重大通信及网络安全保障任务。高效做好防汛救灾保通信，探索建设无人机应急通信系统，全力保障受灾区域通信畅通。

图 4 中国移动圆满完成中华人民共和国成立 70 周年系列庆祝活动通信及网络安全保障

### （五）统筹国内国际两个市场，助力“双循环”相互促进

增强大局意识，拓宽全球视野，支撑优化区域经济布局，促进高水平对外开放。一是服务区域协调发展。以快速部署 5G 为牵引，打造“云上、融合、共享、协同”的京津冀核心网，协同推进冬奥会工程实施，推动全国首个 5G 智慧城市实训基地在雄安新区落地。建立长三角区域联席工作机制，打造 5G 全球标杆城市群，助推长三角成为“数字新基建”先导示范区。建设“惠州+珠海+肇庆”数据中心，打造粤港澳大湾区“智慧园区”统一运营平台，促进数字湾区加快发展。二是支撑“一带一路”建设。升级全球“路、站、岛”网络布局（海陆缆、网络服务提供点、数据中心），海外传输带宽达 90T，网络服务提供点达 173 个。持续做大“牵手计划”，深化与国际运营商之间的网络资源共享、能力互联互通和业务深度合作，与 700 多家电信运营企业开展国际合作，与 260 余个国家和地区开通漫游。积极服务中资企业“走出去”，为千余家中外企业提供一站式信息化解决方案。

## 三、建强新型基础设施，夯实数智化转型、高质量发展基础

中国移动深入贯彻落实习近平总书记“加强信息基础设施建设，打通经济社会发展的信息‘大动脉’”等重要指示精神，把信息基础设施作为

网络强国的战略基石，助力打造高速泛在、天地一体、集成互联、安全高效的信息基础设施，提供数据感知、传输、存储和运算全流程信息服务。

## （一）打造一流网络基础设施，筑牢新基建根基

坚持高起点规划、高标准建设、高质量运营，“十三五”期间累计完成固定资产投资近 8800 亿元，全力打造高速、移动、安全、泛在的一流网络基础设施。建成全球最大 4G 精品网络和 5G 独立组网（SA）网络，截至 2020 年，累计开通 4G 基站 328 万个、5G 基站 39 万个，全球占比分别约 30%、36%。4G 网络行政村覆盖率超 98%，5G 网络覆盖所有地级市和部分重点县城，推动我国移动通信实现了从 2G 跟随、3G 突破、4G 同步到 5G 领跑的历史性跨越（见图 5）。大力建设千兆引领的全光宽带网络，传输光缆达 1850 万皮长公里相当于绕地球 460 圈，家庭宽带管线覆盖住户达 5.3 亿户，其中千兆网络覆盖住户超 6760 万户。建成全球最大物联网专用网络，蜂窝物联网（NB-IoT）实现乡镇以上区域连续覆盖。

**图 5　中国移动在珠峰 6500 米建成了全球海拔最高的 5G 基站**

## （二）科学布局算力基础设施，建强新动能引擎

落实全国一体化大数据中心算力枢纽体系建设要求和“东数西算”部署，规划布局“4+3+X”数据中心（京津冀、长三角、粤港澳、成渝 4 个热点区域中心，呼和浩特、哈尔滨、贵阳 3 个跨省中心，以及多个省级中

心），建成投产数据中心40余处，装机能力超100万架，提升算力服务品质和利用效率，满足多样化算力需求。构建布局完善、规模集约、架构先进、技术完备的云基础设施，大力深化云网、云边、云数、云智融合发展，构建“数智云网”差异化竞争优势，移动云产品数量超140种，向国内云服务提供商第一阵营迈出坚实步伐。

### （三）加快构建平台基础设施，激活新要素潜力

发挥技术、数据等新要素作用，规划建设具有运营商特色、中国移动特点的智慧中台，构建“业务中台+数据中台+技术中台”协同互动的AaaS（能力即服务）体系，积淀能力、支撑发展、注智赋能。坚持边建设、边运营、边完善，推进能力全覆盖、全复用、全共享，沉淀8000多个数据模型和百余项能力，上线27个典型应用，支撑公司高质量发展。打造“云上移动”（云计算）、“梧桐引凤”（大数据）、“九天揽月”（人工智能）三个支点，与合作伙伴共同挖掘商业化应用新场景，提供灵活、开放、一站式服务，促进全社会“上云用数赋智”。

## 四、坚持创新驱动引领，增强数智化转型、高质量发展动力

中国移动深入贯彻落实习近平总书记“加速推动信息领域核心技术突破”等重要指示精神，深刻认识“发展是第一要务，人才是第一资源，创新是第一动力”，发挥中央企业科技创新“排头兵”作用，努力打造原创技术“策源地”和现代产业链“链长”，支撑国家高水平科技自立自强。

### （一）强化研发顶层设计，提升创新战略高度

深度融入国家科技创新体系，统筹抓好创新组织、研发、能力布局，构建内环、中环、外环、合作环协同互动的“一体四环”研发布局，内环以科学研究打造关键技术，中环以技术创新构筑优质产品，外环以产品推动市场发展，合作环以联合创新实现全流程贯通。一是完善内部研发布局。面向工业互联网、智慧城市、智慧交通等领域，相继设立雄安、成都、上海3家产业研究院，在行业标准制定、技术演进、设备升级中加强与5G融合，塑造5G行业应用全球领先地位。围绕加快5G专网、无线云网、人工智能等研发应用，陆续成立广东、浙江、江苏创新研究

院等3家区域研发机构，促进5G与AICDE（人工智能、物联网、云计算、大数据、边缘计算）、区块链等信息技术融合创新。二是开展前沿技术布局。发挥大企业需求牵引和成果转化桥梁作用，设立“国家自然科学基金——中国移动企业创新发展联合基金”。积极推动6G、下一代光通信等战略性技术能力储备，提升我国在6G国际标准组织中的核心影响力，加快空天地一体、数字孪生、量子科技等前沿领域源头创新，抢占发展战略制高点。三是参与国家重点实验室布局。参与建设新一代移动通信技术等7个国家级工程实验室，强化与鹏城、之江、紫金山等国家及省级重点实验室开展研发合作。依托国家重点项目，成立中国移动未来研究院、信息通信芯片产业链创新中心、多样性算力产业联盟，助力增强产业链供应链自主可控能力。

### （二）攻关关键核心技术，勇攀科技创新高峰

积极投身国家科技创新主战场，突破信息领域核心技术，带动产业链上下游，提升国际竞争力。一是攻关关键核心技术。积极承担200余个国家重大科技项目，开展物联网芯片、物联网操作系统、车路协同、网络智能化等多项关键核心技术攻关。牵头组建5G创新联合体，构建关键技术攻关、国产化替代和战略储备有机循环的工作机制，推进技术研究、开发、应用一体化创新。二是主导技术标准演进。协同产业各方推动我国主导的4G TD-LTE成为国际标准，依托牵头发起的国际合作平台GTI（TD-LTE全球发展倡议），带动86个国家部署182张TD-LTE商用网络，首次实现中国主导技术的全球规模应用，牵头的第四代移动通信系统（TD-LTE）关键技术与应用项目获2016年度国家科学技术进步奖特等奖。借鉴自主创新发展4G的成功经验，主导5G应用需求和标准制定，在3GPP（第三代合作伙伴计划）、ITU（国际电信联盟）等国际标准组织中牵头95个5G关键项目，申请5G专利超过2800件，均居全球运营商前列，成为能向美日欧等国家收取专利费的央企之一。三是引导产业成熟发展。在全球最早开展5G最核心技术——大规模天线技术研发，推动我国力推的中频段5G产业成为国际主流。从国家大局出发，承担产业成熟度相对落后的2.6GHz和4.9GHz频段发展重任，已实现2.6GHz与国际最成熟的3.5GHz频段产业进度持平，加速推动4.9GHz频段端到端产业成熟和专网应用发展。

### （三）优化配置创新资源，保障研发精准高效

统筹科技创新和制度创新，着力破除体制机制障碍，推动重点领域项目、人才、资金一体化配置，提升创新整体效能。一是深入实施“两给两出”（给资源、给政策，出成果、出人才）。持续加大研发投入力度，“十三五”期间研发投入年均增长 7%，2020 年投入达 295 亿元。完善岗位分红、股权激励等中长期激励举措，健全科技成果评价机制，充分激发科研团队创新动力、创造活力。二是试点打造创新“特区”。把“九天”人工智能团队作为“特区”机制试验田，加大向用人主体授权放权力度，推行“成本包干”“揭榜挂帅”“赛马”等创新制度，促进科技人才专业能力高效转化为生产力，“九天”团队重点领域 AI 能力调用达 40 多亿次。探索推进“特区”在更多领域复制推广，盘活科研团队“一池春水”，带动公司整体创新能力提升。三是积极推动融通创新。深化国家级“双创”示范基地建设，搭建“万物互联创客马拉松”创新平台，累计吸引超 6000 名内部员工和近万支外部创客团队参与（见图 6）。向全社会开放特色能力，累计被调用超 8000 亿次、孵化应用超 30 万个。

**图 6　中国移动举办 2020 创客马拉松大赛**

## 五、保持稳中求进态势，拓展数智化转型、高质量发展空间

中国移动深入贯彻落实习近平总书记“理直气壮做强做优做大国有企业”等重要指示精神，注重发挥国有经济战略支撑作用，坚持深化供给侧

结构性改革，进一步转方式、调结构、增动能，加快推进质量更高、效益更好、结构更优的发展，努力在稳增长中发挥中央企业“稳定器”和“压舱石”作用。

### （一）深化基于规模的价值经营，着力提高发展效益

顺应产业变革发展趋势，推进 CHBN（个人、家庭、政企、新兴市场）全向发力、融合发展，不断从满足需求向引领需求、创造需求转变。截至 2020 年，连接规模保持全球领先，个人市场客户规模得到巩固提升，其中 4G 客户达 7.8 亿户、5G 套餐客户达 1.7 亿户，家庭市场客户规模跃升至行业首位，政企市场加速发展，总连接数突破 20 亿个。持续深化价值经营，收入结构逐步优化，2020 年家庭、政企、新兴市场收入占比提升至 31%，移动云、DICT（大数据信息通信技术）业务收入分别同比增长 3.5 倍、67%，股权投资贡献收益超 130 亿元，公司整体竞争力和抗风险能力不断增强。

### （二）丰富拓展高品质产品应用，着力提高供给质量

建立产品开发、运营、支撑、销售、服务“五位一体”管理运营体系，拓展信息服务新产业、新业态、新模式。面向千行百业，赋能数字化生产。建设 5G+工业互联网、智慧交通、智慧城市等行业平台，打造 100 个 5G 龙头示范应用和千余个商用案例，5G 智慧电力、智慧矿山、智慧港口等创造多个业界第一，促进传统产业高端化、智能化、绿色化升级。比如，联合我国最大无烟煤生产基地山西阳煤集团，将 5G 网络布局到地下 534 米的矿井，实现井下的全部作业面监控、井下采煤机无人操控、危险场景及时巡检监控；联合亚洲第一大稀土矿包钢白云鄂博打造 5G+智慧矿山，试点推进 5G 重型无人矿卡，提升安全性和作业效率；联合宁波舟山港、上海振华重工建设 5G+智慧港口，完善港口智慧作业流程，规模部署了一批包括 5G 远控龙门吊在内的示范应用等（见图 7）。面向百姓大众，服务数字化生活。推出 5G 消息、4K/8K 超高清视频、视频彩铃、云游戏、云 VR/AR（虚拟现实/增强现实）等 50 余项特色业务，拓展 9 个规模过亿产品。构建“全千兆（千兆 5G、家宽、WiFi、应用、服务）+云生活”智慧家庭产品体系，推广影音娱乐、入户安防、老幼看护等解决方案，提供有线无线交互、大屏小屏联动的全屋智能体验。

图 7　中国移动联合宁波舟山港推动 5G 远控龙门吊批量投用

## （三）加快营销服务模式转型，着力提高服务水平

深化全方位、全过程、全员服务体系建设，坚持线上线下结合、自有社会并重、传统新型协同，为客户提供优质、便捷、智慧服务。增强线上线下场景化运营能力，重点业务线上销售占比超过 50%，努力让数据多跑路、让客户少跑腿。完成 10086 热线智能语音门户上线，推进视频客服应用，让远程服务和现场服务一样方便安全。围绕高端尊享、时尚趣味、实惠便捷等多样化需求，开展全球通、动感地带、神州行三大品牌焕新升级行动，注入权益、服务、积分等基因，提高客户归属感和品牌美誉度。打造“心级服务”新形象，推出系列尊老爱老服务举措，让银发一族在信息化发展中与时代接轨（见图 8）。

图 8　中国移动社区志愿者帮助老年人学习使用智能手机

## 六、深化改革落地见效，优化数智化转型、高质量发展机制

中国移动深入贯彻落实习近平总书记“坚定不移深化国有企业改革”等重要指示精神，把改革作为推动高质量发展的关键一招，深入落实国企改革三年行动方案，不断提高改革战略性、前瞻性、针对性，构建形成与数智化生产力高度匹配的生产关系，激发发展活力，释放改革红利。

### （一）推进机制创新，提升治理能力管理效能

坚持“两个一以贯之”，推动党建工作和依法治企纳入公司章程，不断完善中国特色现代企业制度。按照党组把方向、管大局、促落实，董事会定战略、做决策、防风险，经理层谋经营、抓落实、强管理的总体要求，健全子企业董事会的制度体系、运行体系、管理体系和监督体系，有效激发活力、提升效率，推动制度优势更好转化为治理效能。开展对标世界一流管理提升行动，全面加强管理体系和管理能力建设，对省公司、专业机构开展差异化分类管理考核，加快补齐短板弱项，深入推进挖潜增效，促进低成本高效运营。

### （二）加速改革突破，构建协同高效运营体系

系统推进三项制度改革，全面推行子企业经理层成员任期制和契约化管理，将各级经理层成员岗位契约化、业绩合同化，明确责权利、实现硬兑现。深化用工市场化改革，打破平均主义，灵活开展股票期权等人才激励。大力探索基层创新，推动“科改”“双百”子企业深化改革，深度转换经营机制，分拆发展空间足和市场竞争力强的业务设立独立子公司，打造改革标杆样板。顺应转型发展需要，推动政企、市场、网络、科研、IT等改革举措落地实施，“集团管总、区域主战、专业主建”分工协作、高效运转的组织运营体系更加健全。

### （三）探索网格运营，激发一线干事创业热情

服务国家基层网格化治理，把网格化运营作为基层综合性改革举措，选好责任人、划好责任田、建好责任制，推动任期制契约化、职业经理人理念移植到一线，市场化用工、分配、激励等手段落实到一线，强化网格支撑体系建设，持续为基层赋能减负。目前在全集团共划分 1.88 万个网格，共有 20 万名营销、装维经理下沉至网格，实现全国区域全覆盖。网格

化运营已成为改革穿透基层的重要抓手和激发微观主体活力的重要载体，有效调动了广大员工的积极性、主动性、创造性。

## 七、加大开放合作力度，构建数智化转型、高质量发展生态

中国移动深入贯彻落实习近平总书记“以开放、合作、共赢胸怀谋划发展”等重要指示精神，坚持海纳百川、为我所用，通过“产业+资本”双重连接，不断壮大开放合作的朋友圈、亲戚圈、生态圈，带动产业链上中下游、大中小企业融通发展，携手构建数智化转型、高质量发展生态体系。

### （一）抓实项目载体，推进战略合作落地

加强与地方政府、大型企业、科研院所等合作拓展，发挥总部“总对总”优势、区域公司属地优势、专业机构能力优势，与地方政府和61家大型企业集团签署战略合作协议，定期跟进合作进展，及时挖掘并推广标杆示范项目、扩大成果应用范围，加速信息服务跨界协同。实施“联创+”计划，打造“1+2+2+N”研发合作体系（1张研发合作图谱、2类合作伙伴库、2种研发合作模式、N个研发合作载体），形成功能互补、良性互动、协同攻关、开放共享的合作机制，设立12个高校联合研发载体、8个企业联合实验室、28个5G开放实验室，聚合超1400个合作伙伴，打造合作创新“数智集群”。

### （二）用好资本纽带，释放产投协同效能

开拓资本运营新路，完善“直投+基金”双线布局，在设立总规模100亿元母基金基础上，丰富并购、参股、创投多种方式，布局基础通信、智能硬件、信息安全、人工智能、云计算等重点领域，聚合产业链供应链优质资源。截至2020年，实施股权投资项目25个，累计投资金额超千亿元，加强投后管理，联合推动产品创新、应用拓展，实现了良好投资回报。优化境外股权投资体系，加快优质产品、能力出海，以“投资+业务”双引擎驱动国际业务发展。

### （三）加强协同联动，引领行业健康发展

落实国资委行业高质量发展要求，发挥行业主导运营商引领作用，推动常态化沟通机制建立，在业务、服务、平台、网络、技术等方面开展协

作，构建竞争有序、合作共创、价值共赢的行业生态，促进行业提升供给质量和服务水平，共同服务好广大客户。深入推进与中国广电 700MHz 5G 共建共享，集约高效扩大我国 5G 覆盖范围，在 5G 发展策略制定、业务协同创新、服务水平提升等方面，全面深化合作，推动形成建设速度更快、资源效率更高、服务质量更佳的 5G 发展格局。

### （四）凝聚发展共识，壮大开放合作生态

开放十亿级客户市场，围绕新型消费场景，通过产品融合创新、客户联合运营、渠道相互引流等方式，调动权益、应用、内容、终端、渠道等千余家合作伙伴积极性，打造泛智能终端全渠道销售联盟、权益超市及家庭数字院线等，共同满足广大客户美好数字生活需要。推动 5G+垂直行业生态合作体系构建，实施“双百亿”计划（百亿生态引入计划和百亿分享计划），深度捆绑行业头部力量，截至 2020 年引入合作伙伴超 2000 家；优化 DICT 集成库、行业智能硬件库、行业应用库“三库”建设，提升合作响应速度和成效。

## 八、提升党建工作质量，筑牢数智化转型、高质量发展保障

中国移动深入贯彻落实习近平总书记“坚持党的领导、加强党的建设是国有企业的‘根’和‘魂’”等重要指示精神，牢牢把握新时代党的建设总要求，把提高企业效益、增强企业竞争实力、实现国有资产保值增值作为党组织工作的出发点和落脚点，全面提升党建质量，为公司高质量发展提供坚强政治保障。

### （一）突出抓好党的政治建设

一是把准政治方向。把学习贯彻习近平新时代中国特色社会主义思想作为首要政治任务，全面落实“第一议题”制度，及时跟进学习习近平总书记最新重要讲话、重要指示批示精神。二是强化理论武装。严格执行新形势下党内政治生活若干准则，组织广大党员干部充分利用“三会一课”、组织生活会、主题党日等活动开展学习交流。灵活运用中国移动党建云平台、网上大学、彩信微课堂等媒体平台，推动理论武装下基层一线、进网格班组。三是巩固深化成果。健全完善贯彻落实习近平总书记重要讲话、重要指示批示精神台账管理和督办机制，严格执行向党中央请示报告制

度，努力把学习成果转化为锤炼坚强党性、忠诚履职尽责的思想自觉和行动自觉。

## （二）持续推进党业深度融合

一是加强责任考核。贯通经营业绩、党建工作、民主测评“三把尺子一起量”，推动党建考评结果与领导班子任免、薪酬、奖惩有效挂钩，以责任制落实推动党业相互促进、融合发展。二是夯实基层基础。坚持“四同步”“四对接”，创新“党建指导员”模式，全面消除“空白班组”，广泛开展党建品牌创建，进一步筑牢组织根基和战斗堡垒。三是创新方式载体。深入开展“党建和创”主题实践活动，结对共建单位近2.2万家、签订项目1.4万余个。组织开展“质量达标和格行动”主题实践活动，推动网格党组织和党员实现全覆盖。

## （三）选育管用加强队伍建设

一是建设忠诚干净担当、高素质专业化干部队伍。突出政治标准选人用人，选优配强所属单位领导班子，优化干部队伍年龄、专业、经历、学历结构。二是建设政治坚定、技术过硬的专业技术人才队伍。加大各级专家选聘力度，逐步构建由十名战略领军人才、百名高端核心人才和数千名优秀骨干人才组成的“十百千”科技人才队伍。实施“百舸争流”人才计划，采用项目制、契约化管理方式，激发人才活力。三是建设爱岗敬业、积极作为的基层一线员工队伍。深入推进“新动能能力提升”一揽子计划，强化员工能力重塑。加强员工关心关爱，推动职工小家“五小”建设（小食堂、小浴室、小休息室、小活动室、小书屋）向网格倾斜，让员工工作生活更有尊严、更有价值。

## （四）正风肃纪构建良好生态

一是压紧压实“两个责任”。严格落实全面从严治党责任，制定印发落实全面从严治党主体责任办法，构建责任落实闭环管理体系。完善纪检监察体制，推进政治监督具体化常态化。二是一体推进“三不腐”。深化嵌入式廉洁风险防控机制建设，提升对基层末梢廉洁风险防控触达能力。深入推进“靠企吃企”问题整治，政治生态明显改善，2020年信访量同比下降近40%。三是扎实抓好巡视整改。全面完成中央巡视和主题教育整治整改任务，高质量推进对18个所属单位内部巡视，有效发挥巡视综合监督作用和联系群众纽带功能。

下一步，中国移动将以习近平新时代中国特色社会主义思想为指导，科学把握新发展阶段，全面贯彻新发展理念，服务构建新发展格局，推进数智化转型、加快高质量发展，勇担网络强国、数字中国、智慧社会主力军，全力构筑创世界一流“力量大厦”，为全面建设社会主义现代化强国、实现中华民族伟大复兴的中国梦作出应有贡献。

（中国移动通信集团有限公司）

# 打造世界一流企业　领航高质量发展新征程

（中国远洋海运集团有限公司）

根据党中央、国务院的统一部署，在国资委的大力指导和帮助下，原中远集团、中海集团联合重组成立中国远洋海运集团有限公司（以下简称“中远海运”或“集团”），于2016年2月18日在上海正式挂牌运营。

中远海运重组启航之时，恰逢“十三五”蓄力起势之际，在“十三五”规划战略引领下，集团立足新发展阶段，贯彻新发展理念，构建全球化发展新格局，坚守航运业服务本质，坚定产业链经营道路，全力创效、合力创业、大力创新，积蓄跑赢市场的底气、凝聚跑赢变革的伟力、书写跑赢时代的豪情，在推进航运强国建设、引领全球航运生态、建设世界一流企业的伟大征程上，砥砺前行、奋勇奔跑，书写了无愧于时代的高质量发展新答卷。

航运强国是中远海运人始终坚守的使命担当和矢志不渝的事业追求。截至2021年9月底，集团经营船队综合运力11302万载重吨/1363艘，排名世界第一。其中，集装箱船队规模308万标准箱/518艘，稳居行业第一梯队；干散货船队运力4411万载重吨/430艘，油、气船队运力2943万载重吨/225艘，杂货特种船队475万载重吨/152艘，均居世界第一。集团在全球拥有14.8万名在职员工，构建起遍及全球主要经济体的跨国经营网络；在全球投资码头59个，集装箱码头52个，集装箱码头年吞吐能力1.34亿标准箱，居世界第一；全球船舶燃料销量超过2800万吨，居世界第一；集装箱租赁业务保有量规模达370万标准箱，居世界第二；海洋工程装备制造接单规模以及船舶代理业务也稳居世界前列。集团在《财富》世界500强排名中连年攀升，最新排名位列231名。集团收获了改革先锋、最美奋斗者、全国文明单位、全国抗疫先进、全国脱贫攻坚先进等重大荣誉，这是对中远海运的充分认可，更是对航运事业战略地位的充分肯定。

# 第一部分　中远海运“十三五”高质量发展举措及成效

“十三五”期间，中远海运肩负党和国家殷切厚望，肩负习近平总书记“航运强国”重要嘱托，拔锚起航、扬帆出海。集团两次迎来习近平总书记莅临视察的“高光时刻”，总书记的谆谆教导，让全体中远海运人倍感振奋，备受鼓舞。集团坚决贯彻落实新发展理念，在改革重组之初研究制定“十三五”发展战略，确立了“承载国家使命、服务世界贸易、构建全球网络，打造以航运、物流及相关金融服务为基础，多产业集群、世界一流的全球化供应链综合服务平台”的愿景目标，明确了“规模增长、盈利能力、抗周期性、全球公司”四个维度的高质量发展“战略标尺”。截至“十三五”末，集团已成为国家进出口物资海上运输的主力通道，是中国实现“一带一路”倡议的重要载体以及航运业东方平衡西方的核心力量，彰显了“大国顶梁柱”的报国之志和“航运国家队”的精神底色。

## 一、强根铸魂，高质量党建引领保障企业卓越发展

集团党组以习近平新时代中国特色社会主义思想为指引，认真贯彻落实党的十九大及十九届二中、三中、四中、五中全会精神和党中央重大决策部署，坚持新时代党的建设总要求，贯彻落实新时代党的组织路线，围绕“聚焦高质量发展、聚焦突破性发展、聚焦一体化发展”的“三个聚焦”，按照“不低于 GDP 增速、不低于同业水平、不低于上年水平”的“三个不低于”生产经营目标，坚持党的全面领导，把方向、管大局、促落实，为打赢集团改革发展攻坚战、新冠肺炎疫情防控攻坚战提供了坚实的政治保证。

### （一）政治建设坚强有力

集团党组把深入学习贯彻习近平新时代中国特色社会主义思想作为党组会和各级党委会、中心组学习第一议题。组织党组中心组（扩大）集体学习，深入学习贯彻习近平总书记系列重要讲话精神、《习近平谈治国理政》第三卷、党的十九届五中全会、中央经济工作会议精神等，特别是认真学习贯彻习近平总书记关于国企改革发展党建重要论述，关于海洋强国、航运强国重要论述，关于本行业本单位八个方面重要指示批示精神，

牢记习近平总书记与中远海运“玫瑰轮”船长通话嘱托、坚决贯彻习近平总书记视察希腊中远海运比雷埃夫斯港重要讲话精神，用党的创新理论武装头脑、指导实践。建立践行“不忘初心、牢记使命”长效机制，深入开展“四史”学习教育，持续深化全面从严治党。不断提高政治站位，切实增强“四个意识”、坚定“四个自信”、做到“两个维护”，自觉当好大国重器，保持企业改革发展正确方向。

### （二）引领发展行稳致远

集团坚决贯彻落实党中央重大决策部署，把方向“管大局”促落实，深入谋划集团“十三五”“十四五”发展规划，积极融入双循环新发展格局。完善“三重一大”议事决策程序，细化党组研究讨论和前置程序清单。加强直属公司董事会建设，进一步落实董事会授权，促进直属公司强化责任担当意识、提高市场反应速度。至“十三五”末，集团直属公司董事会合计授权事项行权共 2131 项、金额 3545 亿元。深入贯彻落实习近平总书记对本行业本企业重要批示指示精神，开展落实情况“回头看”，深化“一带一路”建设、航运强国战略、海南自贸港建设等重点项目落实。

### （三）践行“三做理念”“三舱精神”“四个坚守”

集团党组把毫不动摇地坚持党的领导、加强党的建设作为推进企业改革重组的重要法宝和完善现代企业制度的重要内容，践行党建工作“做实了就是生产力、做细了就是凝聚力、做强了就是竞争力”的“三做理念”，弘扬理想信念坚定“压舱”、工作责任落实“满舱”、精神状态迸发“爆舱”的“三舱精神”，坚守航运强国的理想信念、脚踏实地的实干精神、战风斗浪的奋斗精神、同舟共济的团队精神，团结带领广大干部职工在建设世界一流企业的航程上奋勇前行。

### （四）擦亮“支部建在船上”党建金字招牌

集团党组继承和发扬“支部建在船上”的党建优良传统，把国有企业党的政治优势转化为发展优势。以船舶政委队伍建设为突破口，加强船舶党建工作，着力推动船舶政委轮训全覆盖。开展机关干部挂职船舶政委工作，制定加强船舶政委队伍建设指导意见，船舶政委能力素质逐步提升，船舶党建基础不断夯实。中远海运能源“远大湖”轮被国资委授予“中央企业第二批示范党支部”。

### （五）同舟共济凝聚企业发展强大动力

集团上下高举“打造一个积极进取的优秀团队、建设一个同舟共济的和谐文化、确立一个世界一流的奋斗目标、构筑一个实现卓越的伟大梦想”的“四个一”文化旗帜，依托把稳舵、定好锚、扬起帆、拧成绳的全体干部员工队伍，在充分竞争的全球化市场中搏击风浪，筑梦远航。大力推广航海文化、弘扬航海精神，编制发行《中国远洋海运发展史》，设立“星级”“金牌三长”奖项表彰航海先进人物。借助金砖国家工商理事会、中国航海日等高层次国际组织和高水平展会论坛，释放品牌效益，服务生产经营价值创造。集团国际化品牌形象持续获得新提升，得到业界和社会肯定，先后荣获波罗的海国际航运公会（BIMCO）“年度最佳航运公司”；在福布斯全球最受信赖公司2000强榜单中排名第104位，成为全球唯一上榜的航运企业，中国大陆最值得信赖企业排名第一；被英国海贸（Seatrade）授予“全球最佳表现者”大奖、英国《劳氏日报》亚太区大奖和供应链管理创新大奖等。

## 二、战略引领，向世界一流企业迈出坚实步伐

集团重组成立以来，在航运低迷与遏制打压交困中寻求突围，在世纪疫情与百年变局交织下直面挑战。集团坚持战略先行，从全局视角把握行业大势、前瞻性谋划未来发展，把握主动权、下好“先手棋”，以只争朝夕的姿态跑赢市场、跑赢变革、跑赢时代，跑出了国有企业的加速度，跑出了中国航运的新飞跃。

### （一）实施前瞻性战略布局

集团2018年成功收购东方海外，稳居行业第一梯队，创造了双品牌协同运营新模式，夯实集装箱业务半壁江山；2019年成功收购胜狮货柜主要资产，占有全球造箱市场份额35%，成为全球第二大集装箱制造商，在用箱需求飙升时占据先机、赢得主动。2020年集团造箱板块实现营业收入116亿元，利润总额7亿元，收购效应得以充分显现。

### （二）实现跨越式的历史性增长

“十三五”期间，集团营业收入累计实现13522亿元，2020年当年实现3300亿元，年均复合增长率超过8%；利润总额累计实现1103亿元，

2020年达到317亿元，年均复合增长23.8%；净利润累计实现720亿元，年均复合增长26%；集团上市公司市值达到3261亿元，比重组时上涨92%。集团在央企经营业绩考核和党建责任制考核中保持A级，董事会建设在国资委中央企业考核评价中连续多年名列前茅。

### （三）构建全球化经营网络

集团传承国际化基因，不断加快跨国经营网络布局，在全球拥有10大区域、1050家机构、58个码头、263条航线，覆盖160个国家1500多个港口，实现了全球化经营、全球化市场、全球化资本、全球化客户、全球化人才、全球化交流。精耕细作新兴市场、区域市场、第三国市场，“三个市场”的货量分别较2016年重组时增长99%、244%、88%。集团“以码头为支点、以航线为纽带、以综合物流为延伸”加快全球航线网络布局和港口布局，南北极商业运输实现破冰远航，通过“点、线、面、极”立体化网络，以及产业链上下游协同效应的不断凸显，已构建起全球化领航之势。

### （四）坚持深化产业链经营

集团强化产业链布局，为“全球承运”向“承运全球”打下坚实基础。在港口布局上，“十三五”期间，集团港口投资达到461亿元。收购比港67%的股权，新加坡码头置换扩大产能，收购阿布扎比码头、西班牙Noatum、比利时泽布吕赫、鹿特丹Euromax、秘鲁钱凯等码头，为航运发展提供了坚强的保证。收购比港亚欧铁路物流公司，拥有在欧盟运营的铁路资质。同时，充分发挥对上海、南通、武汉等国内重要枢纽港的卓越运营能力，推进港口集群和航运集群的产业链协同。在海内外协同方面，欧洲公司成立钻石快航公司，开展配套支线业务，已成为欧洲第二大支线公司，在疫情影响下，2020年仍实现同比增长8%。此外，东南亚新鑫海公司，2020年箱量突破238万标准箱，在疫情严重冲击下仍同比增长4%。

### （五）着力推动数字化赋能

集团积极打造“赋能综合物流供应链服务”的数字化生态。**率先推进区块链技术在航运业的应用。**牵头打造了行业第一个区块链联盟全球航运商业网络（GSBN），在上海港上线完成了首批通过区块链技术实现实时货运数据交换的试点应用，成功实现商业化运用。打造“航运提单+贸易单证区块链平台”，与蚂蚁金服、中国银行和有关客户发布全球首张具有物权属性的区块链提单；与海关协同，为客户提供无纸化服务。**持续推进数字化转型场景落地。**上线可视化航运电商平台 Syncon Hub，进一步提高了物流运输效率和服务质量。投入使用 IRIS4 全球集装箱管理系统、泛亚集运内贸电商平台、船视宝、船货易等，进一步构建起航运数字化生态链。**推进 5G 技术与智慧港口建设深度融合。**中国首个 5G 全场景应用智慧港口在厦门远海码头落地，实现了对港口全业务场景的智慧赋能。集团数据集成平台、IRIS4 系统和 GSBN 区块链平台三个数字化项目，先后被交通运输部列为交通强国项目。

### （六）积极落实绿色发展战略

集团认真贯彻落实习近平总书记关于生态文明建设的重要论述和指示精神，将节能减排和生态环境保护工作作为集团改革发展的先决条件，将碳达峰行动等工作纳入改革三年行动自我加压任务。在编制集团“双碳”行动方案的同时，充分利用和借鉴行业内现有技术成果和好的经验做法，围绕碳减排不断加强推进系统内岸电设备铺设和使用、航运区块链联盟、物联网体系应用构建环保高效的港口集疏体系、长江纯绿色电动船项目等工作。同时加大科技创新力度，在长江、沿海等推进新型替代燃料、新型动力系统、智能船舶等项目试点，探索与“碳达峰、碳中和”行动方案相契合的试点项目落实落地。

## 三、守正创新，全面深化改革激发领航新动能

集团全面贯彻党中央、国务院有关决策部署，持续推进国企改革落实落地，始终把“深化改革”作为各项工作的核心和重心。重组整合阶段，集团“战略引领、深改快改”的推陈出新成为我国现代企业改革重组的杰出样本。2018 年被纳入第三批国有资本投资公司试点后，集团全面实施综合改革，整体效益和航运主业效益得到了持续改善，改革红利迅速释放，企业发展生机盎然。

### （一）推动重组整合，实现六个世界第一

重组成立后，集团按照“小总部、大产业”的思路，创新性设立了总部+共享中心的运管模式，压缩总部员工数量，有效提升管理效率。借总

部完成整合之势，集团坚持“深改、快改”，一鼓作气推进下属各业务板块的20项重大重组工作。其中，被称为“史上最复杂交易”的上市公司整合方案，获得股东大会超过98%的赞成票，成为我国资本市场重组的优秀案例。通过整合，所有业务板块实现集中统一经营发展，打造了综合运力、干散货船队、油轮船队、杂货特种船队、集装箱码头吞吐量和船员管理等“六个世界第一”，成为名副其实的“航运旗舰”、引领国际航运发展的重要力量。

### （二）抓住试点契机，改革红利不断释放

集团利用2018年成功入选国有资本投资公司试点契机，加速推进从“管企业”向“管资本”转变。创新“2+N”模式，全面实施综合改革。在规范公司治理方面，加强直属公司董事会建设，实现董事会应建尽建，配齐建强。根据国资委指导意见，集团确定了62家各级子企业应该建立规范董事会，并实现了应建尽建。其中，外部董事占多数的企业户数占比实现100%。在体制、机制改革方面，用好改革工具包，集团完成了10家上市公司股权激励覆盖，成为央企第一家所属上市公司股权激励全覆盖单位。职业经理人取得了初步成效，同时在超额利润分享、科技企业岗位分红、项目分红方面都进行了有益尝试。积极推进混改工作，集运所属泛亚公司实施混改后，经营效益得到稳步提升。“双百行动”扎实推进，宁波中远海运物流成功引进隐山资本。大力推进供给侧结构性改革，压缩管理层级、处僵治困工作取得显著成效，累计压减628户，亏损企业较2016年减少163户，得到国资委的充分肯定。

### （三）抓实三年行动，取得三个明显成效

国企改革三年行动对集团意义重大，事关未来发展大局。2020年集团按照国资委要求，全面启动国企改革三年行动，完成顶层设计，细化工作措施，以“坚持‘两个一以贯之’在建设中国特色现代企业制度上取得明显成效、坚持聚焦主责主业在推动优化产业布局上取得明显成效、坚持激励约束对等在提高企业活力效率上取得明显成效”的“三个明显成效”为目标，坚持加强党的领导和完善公司治理相统一、持续优化产业布局和结构调整、全面推行市场化经营机制，全力打造具有全球竞争力的世界一流企业。自改革三年行动开展以来，集团整体改革工作态势良好，各项重点改革工作按时间要求有序推进，改革力度不断增强，改革成效获得国资委

肯定，其中在（党委）党组前置研究讨论重大经营管理事项清单，董事会应建尽建，董事会配齐建强、外部董事占多数，“两非”剥离等方面的改革任务领先央企平均水平；对标世界一流管理提升行动等专项工作得到了国资委的认可和推广。2021 年 6 月 4 日，许立荣董事长代表集团在国企改革三年行动推进会上做经验交流发言，进一步激发了集团深化改革向纵深推进的斗志。

## 四、勇当先锋，链接“双循环”、服务“新格局”

集团在构建世界一流的全球化供应链综合服务能力的同时，积极参与国家区域经济建设，促进“内循环”畅通、挖掘“内循环”潜力，充分发挥国内国际“双循环”桥梁纽带作用。面对疫情常态化防控的新形势，勇当“开路先锋”，创新模式服务外贸，畅通双循环海陆节点，主动担当作为服务新发展格局。

### （一）积极助力“一带一路”建设

**突出重要支点建设。**集团在“一带一路”沿线累计投资 608 亿元，投资码头 18 个。2016 年接手比雷埃夫斯港以来，比港集装箱吞吐量从 68 万标准箱提升至 2020 年的 543.7 万标准箱，经营效益从亏损 621 万欧元提升至 2020 年实现盈利 6145 万欧元。2020 年面对疫情冲击和全球经济衰退的不利局面，比港仍继续保持地中海第一大港地位。**突出桥梁纽带链接。**在“一带一路”沿线布局投入 192 万标准箱的运力，占集装箱总营运船队规模的 64%；“一带一路”沿线油品、干散货海运量每年分别在 6500 万吨和 4000 万吨以上。**突出全程物流延伸。**先后收购新加坡高昇物流公司，投资哈萨克斯坦霍尔果斯东门无水港、阿联酋阿布扎比码头集装箱拆装箱场站等重大物流项目，推进中欧陆海快线、中欧班列业务，构筑了通往中东欧的第三条物流大通道。中欧陆海快线覆盖中东欧腹地 9 个国家 1500 个网点，2020 年完成货量突破 12 万标准箱，同比增长 47%，推动欧洲运输格局改变。

### （二）建立海上通道畅通国内大循环

**助力海南自贸港建设。**2019 年集团收购海南港航控股，持有 45%股权。目前有 79 艘、609 万载重吨船舶注册在海南。重组海南港航控股后第一年洋浦港已完成集装箱吞吐量100万标准箱的年度目标，海南港航控股全年实现净利润1186万元，成功扭亏为盈。2020年9月集团“洋浦—南太平洋—澳洲”集装箱航线正式开通运营，成为海南自由贸易港开通的首条洲际航线，截至2020年底，集团在海南港已开辟内外贸航线30条，初步构建起以洋浦作为中国—东盟区域国际集装箱中转枢纽的航线网络架构。**推动西部陆海新通道建设**。集团在钦州已开设11组航线，2020年在钦州港累计贡献177万标准箱，同比增长8%，占北部湾港集装箱量35%，新通道海铁联运累计完成箱量同比增长74%。

### （三）积极助力国家区域经济发展

**服务长三角一体化发展**。集团持续为上海国际航运中心建设贡献重要力量，在上海港集装箱吞吐量排名始终保持第一，2020年在受到疫情冲击的情况下，集团在上海港的吞吐量达到883万标准箱，占上海港的总份额突破20%，创造了历史最高水平，为上海成为国内大循环的中心节点和国内国际双循环的链接城市奠定了基础。**推进长江经济带合作**。积极跟进落实上海港、武汉市深化合作协议，推动武汉铁水联运二期项目。**融入京津冀地区发展**。与天津市、天津港签署战略合作协议，并通过资本纽带加强合作。**聚力粤港澳大湾区建设**。以湾区为平台，积极参与香港、广州、珠海等港口建设，构建起“水、铁、空”多式协同外向型供应链综合服务体系。此外，集团还充分发挥航运物流业务优势和全球公司优势，积极组织参与和服务中国—东盟博览会、2020年中国国际服务贸易交易会等重大活动，连续三年深度参与和服务进博会，全力做好招展、运输、会务、论坛等工作，取得积极成效。

### （四）提供端到端供应链全流程外贸服务，为客户创造价值

集团与国内各行业头部企业、中央和地方重点外贸企业积极联系对接，共同协商探讨更高层次的战略合作和更为全面的端到端供应链全流程深度合作，利用全球供应链综合资源，助力各大货主企业布局跨境电商、全球仓储和配送物流网络建设，在全球多个区域打造全程物流供应链产品，提供更为安全稳定的供应链服务保障。更多货主企业与集团签订长期运输服务协议，平抑抵御市场波动风险，促进外贸运输供应链上下游各产业方加强合作，共同保障外贸运输安全稳定。集团整合航运物流产业链资源，为客户提供定制化“一站式”全程供应链服务，2020年4月顺利将空

客A320系列亚洲总装线项目第500架次飞机大部件运抵空客公司天津总装厂。通过空客、中铝几内亚铝土矿、亚马尔LNG、特斯拉等全程物流运输服务项目，充分展现集团航运物流产业要素齐备、协同效应等优势，不断提升客户体验，为客户创造竞争价值。

### （五）疫情防控扎实有力

集团坚决贯彻落实中央“六稳”“六保”要求，在通力做好疫情防控基础上，率先全面复工复产，承运防疫物资共计集装箱6751标准箱，非集装箱货物15万吨，为疫情防控大局提供了物质保障。依托完善的全球航线网络和综合物流体系，集团迅速调动全球资源，发挥全球供应链优势，积极开拓“陆改水”“陆改铁”，在国内通过“水水中转”“水铁中转”等一系列新模式，打通供应链断点堵点，2020全年累计完成货运量13.4亿吨，同比增长2.5%。其中，煤炭及制品运量2.6亿吨，金属矿石1.49亿吨，原油运量1.47亿吨。通过保运力、保供箱、提服务等措施全力保障国际贸易物流“生命线”通畅，为全球产业链供应链稳定作出积极贡献。同时，对境外企业、船舶船员等重点区域、重点环节和重点人员，有效实施精准防控。向武汉等重点疫区捐款捐物合计4741.79万元人民币，为疫区人民提供了真情支援。

## 第二部分　中远海运“十四五”高质量发展战略愿景

“十四五”时期是我国全面建成小康社会、实现第一个百年奋斗目标之后，乘势而上开启全面建设社会主义现代化国家新征程、向第二个百年奋斗目标进军的第一个五年。当前和今后一个时期，我国发展仍然处于战略机遇期。为全面认清当前所处的时代背景和历史方位，无缝衔接“十三五”各项任务，前瞻性谋划“十四五”开篇布局，集团贯彻落实国务院国资委“十四五”规划编制工作部署，认真学习《“十四五”全国国有资本布局与结构战略性调整规划思路框架》（征求意见稿）和《“十四五”中央企业高质量发展规划思路框架》（征求意见稿）文件精神，将文件精神作为“十四五”规划顶层设计的重要指导，编制了《集团“十四五”发展规划》，旨在集聚合力落实党中央、国务院决策部署，更好适应新时代、新形势、新要求，明确“十四五”的发展愿景、战略主题。

## 一、发展愿景

集团“十四五”期间的发展愿景是：服务全球贸易，经营全球网络，以航运、港口、物流等为基础和核心，打造世界一流的全球综合物流供应链服务生态。

## 二、发展愿景的基本内涵

### （一）世界一流的业绩表现

在“十三五”的“规模增长、盈利能力、抗周期性、全球公司”四大维度指标基础上，“十四五”期间集团实现世界一流业绩表现的具体目标可概括为四个方面：**效益为先，**具备国内乃至全球领先的盈利能力与效益水平，进入商业一类央企前列；可持续、高质量增长的能力进一步增强。**全球运营，**更具备国际视野，在业务、资产、人员和影响力四个维度上加强国际化布局，真正实现从“全球承运”到“承运全球”的飞跃。**规模领先，**拥有全球范围内领先的规模体量，从而保障行业的话语权。巩固集装箱优势，将物流与港口打造为业界领先，补齐产业链经营短板，实现“强强联手”。**稳健抗压，**具备合理、多元的业务组合，有效平衡单一业务风险，实现穿越周期的稳健增长能力。规划期内，培育节能环保、数字化应用等新业务。

### （二）引领行业的企业影响力

“十四五”期间，集团将前瞻性布局新业务，突破业务逻辑与模式，引领行业的发展与创新。力争成为：**创新模式探索者，**通过创新引领业务模式变革和升级，优化行业结构，提高经营效率与服务水准。**可持续发展推动者，**发挥领先企业表率作用，迎合绿色环保趋势，成为行业可持续发展的倡导者和践行者。**国家战略践行者，**积极承载国家发展的战略使命与任务，作为“走出去”的领航者，进一步深化海外布局优势，以国际化视野深度参与“一带一路”建设，加速沿线国家和地区的港口、航运及综合物流等业务拓展，提升全球竞争力。**国资改革试行者，**继续围绕国有资本投资公司改革试点，积极尝试企业体制机制变革，积极推进所属子企业改革，激发企业活力，实现从重组红利向改革红利转换。

## 三、"十四五"关键战略主题

围绕打造世界一流的全球综合物流供应链服务生态的战略愿景，集团在"十四五"期间确定的战略主题为**"产业链经营""效益专精"**和**"数字驱动"**。

### （一）产业链经营

"十四五"期间，集团基于产业链经营理念，构建航运产业集群、港口产业集群和物流产业集群 3 个核心产业集群，航运金融产业集群、装备制造产业集群、增值服务产业集群和数字化创新产业集群 4 个赋能产业集群的"3+4"产业生态（见图 1）。

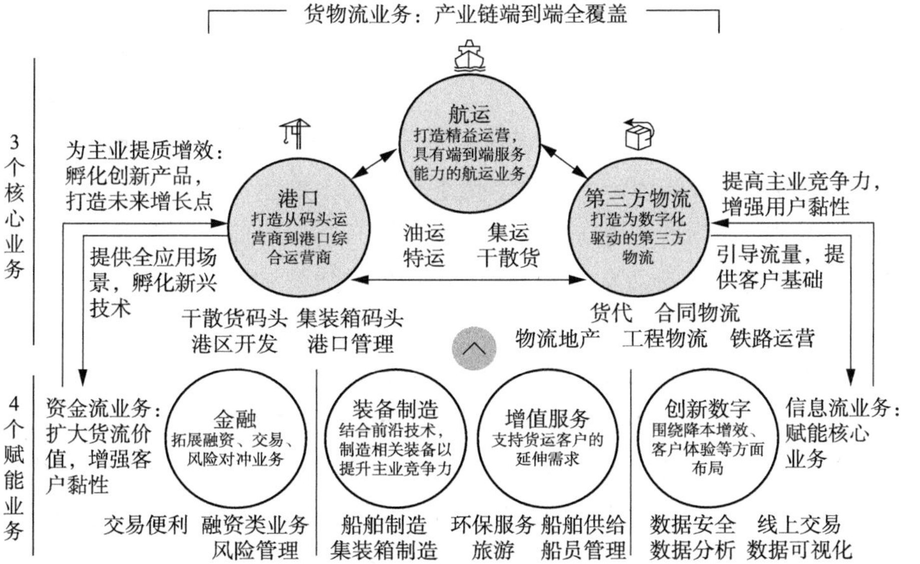


**图 1 "3+4"产业生态**

集团将围绕"货物流""资金流"和"信息流"构筑产业链，形成"航运+港口+物流"三大业务驱动模式，并强化业务组合间的协同效应，深化产业链体系建设。基于产业链经营理念，全面支持现代化综合交通运输体系建设。进一步巩固和强化国家核心主力船队地位，发挥好国家重要基础设施和基础产业的载体功能，助力"以国内大循环为主体、国内国际双循环相互促进的新发展格局"，承担起国家"一带一路"倡议的实践平台的责任，促进共建"一带一路"高质量发展。推动重点区域的发展规划建设。以组建区域“水、铁、陆”多式联运大通道为抓手，构建供应链综合服务行业引领能力。发挥行业领先企业的表率作用，推动绿色转型发展，创建智慧航运新生态，加快技术创新。

## （二）效益专精

“十四五”期间，集团净利率和净资产收益率稳步提升，可持续高质量发展能力进一步增强，实现世界一流的绩效表现。集团各业务主体将深耕效益专精主题，进一步聚焦卓越运营，对标行业最佳实践，改善业务板块运营效率，提升盈利能力、资产周转率和投资回报。同时，集团将围绕资本市场表现管理、资本结构规划、资本配置与优化、流动性管理四大维度打造资本运作体系。进一步提升资本运作能力，改善资产运营效率，通过提升投入回报水平，带动整个行业运营效率的改善和高质量发展，实现企业价值的最大化。

## （三）数字驱动

“十四五”期间，集团将推动数字化技术在各业务领域与场景的应用，加速推动各项业务转型。通过数字化工具赋能，加速提质增效。通过对外投资以及内部孵化，孵化新型业务形态，提升企业价值并对现有业务模式进行迭代更新。**驱动数字化产业创新赋能，**形成一系列具有市场竞争力的、面向外部客户的航运物流数字化业务，打造以 GSBN 为基础的全球领先的数字化生态系统，为集团核心主业引导客户流量、促进业务模式的创新与优化。**加强战略性新兴产业投入布局，**以资本为纽带，以航运、港口、物流行业应用场景为基础，助推技术升级、生产方式升级，提升生产力水平；为集团“数字化、网络化、智能化”发展提供智力和资本引导服务，促进体系内外资产（产业资源、资本资源）、知产（知识产权、科研成果、智力成果）资源交流互融和产业价值提升。积极响应国家关于加强国有资本在创新型国家建设和前瞻性战略性生产领域的投资布局要求。

“十四五”开局以来，在党中央、国务院国资委的正确领导下，集团抓住航运市场历史性机遇，高质量发展成效迈上新的台阶。2021 年 1—9 月，集团完成货运量 10.18 亿吨，同比增长 2.88%，集装箱完成量 2008.2 万标准箱，同比增长 7.23%。集团效益增幅远超货量增幅，航运、港口、物流三个核心主业，以及航运金融、装备制造、增值服务和数字化创新四个赋能产业全面实现盈利，前三季度累计实现净利润 825 亿元，同比增长

390%。其中，集运和东方海外“双品牌”实现净利润798亿元，是上年同期的17倍，与国内外主要班轮公司相比，“双品牌”在净利润、EBIT、箱量增幅等方面均居于领先地位。前三季度，集团顺利完成比雷埃夫斯港第二阶段16%股权交割；德国汉堡港码头收购、琼州海峡一体化航运资源等重点布局项目，武汉阳逻海铁联运专列、中缅新通道等项目也取得重大进展。

“十四五”期间，中远海运将坚决贯彻党中央、国务院决策部署，以国内国际双循环服务构建新发展格局为己任，以国企改革三年行动为抓手，优化全球资源布局，创新商业模式，增强核心竞争能力，打造世界一流的全球综合物流供应链服务生态，推动企业在新的历史时期，实现高质量发展新的更高的飞跃。

（中国远洋海运集团有限公司）

# 立足新发展阶段　贯彻新发展理念<br>砥砺奋进高质量发展新征程

（中国建筑集团有限公司）

“十三五”以来特别是党的十九大以来，中国建筑集团有限公司（以下简称中国建筑）坚持以习近平新时代中国特色社会主义思想为指导，深入贯彻落实党的十九大和十九届二中、三中、四中、五中全会精神，增强“四个意识”，坚定“四个自信”，做到“两个维护”，按照国务院国资委工作部署，以高质量发展为引领，扎实推进国企改革三年行动，全球最大投资建设集团地位更加巩固。

五年来，中国建筑对标对表习近平总书记关于国有企业改革发展和党的建设重要论述，聚焦世界一流企业，创新提出“一创五强①”战略目标，着力实施“一个提高、六个致力、六个专项”的“166②”战略举措，集团保持良好发展态势。2020 年，企业新签合同额、营业收入、利润总额分别达 3.2 万亿元、1.6 万亿元、943 亿元，实现“十三五”期间年均增速分别为 14%、13%、15%，新签合同额、营业收入增长近一倍。今年 1—9 月，集团合同额、营业收入、利润总额分别为 2.45 万亿元、1.34 万亿元、725 亿元，各项指标再创历史新高，公司位居《财富》世界 500 强第 13 位，连续 6 年保持 ENR 全球承包商 250 强首位。

---

① 一创——创建具有全球竞争力的世界一流企业；五强——价值创造力强、创新引领力强、品牌影响力强、国际竞争力强、文化软实力强。

② 一个提高——进一步提高政治站位；六个致力——致力实现高质量发展、致力创新驱动发展、致力服务国家战略、致力深化国企改革、致力加快转型升级、致力党的领导融入公司治理；六个专项——深化巡视整改、加强科技创新、清理低效无效资产、提升基础管理、推动信息化建设、狠抓安全生产等专项行动。

## 一、坚持党的领导，把加强党的领导与完善公司治理统一起来，建立健全中国特色现代企业制度

### （一）学懂弄通做实习近平新时代中国特色社会主义思想

全面系统开展学习活动，集团党组带领各级党员干部读原著、学原文、悟原理，深入学习党的十九大和十九届二中、三中、四中、五中全会精神，反复学习习近平总书记关于国有企业改革发展和党的建设重要论述。深入开展贯彻新发展理念“大学习、大讨论、大落实”实践活动，各级领导班子讲授专题党课8500余场，开设“中建集团贯彻新发展理念专题讲坛”，邀请子企业党（工）委书记、基层党支部书记、党员职工和农民工代表“现身说法”，选树115个贯彻新发展理念的典型案例。注重及时跟进，认真落实“第一议题”制度，及时跟进学习习近平总书记在各种重要场合发表的最新重要讲话、做出的最新重要指示批示。坚持把学习贯彻“七一”重要讲话精神作为当前和今后一个时期的一项重大政治任务，集团党组开展理论学习中心组集体研讨，带头为基层党组织讲授专题党课，举办专题读书班。

### （二）在完善公司治理中加强党的领导

充分发挥企业党组织把方向、管大局、促落实的领导作用，健全治理体系，提升治理效能，持续推动加强党的领导与完善公司治理相统一。推动党组织作用发挥，制订党建进章程专项工作方案，实现集团以及境内各级子企业党建进章程全覆盖；不断完善“双向进入、交叉任职”领导体制，全面推行党组织书记、董事长“一肩挑”，党员总经理担任副书记，选优配强专职副书记，切实保障党组织在决策、执行、监督各环节充分发挥作用。建立健全集团党组、董事会、经理层决策事项清单，抓住“党组织前置研究讨论重大经营管理事项清单”这个关键，指导子企业深入探索找到最佳融合点；科学合理地确立“重大经营管理事项”的评定标准，强化清单使用管理，加强集体领导、推进科学决策。有序引导干部职工参与企业治理，各级企业严格执行职工代表大会制度，职工代表充分发表对企业改革发展的意见，认真审议涉及自身切身利益的重大事项。

### （三）创建领导联系区域党建工作制度

立足改革发展新情况、新要求，积极探索党的领导实践路径，创新建立领导联系区域党建工作制度，进一步加强党对企业的全面领导。党组成

员保持既有分工不变，直接联系区域子企业和项目党建工作，推动互学互鉴，开展党建联建，破解党组织功能发挥“中梗阻”难题。党组成员代表集团统一对接区域内重大项目，统筹内部资源，形成竞争优势，避免了无序竞争等问题；督导检查区域内安全生产情况，带动管理力量下沉，增强项目履约能力，提升了企业在区域内的品牌影响力。

## 二、坚持国之大者，把服务国家战略作为企业的首要责任，切实发挥国资央企顶梁柱作用

### （一）主动融入国家战略

深度融入国家区域协调发展战略，设立北京通州、亦庄新城、上海、海南、广西、广州、苏州七大总部派出机构，集中优质资源，在京津冀、长江经济带、粤港澳大湾区、长三角和黄河流域，投资建设了一大批重大标志性工程；五年来，集团在国家战略区域累计完成投资额1.36万亿元。深入践行“一带一路”倡议，在100多个国家和地区“落子布局”；五年来，年均签署1亿美元以上项目约60个，海外合同额、营业收入复合增长率分别为11%和8%，建设了埃及新首都、巴基斯坦PKM高速公路等国家领导人见签的项目。2020年新冠肺炎疫情发生以来，集团国际化业务仍保持稳健发展。

### （二）积极服务抗疫大局

2020年初，集团分别用10天和12天建成配备1000个床位的火神山医院和1600个床位的雷神山医院。同时，还在全国建设了119所应急医院，特别是按照永久建筑标准完成中央援建北大屿山医院香港感染控制中心建设任务。认真落实国务院国资委“双稳”工作要求，全力应对海外疫情，2019年年初陆续向埃及、阿尔及利亚等海外机构派出工作组和医疗组，指导开展疫情防控，10万余名中外籍员工的生命安全和身体健康得到有力保障。

### （三）助力打赢脱贫攻坚战

定点帮扶甘肃三县（卓尼、康乐、康县），一体推进产业、就业、教育、消费、党建扶贫，累计出资16亿元认购央企扶贫基金，投入资金5.2亿元，实施帮扶项目840余个，2020年甘肃三县全部脱贫摘帽，入选国务院扶贫办《企业扶贫蓝皮书（2019）》，连续3年获得中央单位定点扶贫考核最高等次评价。此外，还结对帮扶全国15个贫困县、13个贫困乡、

110 个贫困村。扎实做好巩固拓展脱贫攻坚成果同乡村振兴有效衔接各项工作，深入推进甘肃三县村庄规划编制、产业项目建设、教育帮扶等重点任务。落实对口支援福建长汀县有关工作，积极参与重大项目投资建设。

## 三、坚持深化改革，把实施国企改革三年行动作为激发组织活力的重要手段，在深化改革中不断做强做优做大

### （一）全面部署落实改革任务

集团主要领导亲自统筹谋划，确定 105 项重点改革任务，子企业将集团重点改革任务细化为 2800 余项具体改革事项，突出差异化组织推进，注重在重塑项的破立、精进项的优化、夯实项的巩固上下功夫、见成效。建立健全督办考核机制，坚持“定量为主，定量与定性相结合”的原则，从形象进度、量化指标两个维度，锁定具体标志性的预期成果目标，仅允许不低于现标准的动态调整，将改革成效纳入子企业年度考核。集团先后召开八次改革三年行动专题推进会，密集部署、全力推进公司治理改革、董事会建设、外部董事委派、三项制度改革、健全市场化经营机制、加快新赛道布局、高质量推进集团科技创新等重点专项改革任务，全面加速改革进程。坚持“一月一典型”主题宣传，开设集团改革专题网站，累计刊发简报 23 期，选树先进典型二级子企业 13 家，挖掘经验案例 223 项。集团改革举措、经验以及改革成效受到了新华社、央视网、《经济日报》等主流媒体的重点关注。

### （二）狠抓关键环节寻求突破

注重问题导向，全面评估企业发展状况，引导子企业找准改革侧重点和着力点，切实增强改革举措的针对性和实效性。紧密结合“十四五”规划编制，突出改革目标任务的全局性、前瞻性，加强对子企业改革清单制定的指导把关，杜绝出现“奔着不出纰漏去”“奔着交任务去”等情况。注重分层攻坚，集团层面重点抓好中国特色现代企业制度建设，抓好包括授权、考核、激励三大体系在内的管控体系建设，抓好包括任期制契约化、“三能”在内的市场化经营机制建设，抓好创建世界一流示范企业等改革专项工程。子企业层面重点贯彻执行集团统一部署的公司治理等重大改革事项，突出抓好本单位具有创新性、挑战性的改革任务，差异化组织推进有破有立的重塑项、持续优化的精进项、持之以恒钉钉子的夯实项，鼓励有条件的单位加大挑战性改革任务占比，鼓励大胆创新，为改革发展

闯出新路。以开展覆盖全集团的六个专项行动为抓手，瞄准长期以来想解决而没有解决好的问题，赋予改革“自主权”，推动“个性化”改革。

### （三）深入联动力求成效集成

强化改革三年行动与集团战略目标、战略举措、“十四五”规划编制等工作有机衔接，做到对贯彻落实首要任务、建立完善第一议题制度、深化供给侧结构性改革、健全市场化经营机制、推动党建工作与生产经营融合、对标一流管理提升、创建世界一流企业等各项改革工作要求的充分响应、深度融合、系统集成和一体推进。充分尊重基层诉求和实践经验，注重征求并辩证采纳相关子企业意见，切实提升改革方案质量。将改革动作完成、措施落地作为最基础考量，制定科学精准的改革成效评估方案，突出对企业活力、运营效率、经营质量、业务结构等关键指标改善提高程度的综合考量，将改革成效始终锚定在对企业高质量发展的实际贡献上，严防“改革举措层出不穷，实际问题原地踏步”现象。采取开放性的加分方式评价改革，鼓励各单位提出一些自主性的、延伸性的改革目标或者举措。

### （四）重点任务取得关键突破

重点专项改革任务取得阶段性成效。加快推动子企业董事会应建尽建、配齐建强，58家“应建”子企业外部董事已全部到岗履职。设立外部董事管理部，加强外部董事履职归口管理和指导，加快完善外部董事履职管理体系，推动外部董事占多数的子企业董事会规范运作。全方位推动差异化授权，制订专项工作方案，深化落实子企业董事会职权，推动董事会向经理层合理授权，进一步完善母子公司授放权事项清单，不断提高子企业经营决策效率。“双百行动”企业在市场化债转股、优化业务结构、提高经营效率等方面取得实效；“混改”试点子企业加快论证改革方案；两家“科改示范企业”在完善治理体制机制、市场化选人用人、激发科技活力等方面探索创新，入选国务院国资委改革创新案例集，并在国资委组织的专项评估中名列前茅。

## 四、坚持创新驱动，把创新作为驱动企业发展的第一动力，以科技自立自强筑牢强企之基

### （一）深化科技治理体系改革

坚持和加强党对科技工作的全面领导，成立科技创新工作领导小组，

落实国家科技创新战略，决策并部署中国建筑的科技创新工作。完善子企业科技工作考核评价机制、科研投入产出机制及成果共享转化机制，加大研发经费投入，提高科研资源利用效率。“十三五”期间，中国建筑主动将科技创新融入国家大局和企业战略。扎实推进科技创新体制机制改革，立足“科技创新专项行动”，发布了《加强科技创新能力建设的三十条举措》，召开了10万人次科技创新大会，科技强企策略深入人心。坚持完善科技创新管理制度，围绕科技创新能力提升，聚焦科技人才、科研布局、研发投入、产业推进等方面出台系列管理制度。科学进行了研发方向顶层布局，编制了10个方面153项中国建筑核心技术攻关清单，研发方向愈加明晰。

### （二）精心建设培育创新平台

汇聚中国建筑科技力量，打造全局重视整体推进的科研布局，初步构建了上下联动的三级梯次协同研发体系（总部技术中心负责并组织开展基础性、战略性、前沿性技术研发；二级科研机构布局开展相应的成套技术研发；三级机构/项目重点负责生产中的关键技术开发），各级企业建成实体研发机构92个，实现了科技研发的合理布局。建成国家级企业技术中心（含分中心）5个，省部级科技创新平台30余家，博士后工作站10个。加大科技资源整合力度，集成和共享技术创新资源，牵头或参与成立科技联盟23个，其中国家级科技联盟4个。截至“十三五”末，中国建筑拥有高新技术企业86家。以总部技术中心为载体，成立了中建产业技术研究院，产业推广平台初步建立。加快科技创新成果转化和产业技术研究，形成多个绿色混凝土生产线及“钢结构+”产品体系、绿色智慧建筑等行业突出产品，并以此打造各具特色和优势的产业孵化平台，支撑企业高质量发展。

### （三）持续加大科研投入力度

“十三五”期间，中国建筑研发经费投入显著提高，由2016年的105.92亿元增长到2020年的294亿元，年均研发投入增速达29.3%，为创新驱动发展战略提供了强有力的保障。出台科技成果管理办法，部署科技成果转化政策及路径，以“低温甲醇洗循环甲醇萃取精馏脱硫技术”为代表的技术转化成果已初见成效。探索建立中国建筑科技创新平台，实现产融结合。成功举办“中国土木工程学会2018年学术年会”“2019年中国技能大赛——全国钢结构焊接职业技能竞赛”“雄安新区绿色建造国际论坛”等行业盛会。“十三五”末，中国建筑拥有有效专利 33855 项、有效发明专利 3175 项；主编国家标准 41 项、行业标准 50 项；主编英国标准 1 项，参与修订 ISO 国际标准 1 项。

### （四）大力提升自主创新能力

把科技自立自强作为企业发展的战略支撑，建设具有行业影响力、国际竞争力的创新平台，加大各级“专精特新”研发机构培育力度，试点重点科研项目攻关“揭榜挂帅”制，推动重大科技创新成果不断涌现。“十三五”期间，中国建筑共获国家科技进步奖一等奖 3 项、二等奖 9 项，国家技术发明奖二等奖 1 项。布局绿色建筑、建筑装配式、智慧建筑三大方向，牵头实施国家级重大科技项目 10 项、国家级课题 42 项，形成“装配式建筑全生命周期智慧建造平台”等系列重大成果。拥有自主知识产权的“中建万吨级多功能实验系统”正式面世，垂向最大加载能力达 10800 吨，是全球加载能力最强、加载空间最大、功能最领先的土木工程实验设备；在超高层建筑领域研发形成“超高层造楼机”等行业绝对领先的系列核心技术，90%的 300 米以上超高层建筑由中国建筑承建。

### （五）狠抓科研人才队伍建设

健全以创新能力、质量、实效为导向的科技人才评价体系，加大科研领军人才、高端人才培育引进力度，战略培育院士和大师，发布《关于进一步加强科技攻关人才激励的实施意见》，对核心技术攻关人才实行薪酬分配、股权激励、分红激励等政策，落实科技研发人员股权激励超过 200 人次。“十三五”期间，新增全国勘察设计大师 4 人，中国建筑首席专家 9 人、专家 9 人，优势技术领域创新团队 6 个、学科带头人及骨干 72 人。到“十三五”末，中国建筑共有研发人员 21845 人，研发人员占比 6. 11%。

## 五、坚持提质增效，把对标世界一流作为提升管理的重要抓手，以扎实的管理托起企业百年基业

### （一）明确方向系统对标

坚持目标导向，以国资委“三个三”为标准，进行全面系统检索；坚持问题导向，聚焦制约集团高质量发展的深层次矛盾；坚持对标一流，找准与世界一流企业的差距。在此基础上，中国建筑确定了“一创五强”方

向，建立 17 个维度、33 个指标的"一创五强"评价指标体系，全面对标法国万喜等 17 家行业先进企业，进一步聚焦企业发展的重点努力方向。部署实施对标一流提升管理行动，加强系统内外部对标学习，推动管理理念、文化更加先进，管理制度、流程更加完善，管理方法、手段更加有效，中建八局一公司 3 家企业入选国务院国资委对标一流标杆企业，火神山、雷神山医院项目建设管理和以价值指数为基础的人力资源管理 2 个项目入选国务院国资委对标一流标杆项目。

## （二）深入实施"六专"行动

坚持向管理要质量、要效益，抓实基础管理、信息化、低效无效资产清理等六个专项行动，不断加强能力建设和体系建设，提升企业现代化管理水平。通过基础管理提升专项行动，强化项目工期、成本、质量、安全等各方面管理工作，有效提升 1.1 万余个项目的管理精细化水平。通过低效无效资产清理专项行动，两年内处理低效无效企业 181 家。通过信息化专项行动，加速推进数字化转型，全面实施"中建 136 工程①"，建设建筑产业电商平台——云筑网，2020 年交易额达到 9300 亿元，2905 万名建筑工人、28.4 万个项目纳入平台管理。认真落实国务院国资委"降杠杆"工作要求，进一步健全"两金"压降和低效无效资产治理长效机制，持之以恒抓好资产管理，2020 年末，集团资产负债率 74%，较五年前下降 3.8 个百分点，"两金"始终保持在合理水平。

## （三）持续深化转型升级

聚焦主责主业，继续放大勘察设计、房建、地产、基础设施业务优势，加快由工程承包商向投建营综合服务商转型。2020 年，房建、基础设施和投资开发业务营业收入分别达 10011 亿元、3484 亿元、2713 亿元，基础设施施工业务与投资开发业务年均增速分别达到了 20%、14%，对转型升级、产业调整起到了积极引导作用。培育壮大新业务新业态，始终坚持主业相关多元，以绿色建造、智能建造和建筑工业化为落脚点，推动向绿色化、智能化和工业化程度更高的新型建造方式发展，发力生态环保，推动向提供整体环境治理解决方案的环境综合服务运营商发展。着力优化产

① "中建 136 工程"即以建成建筑产业互联网为目标、打造三大平台（技术、大数据、云计算）、建设六大项目群（数字指挥决策、产业链数字化、海外信息化提升、企业管理协同、产业互联网奠基、信息化基础设施云化）。

业链布局，出台并购、分拆上市、混改指导意见，指导子企业聚焦“培育新产品新业态新模式”“增强科技实力”“打造专业优势”“塑强完整产业链”“完善全球布局”等五个方面赛道，运用好并购、分拆上市、混改等资本手段，加速产业链升级布局。

## 六、坚持以人为本，把人才资源作为推动企业发展的第一资源，在人才成长中实现企业成长

### （一）构建干部交流“一盘棋”

建立“1+1”主要领导交流配备机制，二级子企业正职1名由本单位产生，保持企业战略连续；另1名正职采取择优交流的方式，为班子引入新思路，注入新活力。建立“内3外2”总部与基层交流机制，两级总部员工必须具备3年国内基层经验或2年海外工作经验，有序推动总部与基层的互动交流。建立“369”多维度任期交流机制，干部3年任期内原则上不进行交流，关键岗位任职6年、一般岗位任职9年的干部必须进行交流。目前，集团党组管理的领导人员中，具有轮岗交流经历的占比达到47%，40家二级单位中，有33家单位至少1名正职为交流任职，总部和基层交流比例长期保持在20%以上。有力促进集团各子企业弱者追赶、强者超越，优势互补、板块联动，携手互促、共同进步。

### （二）激励干部担当作为

落实“三个区分开来”，研究制定《激励领导人员担当作为十四条》，在精准考核、容错纠错等方面提出针对性措施。坚持业绩导向，对业绩考核结果进行强制分布，连续考核名次靠后的干部退出领导岗位，根据考核结果，领导干部绩效薪酬占比最高可达80%，同级别干部之间薪酬高低差达到2~3倍。在上市公司、驻外机构等7家单位推行职业经理人制度，合理增加市场化选聘职业经理人比例，按市场规律推进契约化管理，明确责权利，加强任期制考核，形成市场化退出机制。

### （三）深入实施三项制度改革

大力推进经理层成员任期制和契约化管理，发布《集团任期制和契约化操作指引》，目前423家企业完成规范实施任期制和契约化管理，占比集团所属子企业的62%。强化人员市场化管理，建立健全市场化的招聘制

度，实现高校毕业生100%公开招聘，推行管理人员竞争上岗常态化。搭建以市场价值为导向的新职级体系，23家二级子企业20万名员工试点推行了新职级体系。推行末等调整和不胜任退出等制度，今年以来各级子企业管理人员末等调整或不胜任退出的占比达2.27%，解除（终止）劳动合同的人数3691人，占比1.06%，连续考核偏低的集团党组管理干部6人退出领导岗位。完善市场化薪酬分配机制，实施考核结果与薪酬激励联动机制，子企业负责人绩效薪酬最高已占年薪总额的80%，领导人员之间的薪酬高低差距达3倍。持续实施中长期激励机制，中建股份层面累计实施4期限制性股票计划，激励7107人次，授出股票20.82亿股；所属上市子企业——中海发展已实施股票期权激励计划，激励1535人次，授出股票期权3.93亿股。

## 七、坚持价值创造，把深化供给侧结构性改革作为高质量发展的重要着力点，致力于更优发展效益

### （一）深入推动商业模式创新

围绕产业链、价值链拉通升级，构建更具竞争力的规划、设计、投资、融资、建设、运营全产业链商业模式，持续提升全生命周期管理水平，不断强化各交易环节盈利能力，推动业务向专业化和价值链高端延伸。持续提升产融结合水平，在打造平台、服务全局上下功夫，通过整合金融资本和内部资源，将外部价值内部化，逐步重构产业上下游价值链和资金链，充分利用保理业务、房地产信托投资基金（REITs）、资产证券化等创新金融工具，盘活存量资产，提升资产周转率，改善现金流，实现资源配置合理高效。依托建筑产业互联网培育新业态、锻造新模式，培育项目级、企业级、垂直行业级产业互联网平台，将业主、总包、分包、分供、金融机构等产业链各方连接在一张大网上，产生数字经营、智能建造、网上融资、在线交易、大数据征信等新业务，打通产业链上下游，形成集聚效益，创造新的生产模式、商业规则和产业逻辑。

### （二）积极参与新型城镇化建设

全力支持“新基建”“新城建”与乡村振兴战略，在高品质打造民生工程中贡献中建智慧。**一是**发挥规划设计先导、高端资源对接牵引作用，将使用者付费类新型基础设施建设项目（社区数据中心、5G微基站、照

明改造、智慧停车、智慧灯杆、充电桩等）与新型城镇化建设、城市更新项目配合推进，互补赋能，提供投资、建设与运营一揽子服务，确保资金闭环、风险可控。**二是**以智慧设计、智慧制造、智慧建造、智慧运维等建筑全产业链智慧应用，赋能城市信息模型（CIM）平台、智能化市政基础设施和更新改造、智慧城市、智慧社区等新型城市基础设施建设。**三是**瞄准当前乡村发展的短板，拓展城乡统一规划、农村基础设施建设、农村人居环境改善、生态系统保护和修复重大工程、特色小镇和小城镇建设等领域项目，创新项目实施模式，解决投资、产业导入、运营等项目难点，探索总结出可持续、可复制、可推广的乡村振兴示范经验。

### （三）强化高质量产品供给

坚持以供给侧结构性改革为主线，全力保障民生需求，服务国家产业升级。五年来，大力提升高端房建供给能力，承接会展场馆类项目633个、合同额4030亿元，洁净电子厂房类项目213个、合同额1038亿元，数据中心类项目96个、合同额454亿元。坚持“房住不炒”，打造了北京北辛安、上海建国东路、西安幸福林带等一批城市更新标杆项目，投资建设保障性住房18642万平方米，合同额5754亿元，代表性项目有门头沟区永定镇南区棚户区改造、昭通市昭阳区靖安易地扶贫搬迁安置区建设项目等。承建一大批基础设施项目，其中建设高速公路4000公里、地铁700公里、铁路800公里，代表性项目有川藏铁路雅安至林芝段6标段、沈阳至白河高速铁路等；机场项目129个；发挥设计前端优势，空间规划、全过程咨询业务初具规模，机场、文旅等细分领域优势持续巩固。

### （四）坚持生态优先绿色发展

认真贯彻落实中央关于推动城乡建设绿色发展的有关要求，加快形成具有中建特色、引领行业发展的绿色建造体系，提供更多高品质绿色建筑产品。加大科技创新力度，认真思考研究建筑领域推进碳达峰、碳中和工作的关键症结和努力方向，积极推进关键技术研究和成果转化，布局一批支撑城乡建设绿色发展的研发项目，以技术创新成果引领城乡建设绿色发展。大力发展装配式建筑业务，研发具有自主知识产权的“绿色装配式建筑智慧建造平台”，建筑工业化产能排名全国第一。创新探索绿色建造技术，研发形成系列超低能耗、零碳建筑技术体系与创新产品。投资建设了381个水务环保项目，包括习近平总书记曾视察的南通滨江景观带工程，以及全国最大山水林田湖草修复试点工程——乌梁素海流域生态修复项目，全国首条污水处理深隧——武汉大东湖深隧项目，全国首个以交接断面水质达标为标准的全流域水生态治理项目——深圳市坪山河干流综合治理项目。

回顾“十三五”发展历程，中国建筑就自身的高质量发展总结出了如下经验和启示：**一是必须将政治建设摆在首位**。要深入学习贯彻习近平新时代中国特色社会主义思想，认真落实近平总书记关于国有企业改革发展和党的建设重要论述，始终坚持党的领导、加强党的建设，确保国有企业的政治本色不改变、根魂优势不动摇。**二是必须坚决服务国家战略**。始终在业务方向、产能导向、资源投向上与国家战略同频共振，在助力国家战略实施中践行央企使命、抢抓发展机遇。**三是必须坚守市场化理念**。始终传承弘扬一代代中建人坚守的市场化经营理念和精神，不断厚植市场化竞争优势，聚焦主责主业，创新发展策略，不断提高核心竞争力。**四是必须坚持改革创新**。通过深化改革消除影响高质量发展的体制机制障碍，破解制约企业发展质量的深层次矛盾和问题；通过管理、科技、制度创新，正确处理短期目标和长远发展，为企业发展提供新引擎、新动力，不断壮大企业综合实力、提升竞争力。**五是必须高扬企业文化**。传承红色基因，永葆央企本色，弘扬“中建信条”“十典九章”等优秀企业文化，保持企业发展的强大生命力、凝聚力、影响力。

立足新发展阶段，中国建筑将完整、准确、全面贯彻新发展理念，服务构建新发展格局，深入贯彻党中央、国务院重大战略部署，加快创建世界一流企业，致力于实现企业高质量发展。**一是**坚持在完善公司治理中加强党的领导，推动公司治理体系和治理能力现代化水平显著提升；**二是**努力实现规模和效益效率指标达到全球同行业最高水平；**三是**加快推动自主创新和集成创新能力大幅跃升，成为绿色建造、智慧建造等新型建造方式的标杆企业，在低碳节能、数字化、网络化、智能化应用等方面成为行业典范；**四是**打造享誉全球的企业形象，成为世界投资建设领域的第一品牌；**五是**扩大国际经济合作和竞争新优势，成为践行“一带一路”倡议的主力军，在全球行业中具有举足轻重的话语权和影响力。中国建筑将始终葆有改革创新精神，始终坚持以“一创五强”战略目标为引领，砥砺奋进、攻坚克难，加快推进世界一流企业建设，致力于实现企业高质量发展。

（中国建筑集团有限公司）

# 深入贯彻新发展理念　持续深化改革创新<br>推进国有资本投资公司高质量发展

（国家开发投资集团有限公司）

作为首批国有资本投资公司改革试点，国家开发投资集团有限公司（以下简称“国投”或“集团”）坚决贯彻落实新发展理念，践行服务国家战略、优化国有资本布局、提升产业竞争力的使命，坚守投资价值、投资未来、负责任的投资理念，持续推动国有资本向关系国家安全、国民经济命脉、国计民生的重要行业和关键领域集中；落实国企改革三年行动方案，深化国有资本投资公司改革，不断激发企业内生动力和发展活力，发挥改革的引领示范和带动作用；坚持党的领导、加强党的建设，以高质量党建引领高质量发展。2020 年，国投实现营业收入 1531 亿元，实现利润总额 221 亿元，创造了历史最好成绩，连续 17 年获得国务院国资委经营业绩考核 A 级。

## 一、统筹疫情防控和复工复产

### （一）扛起责任，守土有责，扎实做好疫情防控工作

疫情发生后，国投党组迅速作出反应，第一时间成立疫情防控工作应急领导小组，建立疫情防控领导体系和工作机制；党组成员靠前指挥，深入企业，悉心指导；集团各级企业扛起责任，守土有责，扎实做好疫情防控工作，境内外企业生产运行平稳有序，员工身体健康安全。

### （二）分区分级、因时因势、一企一策推进复工复产

面对巨大的下行压力，国投精准施策，分区分级、因时因势推动生产经营逐步回归正常，2020 年 3 月 21 日集团实现全面复工复产；科学施策，及时提出“三增五减”，一企一策下大力气提质增效。算精成本账，强化成本管控，成本支出大幅下降；算赢收益账，多渠道拓展收益来源，全力

提高收益；算好市场账，千方百计开拓市场，增加市场份额。

### （三）国投所属企业立足自身资源，发挥优势，为打赢疫情防控总体战、阻击战作出了贡献

国投生物急国之所急，星夜兼程，第一时间将消杀酒精运往武汉（见图 1）。电子工程院 72 小时内高质高效完成北京市口罩生产厂房改造设计任务，为缓解北京口罩供应紧张作出了贡献。美亚柏科研发的大数据监测系统，实现疫情信息可追溯、可预测、可视化和可量化，被政府部门广泛采用，成为精准抗疫的利器。中国水环境湖北鄂州水厂全体员工坚守岗位，保障所辖区域用水安全。国投人力联手“央视频”举办两季“国聘行动”，为稳就业、保就业，推动复工复产发挥了积极作用。国投罗钾克服各种困难，组织员工开足马力满负荷生产，有力保障春耕用肥。国投健康有效应对疫情影响，在院老人无一感染，家属放心，老人安心。国投矿业组织向约旦捐赠抗疫紧缺物资，得到约旦政府的高度赞赏，在约旦国内引起强烈反响。国投坚决贯彻落实国家助企纾困政策，全力做好民企清欠和租金减免工作，帮助中小企业渡过难关，为保市场主体作出了贡献。

**图 1　国投生物所属酒精生产企业日夜兼程支援武汉**

## 二、贯彻新发展理念，推动高质量发展

作为国有资本投资公司，国投从根本宗旨、问题导向、忧患意识上把握新发展理念，牢牢把握高质量发展这一主题，把新发展理念贯彻到集团发展全过程、各领域，推动质量变革、效率变革、动力变革，努力实现更

高质量、更有效率、更可持续、更为安全的发展。

## （一）落实创新发展理念

国投坚持创新是第一动力，坚决贯彻创新驱动发展战略，建立科技创新长效机制，加大研发投入，推动自主创新，2020 年科技投入 15.8 亿元，同比增长 5.7%；获得授权专利 324 项，其中发明专利 118 项。加强与高校、科研院所合作，创办中国·松山湖新材料高峰论坛，构建“科研—资本—产业”对接平台，探索打通从科技到产品、从实验室到市场的“堵点”，推动科技成果产业化（见图 2）。坚持直接投资和基金投资“双轮联动”，投资了一批独角兽、瞪羚企业，助力攻克“卡脖子”关键核心技术和关键零部件，国投高新成功并购西安鑫垚，国投贸易推进同益中科创板上市，加快培育新材料领军企业。国投智能、电子工程院、美亚柏科联合设立的国投智慧城市创新研究院，加快发展数字经济。电子工程院、国投罗钾入选“科改示范行动”试点。国投检测成功并购山东特检集团，加快培育特检领域的龙头企业。

**图 2　国投创办中国·松山湖新材料高峰论坛**

## （二）落实协调发展理念

国投将国家需要与企业发展紧密结合，锻长板、补短板、强弱项，强化产融结合、融融结合，更好地发挥多元化经营综合优势，积极服务雄安新区、海南自由贸易港、长江经济带、粤港澳大湾区等重大战略实施。在长三角、粤港澳大湾区，加大战略性新兴产业投资力度，发起设立粤港澳大湾区科技成果转化基金，规模 200 亿元；积极投身长江大保护、黄河流域生态保护和高质量发展，中国水环境投资污水处理厂89座，储备项目39个，提升入江入河水质（见图3）。中投咨询积极服务雄安新区建设，完成30余个项目可研、方案设计及初步设计审查。国投检测在雄安控股设立质量基础设施研究院，助力雄安建设高质量起步。

图3　中国水环境集团大理洱海下沉式再生水厂

## （三）落实开放发展理念

国投准确把握国际政治、经济、科技、安全等形势，用好国内国际两个市场、两种资源，立足“一带一路”沿线国家，加大境外业务布局力度，不断提高跨国经营指数，培育国际竞争新优势。国投电力成功收购瑞典陆上风电项目，圆满完成伦交所2.2亿美元GDR发行，打通境外融资渠道。融实国际发挥集团境外筹融资平台功能，在港发行3亿美元债。国投贸易紧抓进口博览会机遇，与15个国家的20家外商，现场签订贸易合同6.95亿美元。

## （四）落实绿色发展理念

国投党组成立了资源节约与生态环境保护工作领导小组，强化对生态环保工作的统一领导。积极践行“两山论”，加大对生态环保产业的投资力度，加快推进清洁能源开发布局，助力实现碳达峰碳中和的目标。加大技改投入，保证存量项目排放达标，坚决守住不发生重大环保事件的底线。国投电力加快新能源项目布局，新增新能源装机112.4万千瓦；积极谋划雅砻江水风光互补能源基地建设，卡拉项目核准开工；两河口、杨房沟克服疫情影响，工程建设按节点推进（见图4）。整合资源，将中成集团打造为集团环保产业投建营平台，推动环保业务发展；国投环境成功中标上海马桥项目，在建筑垃圾资源化利用领域实现突破。持续推动绿色生产，国投铁岭能源、亚普开封公司获得“绿色工厂”称号，波林股份获批“绿色设计示范企业”。抓好环保隐患排查治理，能效水平持续提升，全年没有发生环境污染责任事件。

**图 4　雅砻江杨房沟水电站大坝全线浇筑到顶**

## （五）落实共享发展理念

国投在推进企业发展的同时，切实履行社会责任，助力巩固和拓展脱贫攻坚成果，衔接好脱贫攻坚与乡村振兴，为实现共同富裕做贡献。2020年投入帮扶资金超过 8990 万元，开展“支部党建扶贫共建”，帮助四个定点贫困县巩固脱贫攻坚成果；国投创益全年新增投决 128 亿元，引领带动一批农业产业化龙头企业，助力深度贫困地区脱贫攻坚，连续 4 年获得“好”的评价（见图 5）。落实金融服务实体经济要求。安信证券发挥投行优势，为 50 余家实体企业融资近 700 亿元，通过股权质押等方式为企业提供资金 125 亿元。中投保设立科技融资担保公司，帮助企业解决“融资难”问题；新增担保额 192 亿元、同比增长 119%。服务健康中国战略。国投健康积极开拓市场，新增养老床位 800 余张，为失能、半失能、失智和高龄老人提供高品质养老服务，帮助许多家庭解决了后顾之忧，提高了老人的生活质量。关心关怀员工，让员工有更多获得感、幸福感、成就感，更好发挥潜能，帮助员工实现自我价值。

图 5　国投创益管理的扶贫基金投资建立土猪养殖基地

## 三、落实国企改革三年行动方案，激发企业发展活力

国投把贯彻落实好国企改革三年行动方案作为重大政治任务，加强组织领导，制订实施方案，细化目标分解，严格督办考核，抓好责任落实。聚焦改革重点领域和关键环节，持续推动试点改革取得新进展、新成效。

### （一）强治理，建立中国特色现代企业制度取得新进展

**一是贯彻落实“两个一以贯之”。**把党的领导有效融入公司治理。制定了《中国特色现代国有企业公司治理权责表》等“三重一大”决策制度，厘清党组织与“三会一层”（股东会、董事会、监事会、经理层）的权责边界和履责流程，依党章、党规发挥好党组织作用，依章程、法律有效推进公司治理。加强董事会建设。深化股权董事管理改革，建立积极股权董事队伍，推动股权董事向专业化、职业化、市场化转变，当好“决策建议的提出者”“大股东意图的传播者”和“企业发展的促进者”。

**二是优化集团管控体系。**按照“战略引领强、资源配置强、管理服务强、党的建设强”的要求，打造“强总部”。成立新兴产业研究培育中心，加强新产业前瞻研究，加快培育布局；组建国际业务统筹开发中心，补好国际业务开发短板；成立风险管理委员会、优化运营与风险管理部职能，提升风险防控能力；加快推进信息化和数字化转型，建设“数字国投”。以开展对标世界一流管理提升行动为抓手，积极探索构建战略管控、财务管控和运营管控相结合的新的管控模式，形成了“以价值创造为核心，以协同管理共创价值，以全面风险管理保障价值，以投资管理发现价值，以

投后管理提升价值，以退出管理实现价值”的股权全生命周期价值管理“5M”模式（见图6）。

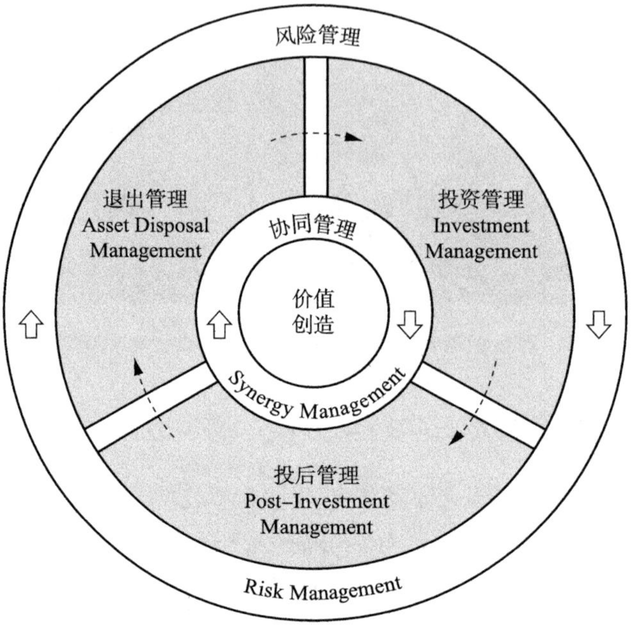


**图6 国投“5M”管控模式**

## （二）强引领，提升培育高科技产业能力取得新进展

**一是聚焦“国之大者”，助力科技自立自强。**加大对高科技产业的直接投资力度。重点投向先进制造、新材料、智能科技等产业，战略性新兴产业营业收入占比从2013年的6%提高到2020年的16%。发挥基金投资的独特优势。集团管理股权基金总规模近2000亿元，先后投资了一批突破产业瓶颈、打破国际技术壁垒、攻克“卡脖子”技术和关键零部件的行业领军企业，如宁德时代、蔚来汽车、康希诺、寒武纪、睿创微纳等。

**二是建立直接投资与基金投资“双轮联动”机制。**发挥基金的“触角”“探头”和孵化作用，基金投资的高技术项目，在合适的时机，集团将进行接续投资，实现国有相对控股，发挥国有资本在新产业培育的影响力、控制力和带动力。

### （三）强活力，健全市场化经营机制取得新进展

**一是牢牢把握市场化改革方向，激发企业活力。**下大力气推行经理层成员任期制和契约化管理。拟对238家子企业推行任期管理，实现任期管理全覆盖。突出“强激励、硬约束”。开展任期激励，设立有挑战性的业绩目标，鼓励经理层对标先进，推动企业高质量发展。积极推行职业经理人制度。国投高新、电子工程院等5家企业，原经营班子“全体起立”，面向社会公开竞聘职业经理人，破除了“论资排辈”，选优秀的人干重要的事（见图7）。下决心破解“三能”难题。国投电力、国投高新在企业中层开展竞聘上岗，严格考核，刚性兑现，干不好降薪、不胜任退出。

图7　电子工程院职业经理人签约仪式

**二是率先探索国有相对控股混合所有制企业差异化管理。**在国务院国资委、国务院国企改革领导小组办公室的大力支持下，2019年9月，国投率先在8家国有相对控股混合所有制企业试行差异化管理。在决策机制、管控内容、信息披露、监督约束等方面，建立既有规范又有效率、既有激励又有约束、既符合企业一般规律又体现混合所有制企业特点的差异化管理机制，初步实现了差异化管理从“无”到“有”的突破。试点企业党建普遍得到加强，治理更加规范，经营业绩稳步提升。截至2020年底，国投并表的444家企业中，混合所有制企业户数占比74%，资产占比72%。

## 四、全面加强党的领导党的建设，以高质量党建引领高质量发展

国投党组坚持以政治建设为统领，坚持把自身发展放在党中央工作大局中考量和部署，牢牢把握企业改革发展正确方向。在央企中率先做到了“四个第一”：第一个实施党建工作年度考核、第一个创建“卓越党建管理”品牌、第一个编制《党建工作五年规划》、第一个发布党建工作报告。

### （一）认真落实“第一议题”制度

党组会议首先学习总书记系列重要讲话、重要批示和中央文件精神已经制度化，坚持以党的创新理论武装头脑、指导实践、推动工作，在研究重大事项、重要问题和重点工作时，严格对标对表，确保贯彻总书记重要指示批示精神和党中央决策部署不偏离、不走样、不打折扣（见图8）。

图8　国投党组开展党的十九届五中全会精神专题学习研讨

### （二）扎实开展中央企业党建巩固深化年专项行动

系统推进“两个一以贯之”，全面实现“党建入章”，覆盖全级次企业，19家子公司全部实现董事长与党组织书记“一肩挑”，规模较大企业配备了党委专职副书记；推动“双向进入、交叉任职”领导体制，子公司经理班子成员进入同级党组织的达到79.71%。制定公司治理权责表，规范决策全流程，建立决策事项信息化管理系统，通过信息化手段对决策流

程实现硬控制，形成了有一定特色的公司治理制度体系，从治理架构上确保党组“把方向、管大局、促落实”，董事会“定战略、做决策、防风险”和经理层“谋经营、抓落实、强管理”有机统一。

### （三）全面加强基层党建工作

认真贯彻落实国有企业基层组织工作条例，促进基层党建工作标准化规范化，持续严密党的组织体系，动态调整组织设置，规范设立联合党支部，推进党小组建在班组上，做到基本组织应建尽建、到期换届应换尽换、委员出缺应补尽补；把建立党的组织、开展党的工作作为混改的必要前提，纳入尽调当中；推进卓越党建创新，加强顶层设计，出台《国有相对控股混合所有制企业党建工作指导意见》，加强国有相对控股混合所有制企业党的建设工作，推动“党组织有形覆盖向发挥作用转变、开展党建工作向促进经营发展转变”；推广美亚柏科党建经验（总结混改企业“美亚柏科党建经验”，推广“蓝海红帆”品牌，红色旗帜、红色堡垒、红色动能、红色警示、红色沃土“五红”党建工作体系）（见图9）。扎实开展宣传、品牌文化、群团、统战工作，举办了一系列聚人心、助发展的活动。

**图9　国投混改企业美亚柏科“蓝海红帆”品牌**

强化组织保障，严格按照“两个1%”要求，配备专职党务干部、计提党组织工作经费；落实党员教育培训五年规划，每年对企业党组织书记、基层党支部书记、党务干部开展专项培训，分级组织党员开展定期轮训；成立国投党校，建立雅砻江水电、国投罗钾、国投北疆3个党员教育基地，树立一批基层示范党支部品牌，开展党建脱贫攻坚结对共建活动。

## （四）加强干部人才队伍建设

贯彻落实新时代党的组织路线，制定加强各级领导班子建设的实施意见，提出时间表路线图。突出鲜明的选人用人导向，大力选拔敢于负责、敢于担当、善于作为、实绩突出的干部；选优配强各级领导班子，加强优秀年轻干部队伍建设，强化干部培养培训；开展总部与基层企业年轻干部双向交流锻炼。从严开展干部管理监督，开展选人用人专项检查，有效提升基层企业的选人用人工作水平。完成集团退休人员社会化管理工作主体任务。完善正向激励机制，制定激励干部担当作为的20项举措，建立健全荣誉表彰体系（见图10）。

图10　国投召开干部人才工作会

## （五）推动全面从严治党向纵深发展

建立“不忘初心、牢记使命”长效机制，深化主题教育成果；强化管党治党责任，推动符合条件的规模较大企业增设、调整专职党委副书记、纪委书记；制定《落实全面从严治党主体责任工作任务清单》，将管党治党要求纳入绩效责任书，推动党建责任与生产经营责任有效联动；持续推进纪检监察体制改革，强化政治监督，强化执纪问责。不断健全监督责任体系，建立定期会商、联席工作机制，促进各类监督贯通协同，持续深化巡视整改和成果运用；制定《监督执纪与经营管理融合工作指导手册》，明确9个方面86项重要经营管理事项的正、负面清单，实现风险点精准管控；充分发挥巡视巡察作用，牢牢把握中央巡视工作方针，精准落实政治巡视要求，立足常规巡视，有针对性地开展专项巡视、机动巡视和巡视“回头看”，统筹推进巡视巡察工作全覆盖。

## 五、“十三五”发展成就和经验启示

2020年是“十三五”收官之年。过去的五年，国投有力应对复杂严峻形势，战胜各种风险挑战，经营业绩稳步提高，利润从165亿元增长到221亿元；资产总额从4671亿元增长到6823亿元，综合实力迈上了新台阶（见图11）。过去的五年，国投贯彻新发展理念，深入推进供给侧结构性改革，加快转型升级，投资了一批新项目，业务结构持续优化。过去的五年，国投先行先试，大胆创新，努力探索国有资本投资公司的功能定位、体制机制和运营模式，走在了国企改革的前列。过去的五年，国投党的领导、党的建设得到实质性加强，党组（党委）把方向、管大局、促落实的领导作用进一步发挥，干部人才队伍建设进一步加强，党风廉政建设和反腐败工作进一步深化，经济责任、政治责任、社会责任得到切实履行。

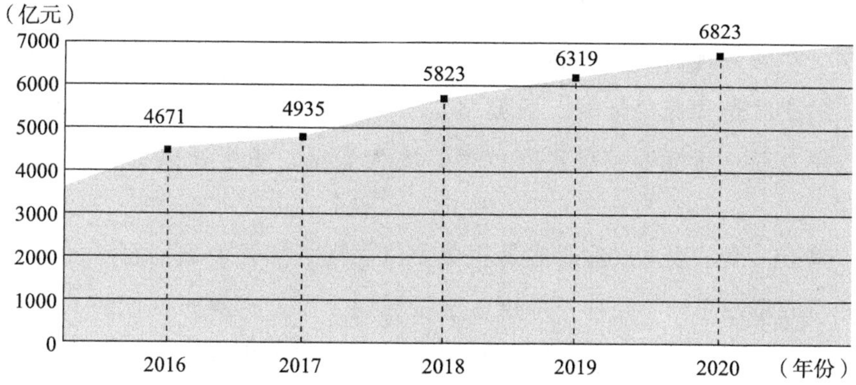


**图11　“十三五”期间资产总额增长情况**

“十三五”圆满收官，为国投“十四五”及未来一个时期的发展奠定了坚实基础。五年的实践探索，我们深化了对国有资本投资公司发展规律的认识。

**第一，坚持党的领导加强党的建设是根本保证。**国投深入学习贯彻习近平新时代中国特色社会主义思想，提高政治站位，牢牢把握改革发展的正确方向。五年的接续奋斗充分证明，只要坚决做到“两个维护”，不折不扣贯彻落实总书记重要讲话精神和中央决策部署，就一定能够将党组织的政治优势、思想优势、组织优势，转化为企业发展的治理优势、竞争优势和发展优势。

**第二，服务国家战略是使命责任。**国投践行服务国家战略、优化国有资本布局、提高产业竞争力的使命，聚焦关系国家安全、国民经济命脉和国计民生的重要行业和关键领域，坚持价值投资、战略投资、责任投资，助力攻克“卡脖子”关键核心技术和关键零部件。五年的接续奋斗充分证明，只要统筹好服务国家战略和推动集团高质量发展的关系，就一定能够彰显国有资本投资公司的责任担当。

**第三，改革创新是强大动力。**国投解放思想，敢闯敢试，勇于担当，靶向解决制约集团发展的关键问题，坚定不移深化改革，坚定不移创新发展。五年的接续奋斗充分证明，只要坚持市场化改革方向，改革不停步、创新不懈怠，就一定能够破除一切不合时宜的思想观念和体制机制弊端，突破固化的藩篱，持续增强发展的活力和动力。

**第四，贯彻新发展理念是根本要求。**国投把新发展理念贯穿发展的全过程和各领域，切实转变发展方式，推动质量变革、效率变革、动力变革，在资产规模扩大的同时，资产质量显著提升，业务结构优化改善。五年的接续奋斗充分证明，只要坚定贯彻新发展理念，推进供给侧结构性改革，就一定能够实现更有效率、更为安全、更可持续、更高质量的发展。

**第五，系统观念底线思维是重要方法。**国投加强前瞻性思考、全局性谋划、战略性布局、整体性推进；坚持底线思维，有效防范化解了重大风险。五年的接续奋斗充分证明，只要统筹好整体推进和重点突破，一手抓高质量发展，一手抓风险防控，把困难和挑战估计得充分一些，把预案做得周密一些，固根基、锻长板、补短板、强弱项，就一定能未雨绸缪、笃定前行。

**第六，能力建设是重要保障。**国投努力提高国企改革的先行能力、产业培育的引领能力、结构调整的主导能力、投资业绩的回报能力，经受住了复杂多变的市场考验和风险挑战。五年的接续奋斗充分证明，只要持续强化能力建设，就一定能够敏锐洞察产业发展趋势，走在市场趋势的前面；果断投资决策，走在竞争对手的前面；激发企业活力，走在混合所有制改革的前面；有效掌控风险，走在市场曲线的前面。

## 六、“十四五”发展思路和重点举措

国投认真贯彻习近平总书记关于编制“十四五”规划的重要指示，深入学习领会党的十九届五中全会精神，以前所未有的重视和力度，高质量编制“十四五”规划，高标准谋划未来的发展。

经过充分论证，形成了国投“十四五”及今后一段时期深入实施“1331”总体构想，打造机制活、结构优、效益好、作用强的“新国投”发展思路。“1331”总体构想：践行公司使命、做好三方面工作、实施“三步走”战略、实现世界一流。践行公司使命，就是服务国家战略，优化国有资本布局，提升产业竞争力；做好三方面工作，就是深耕国内国际两个市场、全面增强四种能力（国企改革的先行能力、产业培育的引领能力、结构调整的主导能力、投资业绩的回报能力）、持续推进五个加强（加强党建和业务工作相融合、加强投资方式创新、加强管控模式创新、加强体制机制创新、加强安全生产和风险管理）；实施“三步走”战略、实现世界一流，就是规划用三个五年的时间，到 2035 年建成世界一流资本投资公司（见图 12）。

| 1 | 3 | 3 | 1 |
|---|---|---|---|
| 践行公司使命 | 做好三方面工作 | 实施“三步走”战略 | 实现一个目标 |
| 服务国家战略<br>优化国有资本布局<br>提升产业竞争力 | 深耕国内国际两个市场<br>全面增强四种能力<br>持续推进五个加强 | 2021—2025年<br>2026—2030年<br>2031—2035年 | 建成具有全球竞争力的世界一流资本投资公司<br>打造“新国投” |

**图 12　“1331”总体构想**

锚定 2035 年“建成具有全球竞争力的世界一流资本投资公司”远景目标，聚力“十四五”，打造“新国投”，国投将努力取得“五个明显成效”：

**第一，建设市场化、有活力的机制取得明显成效。**机制活，就是坚持市场化方向，建立与世界一流资本投资公司相适应的各项机制。建立健全统筹高效运行和风险防控的决策机制，对标一流、覆盖经营活动全流程的精益管理机制，集聚发展合力、打造综合优势的协同机制，与战略目标相衔接、与行业排名相匹配、按业绩定报酬的激励约束机制，坚持德才兼备、以德为先、破除论资排辈的选人用人机制，专业监督和职能监督相融合的监督机制，鼓励创新和干事创业的容错纠错机制。用新机制，激发出建设“新国投”的磅礴力量。

**第二，优化业务结构取得明显成效。**结构优，就是坚持做优基础产业、做专战略性新兴产业、做精金融服务业，加快形成周期性产业与非周期性产业互补，实业和金融协同，直接投资与基金投资“双轮联动”；打造基础产业、战略性新兴产业、金融服务业既有“压舱石”“稳定器”，又有“驱动器”“增长极”，相互支撑的业务架构。深耕“一带一路”沿线国家，发挥好品牌优势（“SDIC”“COMPLANT”），切实提高国际化经营能力。用更加优化的结构，提高抗风险的能力，实现稳健发展。

**第三，提升经营业绩取得明显成效。**效益好，就是坚持高质量发展，在质量效益持续提升的基础上，实现规模实力持续增长。营业收入利润率、全员劳动生产率、净资产收益率、资本回报率等指标，努力达到国有资本投资公司领先水平，资产负债率控制在合理范围内。用优良的业绩，夯实发展的基础。

**第四，发挥国有资本投资公司的功能作用取得明显成效。**作用强，就是坚持发挥国有资本投资的引领作用，在战略性新兴产业若干细分领域，培育一批技术领先、国产化替代、有效支撑国家战略的头部企业，助力攻克“卡脖子”技术。注重改革的系统集成、协同高效，提升改革综合效能，全面深化试点改革，深化混合所有制企业差异化管理改革，巩固混改的先发优势。用投资公司独特的作用，提高品牌影响力、产业带动力和市场美誉度。

**第五，党的建设工作取得明显成效。**健全企业党组织发挥“把方向、管大局、促落实”领导作用的体制机制；国有相对控股混合所有制企业党的建设得到全面规范；基层组织达到班子建设好、党员队伍好、活动开展好、制度落实好，政治领导力强、思想引领力强、群众组织力强、社会号召力强的“四好四强”要求；品牌文化宣传工作再上新台阶。全面从严治党、党风廉政建设和反腐败斗争向纵深发展。依靠党的建设，筑牢高质量发展的“根”和“魂”。

国投将坚持以习近平新时代中国特色社会主义思想为指导，深入学习贯彻总书记“七一”重要讲话精神，深入贯彻总书记关于国企改革发展和党的建设的重要论述精神，增强“四个意识”、坚定“四个自信”、做到“两个维护”，牢记“国之大者”，不断提高政治判断力、政治领悟力、政治执行力。立足新发展阶段，贯彻新发展理念，融入新发展格局，坚持稳中求进工作总基调，以推动高质量发展为主题，以改革创新为根本动力，统筹发展和安全，深化试点改革，优化业务布局，提升党建质量，坚定不移做强做优做大，充分发挥国有资本投资公司的引领、带动作用，打造“新国投”，建设世界一流资本投资公司，为全面建设社会主义现代化国家作出更大贡献。

（国家开发投资集团有限公司：郭忠杰、卫鹏鹏、唐　帅、师占斌）

# 稳中求进　提质增效
# 在新格局中推动企业高质量发展

（招商局集团有限公司）

习近平总书记强调，立足新发展阶段、贯彻新发展理念、构建新发展格局，推动高质量发展，是当前和今后一个时期全党全国必须抓紧抓好的工作。在新格局中推动央企高质量发展，需要深入贯彻国企改革三年行动，准确识变、科学应变、主动求变，在新格局中找准新定位，以新思路谋划新未来。2020 年是“十三五”收官之年，也是招商局集团（以下简称集团）融入新格局、贯彻新理念、踏上新征程的关键一年，集团遵照党中央和国务院国资委的指示精神和具体部署，始终坚持稳中求进工作总基调，科学统筹疫情防控和生产经营，保持了稳中有进、稳中向好的发展态势。2020 年，集团营业收入、净利润等主要指标再创历史新高，总资产和净利润均位列央企第一，集团连续 17 年获得中央企业负责人经营业绩考核 A 级，和招商银行双双入围《财富》世界 500 强排行榜，排名分别为第 235 位、第 189 位。

## 一、2020 年集团发展整体情况

2020 年是“十三五”的收官之年，“十三五”时期，集团认真学习贯彻习近平新时代中国特色社会主义思想，始终坚持“两个一以贯之”，始终坚持稳中求进工作总基调，统筹推进疫情防控和经营发展，疫情防控有序有力，经营发展稳中有进，在大战中展现使命担当，在大考中交出合格答卷，取得了来之不易的成绩，实现了“十三五”圆满收官。

### （一）抗疫大战中勇于担当

面对突如其来的疫情，集团坚决落实中央决策部署，坚定服从全局、服务大局，全力以赴投入疫情大战，为打赢疫情防控的总体战、阻击战贡献了招商力量。集团“灾急送”物流平台和“运易通”线上抗疫平台，成为首批驰援“两山”医院的“逆行者”。“蓝鲸号”成为首艘抵达用于援汉医疗队住宿服务点支援船舶。集团紧急协调生产供应一次性口罩、医用防护口罩 200 多万个。天津药研院向湖北捐赠抗疫药品 11 万多支（盒）。1317 个基层党组织、161 个党员突击队奋战在抗疫一线。集团主导筹建运营央企远程医疗平台，组织专家远程诊疗，覆盖 17 个国家、21 个海外项目，为“一带一路”相关国家提供支持。“灾急送应急物流志愿服务队”荣获“全国抗击新冠肺炎疫情先进集体”称号，长航货运武汉分公司和 3 名同志荣获“中央企业抗击新冠肺炎疫情先进集体、先进个人”称号。

### （二）经营大考中逆势增长

集团充分发挥央企排头兵作用，坚持疫情防控常态化，坚持“目标不变、指标不降、力度不减”，全面超额完成上级下达的各项经营指标，为落实“六稳”“六保”和完成“两个力争”作出了招商贡献。2020 年，集团营业收入、净利润等主要指标再创历史新高，总资产和净利润均位列央企第一，实现营业收入 8148 亿元，同比增长 14.1%；利润总额 1754 亿元，同比增长 7.6%；净利润 1373 亿元，同比增长 8.5%。

### （三）产业发展中稳步向前

各产业板块努力克服疫情影响，积极应对风险挑战，深入推进提质增效，实现了稳健发展。交通物流板块发挥大交通、大物流整体优势，深入研判疫情影响，把业务发展与国家战略相融合，针对性制订业务预案，深化内部业务协同，强化重点客户合作，千方百计稳定生产经营形势。城市与园区综合开发板块积极克服疫情挑战，坚持以客户为中心，以提质增效为主线引领高质量发展。金融板块聚焦高质量和特色发展，持续加大服务实体经济力度。

## 二、2020 年集团发展亮点

概括来说，主要有六方面亮点：

### （一）转变发展方式，强化质量效益

认真谋划“十四五”蓝图。精心组织、深入研判，全面启动集团“十

四五”战略规划编制工作，将集团战略、职能战略、专项战略、业务策略分解作为各业务板块规划编制指引。根据党的十九届五中全会精神，及时将强调内生发展、严格设定质量导向的规划指标和守住风险防范底线等意见吸收到集团“十四五”战略规划中。制定集团改革三年行动“施工图”，完成实施方案和工作台账，明确细分任务和时间节点。

### （二）实施创新驱动，增强发展后劲

面对新一轮技术革命，集团进一步强化创新观念、优化创新机制、完善创新体系、推动创新融合，努力加快创新步伐，大力发展战略性新兴产业。

**一是实施创新引领战略，加大创新投入。**集团全年研发投入（含招商银行）达154.2亿元。积极利用国家科技创新扶持政策，获批国家科研重点研发专项16项，获国拨资金逾1亿元。各产业板块聚焦主业，深化前沿技术与产业场景深度融合，一批具有较高技术含量、较大行业影响力的硬核科技和应用成果不断显现。例如，招商工业自主设计并建造了全球最先进的“海狮5号”半潜式起重生活平台，并成功交付世界最大吨位、最大储油量的FPSO（海上浮式生产储卸油装置）。招商港口的妈湾智慧港项目历4年建设，将于2021年投入运营。招商交科、天津药研院两项目获国家科技进步奖二等奖。集团在年度国家“双创”基地建设成效评估中位列企业类基地第2名。

**二是构建数字化体系，打造“数字化招商局”。**完成集团“十四五”数字化顶层设计，形成“六支柱”战略实施路径。推动组织变革，数字化中心向扁平化管理转型，实行项目经理负责制。上线发布招商云、数据湖、主数据平台、招商智脑等平台，形成技术底座，“上云入湖”全面推进，赋能二级公司。管理驾驶舱发布财务、风险和数字化等五大业务主题，实现经营管理线上化、移动化。集团差旅云平台启动建设，构建智慧出行、阳光商旅一站式服务，提升出行效率与体验。持续提升网信安全防护水平，确保军旗不倒。外运股份“人机协同数字化仓库解决方案”荣获首届中国数字化仓库解决方案大赛一等奖。招商港口5G应用获得第三届“绽放杯”全国一等奖。招商公路主控路全面上线“招路通”系统三期，集团公路主营业务已基本实现线上化数字化。

### （三）持续服务国家发展大局

系统谋划“十四五”更好融入新发展格局、服务国家发展大局，重点围绕交通强国、重点区域发展、产融结合、践行“一带一路”、科技自立自强、绿色低碳发展等方面，形成30项重点任务。

积极推进区域协同发展。大力在长江经济带沿线推进集团板块间业务协同，在南京金陵船厂、重庆邮轮母港等重点项目上取得阶段性进展，不断盘活原有厂区资产，转型升级步伐持续加快。同时，进一步整合辽宁沿海港口资源，推动融入“一带一路”建设，港口运营、物流运输、园区开发、金融服务等多领域合作不断深入，为建设东北亚国际航运中心奠定坚实基础。

服务践行区域发展战略。在粤港澳大湾区，集团与深圳市前海管理局签署落实“依托香港、服务内地、面向世界”战略合作协议，推动将前海打造成为“双循环”重要节点；完成蛇口国际海洋城规划编制。在长江经济带，与浙江省签订深化战略合作协议，开工建设杭州大会展中心，推动国际会展中心建设异地成功复制；组建招商局检测认证控股有限公司，并购重组重庆检测认证集团，实现全国检测认证行业第一个央地合作市场化改革。在东北，辽宁“六港合一”战略布局顺利推进，获得国资委充分肯定。在海南，集团依托三亚深海科技城和博鳌乐城形成了五级业务框架，为参与大型区域开发探索出新的模式。在雄安，招商局联合体成功中标容东片区安置房及配套设施项目。

服务践行“一带一路”倡议。稳健运营港口存量项目，招商港口完成达飞项目正式交割；斯里兰卡汉班托塔港、巴西TCP码头成功引战；在疫情冲击下，各主控及管理码头保持稳健运营，表现领先。积极构建物流服务网络，国际班列运量持续增长，市场占有率达12%；外运股份整合海外资源，上线运易通“全链路”产品；中白商贸物流园收入同比增长71%；完成吉埃跨境货运专列首批发运，开拓吉埃陆海铁跨境联运新模式。稳步推进综合开发，中白工业园新引入居民企业12家；吉布提自贸区开园仅两年，入园企业超110家，老港区城市化改造项目正式签署投资协议；汉班托塔临港产业园引进落地斯里兰卡年度最大外商投资项目；老挝赛色塔综合开发区完成91家企业入园、39家投产。

### （四）持续推进质效提升

集团以改组国有资本投资公司为统领，以市场化为核心，推进综合性改革。通过建设规范董事会、完善法人治理结构、推进集团总部职能转型、优化集团管控等措施，现代企业制度不断完善。

通过全面深化质效提升工程，管理体系持续下沉，质效提升工程已由集团“头部主导”转化为二级公司“腰部发力”和基层“腿部着力”，以举措质量为核心，聚焦成本管控和能力提升，2020 年新增开发高质量举措 1882 条，累计共 3993 条，实现落袋效益 82.3 亿元。推进客户管理专题能力建设破题，基层质效提升辅导取得良好成效，协同推动风险管理和安全生产专项工作执行落地。

### （五）持续完善风险管控

加强法治建设合规管理。顺利完成法治央企建设和“七五”普法总结验收；合规管理体系进一步完善，覆盖全部二级公司、约 90%三级公司和 40%四级公司；法务人员深入参与集团重大投资并购项目，加强合同管理标准化工作；加大高风险领域风险管控，完成经济制裁和出口管制等多项风险排查化解，重大案件风险处置成效显著，历史遗留重大案件取得实质性突破。切实推动风控体系优化。构建集团风险偏好体系，形成了涵盖集团总部、金融板块及实业板块共 600 个风险偏好指标，并持续按季度运行；优化流动性预警体系指标权重和板块权重，推进重点公司压力测试，持续发挥流动性预警作用。强化审计监督层层覆盖。全年开展各类审计项目 509 项，多举措聚焦审计整改落地，审计署提出问题整改率 97%，内部审计整改率 95%。提升安全环保风险管控。全力做好疫情防控和复工复产安全保障，扎实推进安全生产专项整治三年行动，组织生态环境问题风险排查整治和重点单位合规性检查，集团全年未发生较大及以上等级生产安全和一般等级环境污染事故。

### （六）持续强化党的领导

巩固“不忘初心、牢记使命”主题教育成果，强化创新理论武装，持续推动习近平新时代中国特色社会主义思想往深里走、往实里走、往心里走。围绕提高党建工作质量，建立健全组织和制度体系，制定系列相关制度，修订党建考核指标体系、压减考核数量，不断提高党建工作规范化制度化水平。持续强化人力资源管理，在全集团范围内组织开展优秀年轻干部调研，在加强人才队伍建设、规范高级管理人员能上能下、开展选人用人专项检查、辞退严重过失行为员工等多个领域完善规章制度。一体推进不敢腐、不能腐、不想腐，组织开展境外腐败、利益输送、设租寻租和化公为私问题专项整治工作。推动全面从严治党主体责任和监督责任贯通协同、同向发力，对涉案人员予以党政纪处分和党内问责。

## 三、2021 年高质量发展展望

2021 年是建党 100 周年，是“十四五”规划开局之年。在新的征程上，招商局将更加紧密团结在以习近平同志为核心的党中央周围，坚持稳中求进工作总基调，乘势而上、开拓进取，把干好“自己的事”与落实好“国家的事”结合起来，积极应对海外发展环境变差、投资风险加大等内外部风险挑战，确保完成全年各项目标任务，推动企业实现高质量发展，为实现中华民族伟大复兴的中国梦作出新的更大贡献。为此，集团将主要做好五项工作。

### （一）以提质增效挖掘高质量发展潜力

以“加快内生性增长”作为集团实现“十四五”战略规划目标和高质量发展的重要抓手，不断转变发展方式，通过质量变革、效率变革和动力变革，实现更高质量、更有效率、更加公平、更可持续、更为安全的发展。围绕技术、资本、劳动力、管理等生产要素，加快推动现有生产要素质量升级和使用效率提升，优化要素和业务组合，提高资源配置效率，实现高质量发展和稳定增长。

### （二）以深化改革激发高质量发展活力

围绕国企改革三年行动方案部署，紧盯重点问题攻坚克难，力争在重点领域和关键环节取得更大、更多的实质性成果。

**一是以总部机构改革为抓手，推动改革向纵深发展。**继续坚持“每月一主题”，推进改革三年行动。发挥国有资本投资公司的优势，突出以人才为根本、以机制为保障，加大市场化改革力度，发挥改革突破和先导作用，努力突破体制机制障碍，完善容错纠错机制，制定尽职合规免责事项清单，为各公司营造良好改革创新发展环境。各板块和各公司则持续刀刃向内、自我革新，推进对标世界一流企业管理提升行动，更加注重业务和产品聚焦，持续提升市场竞争力，提高投入产出效率。

**二是交通物流板块充分利用技术手段的进步与需求端的变革，**增加对交通物流各环节的安全管控与协同作业能力，提高资源的运用效率，带动交通物流产业链整体向平台化、一体化、数字化、自动化乃至智能化的方向发展，并积极推进国际物流供应链建设，为构建双循环发展格局提供有力的支撑。

**三是金融板块始终坚持“服务实体经济、防范金融风险、深化金融改革”三大任务，**继续大力在“财富管理”“金融科技”“风控能力”三个方面形成更强的核心竞争力，加快轻资本的大财富管理业务发展。

**四是城市和园区开发板块坚持把握政策方向和市场趋势，**用足用好政策机遇，稳中求进，立足区域经济发展、服务区域经济增长、把握区域经济机会。

### （三）以科技创新补齐高质量发展短板

习近平总书记指出，中央企业等国有企业要勇挑重担、敢打头阵，勇当原创技术“策源地”、现代产业链“链长”。这是党中央赋予中央企业的重大政治任务，也是招商局义不容辞的使命责任。

**一是把科技创新摆在更加突出的位置。**集合优势资源，突破产业瓶颈，为服务构建新发展格局、实现高质量发展作出更大贡献。继续加大科技研发投入，增加重大原创性成果产出，加大在新兴产业领域布局力度，进一步发挥现代产业链龙头作用。

**二是推动技术创新和产业链建设，发挥园区综合开发优势。**结合落实国家区域重大战略、区域协调发展战略、主体功能区战略，加大与国企和优秀民企的协同合作，发挥链长企业规模资源优势，结合各地资源禀赋，依托现有基础建设，打造一批具有良好示范作用的高质量现代产业链园区，依托供应链促进上下游企业协同发展、开放共享，共建现代产业链供应链集聚地。

**三是大力推动“揭榜挂帅”机制全面落实落地。**逐步突破制约产业发展的重点突出问题，让能者上、智者上、谁有本事谁上，注重在赛马场上选千里马、在实践实干中选实干家。

**四是继续加大新产业培育。**在后疫情时代抢抓新产业发展机遇，按照

“硬科技、新业态”的定位，找准切入点，在投资的基础上谋求运营，培育新产业、实现新作为。在大健康、检测和邮轮等领域不断探索新产品、新业务、新产业。

**五是认真落实国资委的决策部署，着力推进物流大数据平台建设，加快产业链数字化转型。**坚持政策导向与效益导向相结合，平衡好国家战略与企业发展，在推动数据资源集中统一归集共享的基础上，优化商业模式，逐步把平台做实，做出特色、做出效益。

### （四）以履行责任拓宽高质量发展空间

作为中央企业，我们既要履行经济责任，也要履行政治责任和社会责任。有关乡村振兴及碳达峰、碳中和等工作，都要继续坚决有力、坚实有序推进。

**一是坚持扎根香港、服务香港。**集团将以现有业务为基础，结合不同业务所面对的形势和条件，实行差异化发展策略，助力香港经济社会发展和民生改善。利用香港国际金融中心优势和粤港澳大湾区发展机遇，发展银行、证券、基金等的跨境业务。优化提升港口、物流、贸易和地产等业务。同时将发挥香港国际航运中心优势，巩固航运、修船等业务基础。

**二是积极开展“碳达峰、碳中和”研究。**把握工作主动，抓紧编制行动方案，实施全生命周期碳排放绩效管理，力争集团在“十四五”末期提前实现碳达峰目标。实业板块将加快推动产业转型发展，深入打好污染防治攻坚战，加快推进优化能源结构和提升资源利用效率，加强绿色低碳技术攻关和应用，大力发展低碳交通、绿色基础设施和绿色建筑，以技术带动企业转型、产业变革，努力在绿色低碳循环发展中发挥示范带动作用。金融板块将加快绿色金融发展，进一步发挥金融在碳市场建设中的支持作用，立足“国家所需、招商所能”捕捉其中蕴含的投资机会。

**三是切实做好巩固拓展脱贫攻坚成果。**加强脱贫工作同乡村振兴的有效衔接，让脱贫基础更加稳固、成效更可持续。

### （五）深化企业改革，加强党建和风险管理

**一是不断优化公司治理和人才选育管用。**一方面坚持“权责法定、权责透明、协调运转、有效制衡”原则，进一步探索完善符合现代企业的公司治理机制，明确各治理主体的权责边界，理顺管理流程，切实把中国特色现代企业制度优势转化为治理效能。另一方面不断优化人才选育管用，

着力打造适应高质量发展的干部人才队伍。认真贯彻落实中央企业党的建设工作座谈会精神，把选人用人和高素质专业化干部人才队伍建设作为建设世界一流企业的关键性、根本性问题来抓，以今天的人才队伍优势厚植明天的高质量发展优势。

**二是继续扎实抓好党建工作。**以党的政治建设为统领，推动党建工作全面上台阶、上水平，更好地引领保障企业高质量发展。第一是不断坚持政治引领，把党史学习教育引向深入。第二是不断提升政治能力，始终保持企业改革发展的正确政治方向。第三是不断坚持强基固本，持续夯实基层组织基础。

**三是加强风险管控确保企业持续健康发展。**面对复杂多变的外部形势，从战略层面居安思危、居危思危。重点关注金融风险、房地产风险、海外合规风险和现金流风险。一方面加强研究分析和密切跟踪，另一方面建立应对预案，防范化解潜在风险。

（招商局集团有限公司：曲保智、卢奇骏、马恩斯）

# 贯彻新发展理念　实现高质量发展

（华润（集团）有限公司）

中央企业是国民经济和社会发展的基础支撑力量，是引领企业高质量发展的核心力量，也是维护国家经济安全的重要保障力量。“十三五”期间，作为中央企业的华润（集团）有限公司（简称华润或华润集团），努力提高政治站位意识，认真落实国家新发展理念，以“引领商业进步共创美好生活”为使命，以“跑赢大市、转型升级”为战略目标，按照“实业与资本双擎驱动、国际化与互联网两翼助力”的发展模式推动战略实施，围绕保障民生供应、打造新兴产业、推动研发创新、优化资源配置、落实国家战略、实现绿色发展、维护香港繁荣稳定、加强风险防范等方面，努力打造新优势、培育新动能。战略期规模持续增长、效益稳步提高、运行质量明显改善，社会贡献不断增强，为建设世界一流企业积累了新经验，为经济社会发展作出了新贡献。

## 一、主要发展成果

### （一）运行质量明显改善

规模总量方面，2015—2020 年，华润集团的总资产由 9945 亿元增至 17989 亿元；营业额由 4812 亿元增至 6861 亿元；利润总额由 440 亿元增至 810 亿元（位列央企第 9 位）；净利润由 298 亿元增至 590 亿元（见表 1）。增长速度方面，营业收入、净利润及资产总额年复合增长率分别为 7.4%、14.6%和 12.6%，实现了跑赢央企、跑赢全国经济增速的目标。效率提升方面，战略期末集团的营业收入利润率、净资产收益率、全员劳动生产率等关键指标均较期初提升，资产负债率稳步下降，国有资本保值增值率保持稳定。集团业绩考核连续 6 年获得国资委 A 级评价。行业地位方面，在《财富》杂志世界 500 强的排名由第 115 位提升至第 69 位，营业额和利润在中央企业中列第一梯队，华润雪花、燃气、商业地产等业务的经营规模保持了全国第一。社会贡献方面，年上缴税费由472亿元增至609亿元。

**表1 2015—2020年华润集团绩效表现**

| 指标 | 2015年 | 2016年 | 2017年 | 2018年 | 2019年 | 2020年 |
|---|---|---|---|---|---|---|
| 资产总额（亿元） | 9945.19 | 11000.44 | 12159.23 | 14394.04 | 16179.72 | 17988.9 |
| 负债总额（亿元） | 6988.38 | 7827.4 | 8680.29 | 10524.99 | 11246.49 | 12351.95 |
| 净资产（亿元） | 2956.81 | 3173.04 | 3478.94 | 3869.05 | 4933.23 | 5636.95 |
| 资产负债率（%） | 70.27 | 71.16 | 71.39 | 73.12 | 69.51 | 68.66 |
| 营业收入（亿元） | 4812.21 | 5034.08 | 5554.5 | 6084.59 | 6546.29 | 6861.21 |
| 利润总额（亿元） | 439.68 | 483.38 | 648.54 | 661.24 | 725.78 | 809.71 |
| 净利润（亿元） | 298.15 | 337.82 | 384.63 | 451.13 | 510.56 | 590.36 |
| 净资产收益率（%）（注） | 10.9 | 10.76 | 12.36 | 12.28 | 11.66 | 12.16 |
| 国有资本保值增值率（%） | 116.5 | 109.6 | 115 | 112.5 | 123.4 | 115.3 |
| 经济增加值（亿元） | 64.91 | 137.66 | 161.70 | 209.18 | 213.45 | 235.11 |
| 营业收入利润率（%） | 0.0998 | 0.1053 | 0.1187 | 0.1068 | 0.1116 | 0.1182 |
| 资产负债率（%） | 70.27 | 71.16 | 71.39 | 73.12 | 69.51 | 68.66 |
| 研发经费投入强度 | 0.0023 | 0.0025 | 0.0028 | 0.0031 | 0.004 | 0.0048 |
| 全员劳动生产率（万元/人） | 24.16 | 30.02 | 32.37 | 40.91 | 43.79 | 50.05 |

注：不含少数股东权益。

### （二）创新驱动开始起步

成立了集团创新发展和知识产权委员会、华润科学技术研究院，发布了《华润集团关于科技创新的指导性意见》，集团建立开放式创新平台，业务单元努力打造国家级科研平台。加大了研发费用，推动了一批研发项目并实现了转化利用。先后承担国家级科研项目32个，获得多项国家级科学技术进步奖。明确生命科学、微电子、环保科技、化学新材料作为未来发展的新兴产业，加快新零售业态的开发布局，探索了医疗+互联网的创新模式。以数字化、智能化、信息化为重点，推动集团转型。

### （三）结构优化实现突破

减缓煤炭、火电等过剩领域的投资，加快新能源、医药医疗等产业布局。布局一批产业基金助力大消费、大健康、新能源、生物医药等领域的新发展动能。城市运营板块拉动盈利、大健康板块拉动规模的作用凸显，大消费板块盈利显著改善。

### （四）业务重组成效显著

将华润原有主营业务重整为 5 大业务板块，为结构优化、资源配置打开了操作空间。实现华润医药、华润微电子和华润万象生活上市。重组华润医疗，完成华润创业和啤酒业务战略重组，释放了啤酒业务价值，公司市值显著提升。缩减了集团法人层级、管理层级，完成了国资委下达的瘦身健体各项任务目标。

### （五）区域战略得到落实

围绕粤港澳大湾区、京津冀暨雄安新区等国家重大区域战略，制定并实施了集团重点区域业务发展战略，完善了区域系统机制，加强了内部资源统筹，加大了重点区域投资。广州南沙华润国际物流有限公司揭牌，华润银行成功发行金融债助力粤港澳大湾区小微企业，太平洋咖啡推出大湾区首个创业培训项目。雄安新区建设中，中标绿色建筑展示中心项目，开发商务服务中心、高铁站枢纽核心区等项目。集团成熟业态、先进产业在长江及黄河流域、成渝、海南、东北等地加快了复制。

### （六）国际化业务取得进展

设立了集团东南亚区域发展代表处。投资 Oatly 燕麦奶、GenesisCare、Dudgeon 海上风电、英国出租物业等项目，取得良好的收益。制定了香港业务发展战略，设立了大湾区办公室，投资并购了一批项目，为香港业务重塑奠定了基础。

### （七）民生保供能力持续增强

集团努力夯实民生类业务基础，巩固行业领先地位。超市业务规模连续多年第一，雪花啤酒占全国市场 28%份额，食品业务在港规模最大，怡宝水产能全国第二，地产业务位列全国第一梯队，水泥产能位列行业第三，燃气业务销量全国第一，药品制造规模国内第五、分销规模第二，拥有病床数在亚洲最多。五年来，推出了零售新业态，提升了高端啤酒产能，研发出果汁奶茶新饮品，满足了市场对优质产品的需求。旧城改造、文体地产、都市综合体项目为向美丽城市建设贡献了力量。大力发展光伏、风电等清洁能源和储能业务，努力实现节能减排、绿色发展。疫情期间华润发挥民生领域经营优势，零售、食品和医疗物资做到价格不涨、质量不降、供应不断，选调医护人员驰援武汉，电力、燃气业务做到稳供应、稳服务、稳价格，各企业积极为客户降房租、电价、气价、资费，带动产业链上下游企业发展，彰显了央企的社会担当。

### （八）深化改革增添活力

完成了规范董事会建设，明确了决策主体的权责及授权机制，强化了董事会功能和作用。加强干部管理制度体系建设，优化干部能力素质模型，建立领导班子和经理人综合考核评价常态化机制，开展优秀年轻经理人队伍建设，推进管理层任期制与契约化管理，完善干部退出机制，分层分类推进干部培养。实行以中长期激励和薪酬业绩双对标为核心的分配制度改革。启动了华润国有资本投资公司试点改革，完成了总部去机关化等专项整改工作。

### （九）内控管理不断完善

优化公司章程和“三重一大”决策制度。进一步完善 6S、5C 管理体系，加强采购、投资和资产处置管理。加强风险排查和防范，落实依法治企，加强了对关键业务、重点领域、重要环节、境外资产、重要岗位、关键人员的专项风险治理，推进风险、内控与合规管理相融合，守住了不发生系统性和重大风险的底线。

### （十）党建融合全面加强

努力压实党委主体责任和纪委监督责任，将党的建设纳入章程、融入公司治理。严格执行民主决策、科学决策，着力夯实“三基建设”，健全党建工作体系。努力构建“大监督”工作格局，认真落实巡视整改各项要求，营造风清气正的工作局面。大力推动文化和品牌重塑，重塑文化理念体系和品牌管理体系，借助华润 80 年庆典系列活动赢得信任、提升影响力、塑造企业形象。定点扶贫和希望小镇建设工作不断取得新突破。节能减排、污染防治各项工作走在央企前列。

## 二、做法与实践

“十三五”期间华润转向高质量发展的实践表明，要努力构建适合企业特点的运行管理模式和战略执行机制，通过有效评价引导正确发展方向，通过市场化激励、加强党建、合规和企业文化建设，优化队伍结构、强化约束激励、调动工作热情。

## （一）建立完善高质量的运营模式

### 1. 围绕民生领域开展多元化经营

集团通过收购兼并实现跨越式发展，构建合理的业务组合实现稳定增长，推动产业进退实现资产素质持续提升，开展业务协同打造独特商业模式，通过资源共享推动组织进步。在选择主业和决定资源配置方向时主要考虑：一是符合国家发展需要，包括改善民生、保障供给等需要；二是符合经济、社会和科技进步的重大趋势；三是遵循市场导向，集团十分重视市场需求，并将其作为产业布局的出发点，也十分重视市场竞争力和市场份额，选择进入的行业一般要求市场容量要大，且具备较大的成长空间和较长远的成长趋势。进入一个行业后，一般要求相关业务单元通过战略发展取得行业领先地位，在核心能力及各项行业技术经济指标上超越竞争对手。

### 2. 开展资本运营提升产业控制力

长期根植于香港发展，形成了一套较为娴熟的资本运营经验，包括产业并购、企业上市、孵化注资、股权重组、资产出售等。利用资本市场，拓宽融资渠道、规范企业管治、提升国有资产市场价值和流动性。集团按照成熟一家上市一家的方式，积极推动旗下资产上市，努力放大国有资本控制力，募集资金支持主业发展。同时，探索以产业基金方式推动传统业务结构优化和创新业务发展。

### 3. 总部聚焦资源配置、业务单元负责产业运营

集团层面围绕民生领域实现资本优化配置，通过收购兼并、孵化注资、出售业务等手段，获取资产增值的收益，推动主业发展。一直以来，集团秉承市场导向和战略主导的发展理念，剥离大量没有竞争优势、没有希望做到行业领先且与核心业务缺乏协同的业务，先后退出上百个业态，其中较为典型的案例有，退出香港石化业务，进入内地管道燃气行业；重组雪花啤酒推动转型升级；退出香港移动电话、银行业务，内地的玉米酒精、制钢和纺织印染业务等弱势业务，集中资源发展核心业务。业务单元围绕主业定位开展产业运营，构建独特的生意模式，开发产品和创新服务，塑造品牌，提升发展质量和经营效率，赢得市场领先，实现价值创造。

4. 注重战略管控型、价值创造型总部建设

华润集团高度重视和努力避免总部机关化倾向，从理念导向、总部定位、职能设置、工作机制、落地保障等方面，努力打造专业、精干、高效、权威的总部形象。总部机构依据上级监管需要、业务发展需要而定，对资产负债表负责，管文化、制度、体系、战略、投资、资源配置、经理人、考核评价、信息化建设、内控风险、职业操守等。集团总部努力实现三种价值：**一是业务价值**，即努力为公司利润中心创造价值；**二是资产价值**，在资本利得层面实现特殊收益、确保国有资产安全和保值增值；**三是管理价值**，通过专业化管理，提高整体运营效率、降低整体运营成本。总部努力发挥专业咨询公司的功能，开发管理体系、推广方法工具、实实在在解决企业管理瓶颈难点、防范运营风险。集团层面仅负责职能管理，不负责生产经营，通过大部制、总监制、项目制方式，加强纵向监管指导和横向沟通协调。通过年度会议制度、督办督查机制、信息通报机制、制度梳理和优化工作、考核评价机制、信息化平台等机制建设，确保高效运行。

## （二）完善高质量的公司治理和管控体系

“十三五”期间，集团采取了四级管控模式，总部为一级，在业务上主要管理集团层面的资源配置和产业进退重大决策；集团所属战略业务单元主要负责业务竞争战略，并培育产业核心竞争力，对利润表负责。总部通过“授权经营”方式实施战略管控，并通过管理体系建设，确保战略落地，规范组织行为。集团及主要业务单元均取得国际评级机构投资及以上评级，优于可比国企及标杆。通过维护华润集团良好评级，控制财务风险并维持低成本的融资优势。

1. 建立完善现代企业制度

党的十八大以来，华润集团努力探索新形势下现代企业制度建设规律，推动中国特色现代国有企业制度落地实施。一是优化公司治理模式。华润集团于2017年建立了规范董事会，设立完善华润集团各专业委员会作为董事会的常设机构，董事会运作规范、科学、高效，提高了企业科学决策水平和风险防范能力。中国华润总公司完成公司制改制，中国华润、华润股份、华润集团三家总部平台实行“三位一体”运作模式，保障了决策效率。完善公司治理制度建设，修订了公司章程、决策主体议事规则，细

化了“三重一大”事项，形成了《权责运行手册》，实现了公司治理主体之间的有效分工、高效运作。制定了《关于加强党的领导与公司治理有机统一的指导意见》，对公司治理主体定位、决策权限、章程等事项进行了明确指导，为进一步深入探索中国特色现代国有企业制度奠定了制度基础。二是贯彻落实“双向进入、交叉任职”。集团董事长是第一经营责任人，集团领导兼任上市公司董事长，集团战略、财务、人资、审计等部室负责人兼任上市公司非执行董事。三是开展了集团层面、利润中心层面制度梳理优化工作，推动制度瘦身、分类分级、防止制度之间的矛盾和冲突、填补管理空白、推动党建制度与行政管理制度相融合，形成了全生命周期的制度建设管理体系。四是开发决策信息化支持系统，已建成“三重一大”决策系统、重大事项督办系统、董事会会议管理系统，实现了信息共享，提高了决策效率。

2. 丰富华润特色的战略管理

通过6S战略管理体系推动集团及各业务单元的战略构建、落实、监控和执行，并主导集团部分新业务孵化工作。6S（system）代表6个体系，分别为战略规划体系、商业计划体系、管理报告体系、战略评价体系、战略审计体系和经理人评价体系。对于特定业务单元的管理，一切起始于中长期（5~10年）的战略制定；再将战略分解为执行周期（一般为3年）的举措和年度行动方案，编制商业计划（组织层面）和业绩合同（经理人和全体员工）；战略的执行通过管理报告监控，及时跟踪内外部变化、检讨战略执行的问题并提出管理建议；战略评价由集团对该业务单元整体在战略执行周期（3年）和年度的业绩完成情况进行考核并得出结论，相应地，为各期经理人评价和全员绩效考核提供基础，战略组织评价和经理人评价均首要采用市场化“对标”（双对标）的方法；战略审计确保战略执行的真实性、有效性，为业绩评价、经理人考核与任免提供保障。

3. 完善5C财务价值管理体系

围绕公司价值的关键驱动因素，以资本、资金、资产管理为主线，建立适合多元化企业集团的5C价值型财务管理体系。5C体系通过设定业务单元的最优资本结构和加权平均资本成本，明确各业务板块投资回报的最低要求；基于对标和行业风险分析，设立各业务板块的财务风险边界指标并定期更新，结合国际信用评级机构的评级约束，控制财务风险，保持财务稳健；通过建立内生现金流的管理框架，分析及提升公司的经营获利能力和营运资本效率；通过境内及跨境资金池、现金滚动预测及结算集中，以提升资金效率为核心加强资金管理；通过债权及股权融资的集中管理，以最小化综合融资成本为原则拓展多元化融资渠道；通过对回报、增长和风险等关键价值驱动因素的分析，在既定的业务战略下推动财务资源的动态分配、检讨与优化，实现资产组合的优化配置及公司价值的持续增长。

4. 优化华润人力资源管理体系

集团开发了TOP人力资源管理体系，将人才（Talent）、组织（Organization）、业绩（Performance）相匹配，形成支撑战略落地和承载企业文化的人力资源管理体系，由此培育一流人才队伍，塑造可持续发展组织能力，创造一流经营业绩。TOP模型各子体系可独立成道，同时又相互联系、相互支撑和相互作用，共同构成华润人力资源管理之道。人才体系强调尊重人的价值、开发人的潜能、升华人的心灵的华润人才观，涉及人才标准、规划和选拔、使用、培训、保留、退出的全人才生命周期；组织能力体系涉及支撑战略的组织架构的构建、岗职体系搭建和管控界面划分与管控流程再造，并建设相应的人力资源信息化管理和大数据支持系统；业绩体系是将战略解码，变成各级组织的关键管理活动和业绩指标，并最终分解到全体员工，形成全员绩效管理体系，同时将组织与员工经营业绩的评价结果与相应薪酬待遇、战略激励和个人学习成长挂钩，从而构成业绩评价与组织运作和人才成长的管理闭环。

5. 构建大监管工作格局

建立健全党风廉政建设和反腐败工作体系，发挥政治监督、政治导向作用，积极引导配合相关工作，防微杜渐、严肃惩戒不良行为。在集团公司和利润中心层面建立健全内部审计和风险管理体系，提高风险防控能力。对下属各战略业务单元/利润中心的班子成员严格落实选人用人主体责任，坚持党管干部、党管人才原则与发挥市场机制作用相结合。开展了年度业绩与薪酬水平“双对标”，将经理人的薪酬与业绩对标结果紧密挂钩，落实职业经理人薪酬差异化，实现了“收入能增能减”的基本目标。

## 三、启示与思考

回顾华润“十三五”战略实施以来面向高质量发展的做法与实践，有五个方面的启示与思考。

### （一）坚持党的领导是华润保持正确发展方向的根本遵循

坚持党的领导、加强党的建设，是华润的“根”和“魂”，是战略落地的重要政治保障。“十三五”的实践再次表明，加强党建有利于保障华润沿着正确的方向推进，更好地履行国家赋予的使命责任，发挥华润的价值；有利于把政治优势、思想优势、组织优势厚植为企业发展的竞争优势，为高质量发展提供坚强的保障；有利于营造风清气正干事创业氛围，防止不担当不作为乱作为，树立正确的价值导向，确保文化知行合一。事实表明，凡是这方面工作到位的企业，团队就有战斗力，员工就有干劲，战略就顺利实施，各项工作就走在全集团的前面，否则，事业就会受到延误和挫折。因此我们要继续将党的领导、党的建设贯穿华润改革发展全过程，完善和落实全面从严治党责任；要长期坚持“严”的主基调，加大正风肃纪和腐败案件查处力度，同时，也要严管与厚爱相结合，为改革创新者、锐意进取者打气撑腰。要围绕强化合规经营、加强内控管理、落实督查制度，构建监督与管理互相协同、互相贯通的工作机制。要努力弘扬华润文化，传承红色基因，丰富理念内涵，讲好华润故事，促进文化融合，履行社会责任，使华润文化成为我们的精神家园。

### （二）建设世界一流企业、实现高质量发展是引领战略实现的根本导向

党的十八大以来，中国经济由高速扩张步入高质量发展，开展质量变革、效率变革、动力变革，依靠技术进步、改善管理和提高劳动者素质实现的集约型增长，已成为新时期企业发展的共识。华润要坚定推进高质量发展，将其作为今后发展的工作主题始终坚持下去。**要坚持一流的业绩导向不动摇。**一流的业绩不仅要体现在规模实力，而且还要体现在效益和效率方面。发展速度要保持在央企优秀水平，关键经济技术指标要向全球头部企业看齐，主营业务市场地位要保持行业前三水平。**要坚持创新驱动发展的定力不动摇。**持续加强研发投入，形成高水平的科技项目筛选、研发创新、成果转化能力，抓住数字技术、智能科技发展机遇，推动集团工业制造和商业服务向数字化、智能化转型。**要坚持塑造高水平运营的能力不动摇。**持续开展对标学习，补足短板和不足，努力培养高水平的运营能力，向着质量更高、效益更好、结构更优的方向发展。

## （三）服务国家战略满足高品质生活需要是推动业绩持续增长的根本支撑

从履行特殊使命的红色华润时期，到为国家出口创汇的贸易华润时期，再到产业报国的实业华润时期，华润集团每一时期的发展都与民族的命运、国家的前途紧密相连。未来，**我们要**继续坚持这条引导华润可持续发展的道路不动摇，在紧扣时代主题、回答时代之问、解决时代矛盾中焕发勃勃生机，在解决时代痛点和难点问题中，不断发展壮大。**要**始终坚持服务民生的核心定位不动摇，把握扩大内需、消费升级的机会，在满足社会大众高品质生活中实现业务持续增长。**要**始终坚持以国计民生的重要行业和关键领域作为布局新动能业务的导向不动摇，在助力我国突破产业、科技发展瓶颈中，获取发展新动能，围绕战略新兴产业和高科技领域加快业务布局，围绕产业链价值链供应链的关键环节加强资源配置，围绕获取全球产业话语权加快超级产业平台建设。**要**始终坚持从落实国家区域战略中获取市场新增量的路径不动摇。国家对京津冀协同、长三角一体化、成渝双城经济圈、粤港澳大湾区等区域发展提出了一系列要求，要围绕“国家引导、地方所需、华润所长”筛选一批有影响力、具示范性、可落地的项目，并将其做实，助力国家区域发展，加快集团产业升级、结构优化。**要**始终坚持将做好言商言政工作作为华润重要使命的信念不动摇。以“不畏浮云遮望眼”的大格局思维，在逆境中看到希望，在黯淡中洞察光明。巩固现有业务的同时，加大向公用事业等民生基础产业的渗透，加快向现代服务业领域发展，进一步扩大在港影响力、发挥更大的价值。

## （四）保持战略、组织、文化一致性是确保有效实施的重要保障

战略明确之后，组织是保障，文化是支撑，三位一体，相互影响和促进。**要坚持以战略为导向的原则不动摇，**将其作为统领，引导组织变革和文化建设的方向。坚持行动学习、高层培训的方法，群策群力制定具有前瞻性、可执行的战略，将战略共识作为实施的思想基础。**要坚持以组织能力提升确保战略落地的意志不动摇，**学会用工程师的思维去执行战略，咬定目标不放松，一张蓝图绘到底，有任务分解、有责任人、有工期表、有台账反馈、有验收考核，由此形成强大的战略执行力。**坚持将华润文化作为原动力的地位不动摇，**将华润“以身许国的奉献精神、敢为人先的创新精神、笃定前行的坚守精神、自强不息的奋斗精神”，在新的时期传承和

发扬好，发挥文化凝聚人心、统一意志、激发斗志的作用。

### （五）坚持市场化原则、企业家精神是华润永葆活力的核心关键

要始终把握华润作为一家商业组织的属性，坚守业绩至上，恪守市场化的思维，尊重市场规律，以商业逻辑去判断业务、做出决策。坚持市场化的资源配置原则和业务协同原则，坚持市场化的用人导向和激励政策，在市场竞争中检验和壮大业务，以市场眼光和市场地位去评价和发展业务。要重视企业家精神在业务发展、文化引领中的重要作用，传承好华润经理人的优秀品质，例如“主人翁+CEO”的责任意识，“没有增长的业务不是好业务、没有业绩的团队不是好团队”的担当精神，“打起背包就出发”的牺牲精神，“守望相助艰苦图存”“不做草莓族”“五加二白加黑”“一计不成再生一计”的敬业态度，“多服务、少官僚、作战士”的质朴作风，“说到做到”“做行业第一”的专业自信，“信守承诺知行合一”的诚信意识，“学标杆找差距一切归零再出发”的反思精神，厚植家国情怀，拓宽国际视野，积极进取、敢于冒险、善于创新、勇于拼搏、诚信守法、担当有为、果敢坚毅。

目前，华润集团已经完成“十四五”规划的编制。在落实中，华润集团将按照习近平总书记提出的要求，将新发展理念贯穿于发展全过程和各领域，坚持以高质量发展为指引，创新发展、绿色发展和协同发展相结合，围绕“重塑华润”的战略目标，建设具有全球竞争力的世界一流企业。**一是实现价值重塑。**坚持立足香港，服务国家战略，打造具有华润特色的国有资本投资公司，使华润集团的价值创造更强、效益效率更高、布局结构更优、发展驱动力更强，供给质量和水平更好地满足人民对美好生活的需要。**二是加快业务重塑。**立足民生领域，持续做强做优做大主业，发展新兴产业和科技研发类业务，提升数字化能力，培育新的业务增长点，提高服务国家战略的能力。**三是推进组织重塑。**围绕集团在“引领、发展、服务、监管”方面的四大功能，加强价值创造型总部建设，实现战略、组织、文化三位一体上下联动、协同推进，持续释放组织活力，提高组织效率和战略执行力。**四是开展文化重塑，**要继续传承华润的“以身许国的奉献精神、敢为人先的创新精神、笃定前行的坚守精神、自强不息的奋斗精神”。持续用奋斗定义自己，做对党忠诚、政治坚定的奋斗者；做信念如磐、担当实干的奋斗者；做开拓创新、自立自强的奋斗者；做不惧

艰险、一往无前的奋斗者；做永葆激情、永不止步的奋斗者。

新征程呼唤新作为，新格局彰显新担当。未来发展中，华润集团将继续拼搏进取、继往开来，为建设华润特色世界一流的国有资本投资公司，贡献华润实践、交出满意答卷。

（华润（集团）有限公司：朱虹波）

# 赓续百年初心　汇聚奋进力量
# 扎实推进中国化学高质量发展

（中国化学工程集团有限公司）

中国化学工程集团有限公司（以下简称“中国化学”）是国务院国资委直接监管的大型工业工程建设企业集团，公司源自原国家重工业部1953年成立的重工业设计院和建设公司，是我国工业工程领域资质最为齐全、功能最为完备、业务链最为完整的国际性工程公司，是知识技术密集的国家知识产权示范企业，是煤化工工程技术领域和工程建设领域的龙头企业。中国化学承担了我国90%以上的化工项目、70%的石油化工项目、30%的炼油项目的设计施工任务，为促进国民经济发展和我国化工、石化整体水平的提高作出了积极贡献。2008年9月，联合神华集团有限责任公司和中国中化集团公司共同发起设立中国化学工程股份有限公司，并于2010年1月成功上市。2017年12月，完成公司制改制，更名为中国化学工程集团有限公司。

“十三五”期间，面对错综复杂的国际环境和艰巨繁重的改革发展任务，中国化学深入学习贯彻习近平新时代中国特色社会主义思想，坚持稳中求进工作总基调，坚持新发展理念，认真贯彻落实党中央、国务院决策部署，按照中长期发展战略要求，聚焦主业实业，统筹推进各项工作，开创高质量发展新局面。“十三五”期间，公司经营业绩指标屡创历史新高，营业收入由2016年的542.24亿元增长至2020年的1209.5亿元，年均增长率22.21%；利润总额由2016年的22.57亿元增长至2020年的50.84亿元，年均增长率22.51%；净利润由2016年的18.2亿元增长至2020年的42.41亿元，年均增长率23.55%；经营质量稳步提升，新签合同额由2016年的720.52亿元增长至2020年的3080亿元，2020年末资产负债率为63%，在建筑业央企中保持最低，资产质量和治理效能显著提升。

## 一、“十三五”时期高质量发展成就

### （一）大力聚焦主业实业，多元发展有效形成

“十三五”以来，中国化学不断优化产业结构，形成了相关多元化业务协同发展的良好格局，成效显著。

**一是进一步聚焦主业发展，化学工程龙头地位持续稳固。**“十三五”期间，化学工程业务保持国内领先优势，浙江石化年产 4000 万吨炼化一体化项目、恒力石化年产 2000 万吨炼化一体化项目等一大批炼化项目顺利完工投产。广州 LNG 应急调峰储气库项目、烟台港（LNG）项目进展顺利，LNG 业务不断拓展；成功中标新疆协鑫多晶硅一期工程，山东年产 5 万吨蛋氨酸项目一次性投料成功，打破了我国蛋氨酸主要依赖进口的局面；精细化工实力逐渐增强。

**二是进一步推动多元化发展，相关多元经营发展迅猛。**

**基础设施业务成为公司发展有力支撑。**市政工程、交通运输等传统基础设施不断突破，承建了迪拜世博会道路和世博村开发项目，首个大型铁路工程阿布扎比伊蒂哈德铁路网二期项目顺利落地。产城融合项目大力推进，赣州南康项目、安庆高新区综合开发项目、安庆产城融合项目等开创了产城融合营销模式的新局面。

**环境治理业务卓有成效。**主动参与长江大保护、黄河流域环境治理，在土壤修复、水处理、固废/危废处理、可降解塑料、节能改造等领域实现新突破。围绕解决“化工围城”“化工围江”难题，大力发展园区建设，在工业和信息化部指导下牵头编制《化工园区综合评价导则》《化工园区开发和建设导则》等园区国家标准 5 项、行业标准 6 项，积极打造安庆、鲁南、连云港、茂名等一批园区样板工程。

**实业发展成果丰硕。**在化工新材料、新能源、高端装备制造等领域取得突破。天辰耀隆己内酰胺工厂安全平稳运行，“卡脖子”工程己二腈项目顺利推进；年产 5 万方纳米气凝胶项目落户重庆启动建设。以氢能为主的清洁能源技术研发积极推进，自主开发的城市生活垃圾气化制氢技术、长距离氢能储运技术已完成中试。橡胶挤出装备市场占有率国内第一，产品远销欧美、东盟等国家和地区。持续推进工程现代化技术创新，开发的 6400 吨液压复式起重机是世界上能级最大的陆地起重设备，处于国际先进

水平。利用视觉系统取代人工监测焊接的全位置智能焊接机器人成功应用。印度尼西亚芝拉扎燃煤电站三期等多个电站项目投入运营。印度尼西亚巨港电站累计商业售电47.16亿千瓦时，电站建设投资运营能力享誉海外。

**现代服务业支撑动力强劲。**“十三五”期间，融资租赁、基金、保理等金融业务发展良好，融资租赁放款规模达到20亿元。银行授信大幅增加，集团整体授信近3000亿元。开展保险统保、外汇风险管理及搭建票据池，财务精细化管理进一步推进。强化境外资金管理，在香港建立境外资金集中平台，加大境外资金归集及大额资金监控力度，打通9个国家/地区资金归集路径，规模境外资金监控率达60%以上。成立国际技术贸易公司，贸易业务突破13亿元/年，贸易能力得到有效提升。

## （二）不断优化市场布局，经营能力显著增强

“十三五”期间，中国化学市场竞争能力大幅提升，新签合同额实现连年增长，年均增长率达43.79%。

**一是优化经营布局和结构调整，生产经营一体化能力不断增强。**牢固树立“大市场、大业主、大客户、大项目、大经营”理念，加强高端经营，建立“总对总”的沟通机制。主动对接国家战略，调整优化二、三级企业区域经营布局，形成以“集团公司统筹、区域总部主导、二级公司主体经营、三级公司属地化经营做实做强、项目经理部滚动经营”的“五位一体”大经营格局。深化生产经营管理组织模式变革，培育生产经营一体化的市场竞争主体，三级综合公司由145家压减到102家，项目运营成本降低约1.5%。市场竞争力有效提升。“十三五”期间，集团公司坚持“扩大资质数量、拓宽资质领域、提升资质等级”，新增施工总承包特级资质两项、施工总承包一级资质9项、专业承包一级资质18项、军工相关资质3项、资信评价专业甲级1项，海外当地建筑最高等级资质1项。

**二是国际化经营成绩斐然，规模效益显著提升。**紧跟国家“走出去”战略和“一带一路”倡议，以传统化工为主，油气和基础设施协同发展“一体两翼”的战略发展方向，海外经营成果显著。组织机构进一步优化，海外布局进一步完善，属地化经营大幅提升。一批重大项目相继签约，俄罗斯纳霍德卡甲醇项目在习近平总书记和普京总统的共同见证下成功签约，在波罗的海化工综合体项目上斩获“千亿大单”，一举创造“全球最大乙烯一体化项目”“全球石化领域单项合同额最大项目”“中国企业

‘走出去’单体合同额最大项目”等三项纪录，成为中国化学历史上在国内、国际上影响力最大的项目，并得到中央电视台新闻联播宣传报道。在促进一批重大国际项目签约落地的同时，有力推动了“中国标准”“中国制造”“中国装备”“走出去”。

### （三）扎实推进深化改革，改革红利持续释放

“十三五”期间，中国化学持续深化改革，2018 年提出了深化改革 69 项重点任务，借助国企改革三年行动方案征求意见的契机，先行一步，提前谋划，制定下发了《深化改革三年行动实施方案（2020—2022 年）》，形成了 9 个方面 128 项改革任务，推动国企改革三年行动落实落地，企业发展动力显著增强。

**一是建立现代企业制度，市场经营机制进一步完善。**强化董事会运行和董事履职评价，落实董事会职权，董事会建设不断加强和规范。股份公司荣膺“最具品牌价值上市公司”“中国证券金紫荆奖”，董事会荣膺“最佳董事会”称号。加大授权放权力度，对所属企业董事会在投资权、人权、财权等方面授权放权 15 项，提高了企业自主经营能力和积极性。

**二是深化三项制度改革，充分激发企业管理潜能。**完善组织机构，完成“总部机关化”问题专项整改工作目标，集团总部更加精干高效。实施公开竞聘上岗，建立“员工能进能出”机制。创新干部选用方式，建立“管理人员能上能下”机制。近三年，共有 67 名集团公司党委管理的干部退出现职岗位转任非领导职务，共有 385 名所属企业中层干部退出现职，转任技术顾问、资深专家等非领导职务。干部队伍的年龄结构、专业结构更加科学合理。强化考核评价，建立“收入能高能低”机制。调整优化薪酬结构，突出业绩考核导向。制定所属企业负责人薪酬管理办法和经营业绩考核管理办法，更加突出效率指标。稳步推进任期制契约化及职业经理人制度。近 3 年，所属企业负责人年度薪酬最高近 230 万元，最低仅为 30 多万元，最大相差近 8 倍，真正做到“收入比贡献”。制定出台《混合所有制企业经理层市场选聘、契约化管理办法》《经理层成员任期制和契约化管理办法》等规定，持续完善市场化选人用人机制。通过三年多的改革，中国化学人均创利从 5. 29 万元提升到 11. 38 万元，增幅 151%；在人均效率显著提升、企业发展质量显著提高的同时，实现了工资总额和职工平均工资的双翻番。

**三是积极推进混合所有制改革，深度转换经营机制。**完善顶层设计，制定了《混合所有制改革工作指引》等15项文件，为改革提供政策支撑。坚持试点先行，2019年，5家混改试点成效明显。2020年，推动5家二级公司、12家三级公司混改工作，吸引了万华化学、上海华谊、江苏盛虹等多家知名企业参与混改。

**四是大力推进改革专项工程，切实发挥示范作用。**2019年双百企业所属岩土公司完成本级公司混改，建立了职业经理人制度，三项制度改革评估为A级。2020年所属天辰公司成功入选“科改示范行动”，改革案例入选国资委“科改示范行动”案例集，并荣获国务院国资委“国有重点企业管理标杆创建行动标杆企业”荣誉称号。

**五是持续推动瘦身健体，提质增效健康发展。**大幅压减管理层级，圆满完成国资委“压减”专项工作目标，减少三级公司34家，减少管理费用近4000万元。加快推进剥离办社会职能和解决历史遗留问题，62个“三供一业”项目、6家医疗机构和9家大集体企业改革全部完成。

### （四）强化自主研发能力，科技创新成果涌现

“十三五”期间，中国化学持续加大科技投入，完善科技创新体系，着力提高自主创新能力，贡献卓著。

**一是加强研发平台建设，科技创新能力显著提高。**截至“十三五”末，中国化学共有13家国家级研发平台、16家省级研发平台、21家国家高新技术企业、7家国家级博士后科研工作站。同时重点构建以科研院为龙头，海外分支机构为窗口，企业研发机构为纽带，各细分领域差异化发展的“1总院+多分院+N平台”研发平台体系。在“1总”方面，设立了集团科学技术研究院和日本尖端化工技术研究株式会社，北京房山实验基地和日本筑波实验室已投入使用，正在筹建欧洲分院。从德国BASF、日本三菱化学、中科院等引进多名高端人才。在“多院+N平台”方面，立足所属企业科研资源，现已形成天津的化工新材料和催化剂研发基地、武汉的国家能源低阶煤研发中心、桂林的高端橡胶装备研发和制造基地，合肥环保技术研究院、西安碳中和科学技术研究院，专业化定位更加清晰，实体化运作能力不断提升。

**二是加强关键技术攻关，“技术+产业”一体化发展。**持续推动技术创新，研发投入逐年增加，研发投入强度3.4%，重点开展“产业链补链、增链、强链技术研发，新材料、新能源、绿色环保等领域科技创新带动产

业发展，前沿高端应用技术研究”等创新工作，取得显著成效。聚焦化工新材料领域，冲破了国外的技术封锁，投资了国内首个己二腈工业化示范项目。落实国家能源战略，积极推动氢能产业核心技术、可再生能源利用关键技术的研发和应用。开发了城市生活垃圾耦合制氢技术，自主研发了储氢运氢技术，推动了光伏发电高效电解水制氢技术的工业化应用。此外，尼龙 12、弹性聚乙烯、聚酰亚胺、ASA 树脂、可降解塑料、聚甲醛、高效环保催化剂、纳米气凝胶等产品和技术正在进行产业化。“十三五”期间，共获得专利授权 1954 项，其中发明专利 644 项，获得专有技术认定 167 项；获得国家级科学技术奖两项、省部级 51 项、国家级专利优秀奖 6 项；认定省部级工法 128 项。2019 年，中国化学被国家知识产权局认定为国家知识产权示范企业。

**三是加强科技人才建设，人才技术同步储备。**制定了《“一十百千”人才工程规划》，开展“十大创新团队”“十大技术标兵”“集团首席科学家”“集团级科学家”评选工作。以科研院为试点建立科研职级管理序列，畅通科技人才的发展通道。截至“十三五”末，共拥有科技人员 11444 人，研发人员 2446 人；拥有中国工程院院士 1 人，百千万人才工程国家级人选 1 人，全国工程勘察设计大师 5 人，石油和化工行业勘察设计大师 28 人、享受国务院政府特殊津贴专家 324 人。强化研发创新激励，加大科技成果转化激励力度，明确“四个 15%”激励措施：科技成果对外转让、许可 5 次以内按照净收入的 15%对研发团队进行奖励；科技成果进行实业化推广后，允许技术核心团队跟投 15%；科技成果转化成功投产后，5 年内从税后净利润中提取 15%进行奖励；因工艺技术优化改进增加的税后净利润提取 15%进行奖励。此外，还提出“两个五年”政策，即跟投的核心团队人员可延迟 5 年退休、延迟 5 年退股。

### （五）基础管理持续夯实，运营质量稳步提升

“十三五”以来，中国化学坚持战略引领，创新管理模式，不断夯实管理基础，公司管理水平再上新台阶。

**一是有效发挥定战略作用，战略引领推动发展经营。**坚持以问题为导向，组织“解放思想　凝心聚力　共谋发展”大讨论及建言献策活动，制定“三年五年规划、十年三十年愿景目标”中长期发展战略，提出了建设研发、投资、建造、运营一体化的具有全球竞争力的世界一流工程公司的发展目标。**深入开展“对标世界一流管理提升行动”活动。**制定《对标世

界一流管理提升行动实施方案》和《对标世界一流企业工作指引》，建立完善对标体系。总部及所属企业针对 15 项管理领域开展对标，制定了 1235 具体措施，确立了 660 项提升成果目标，开展先进标杆企业对标活动，促进企业管理提升。

**二是持续提升企业管理水平，精细化管理全面推行。**将工程项目精细化管理与构建“不能腐”机制有机结合，加强项目全过程管控，实现了项目管理由粗放型向集约型转变，由“前台”向“后台”转变，由项目经理管项目向法人管项目转变，确保了工程优质、干部优秀、效益提升。搭建“化学云采”平台，实现阳光采购。截至“十三五”末，“化学云采”平台工程物资、电商、商旅采购累计 279 亿元，注册供应商 19107 家，采购成本降低 1.5 个百分点。

**三是推进财会管理模式创新，管理水平进一步提升。**持续加强全面预算管理工作，强化负债规模和资产负债率双管控，公司平均资产负债率维持在 63%以下，处于建筑业央企最低水平；完成 2 家区域资金中心建设，资金集中度达 92%以上；开展应收账款三年清收行动，实现清收 161.17 亿元。处置完成 89 项低效无效资产，涉及账面净值 3 亿多元；开展亏损子企业专项治理，实现 6 家股权退出。

**四是大力推动商业模式创新，投融资管理不断规范。**成立投资审核委员会，完善投资组织体系，提升投资专业化能力。设计合理的商业模式，提升融资水平，设计合理的风险分担机制，大力推动投资带动工程项目，投资规模达 1200 亿元，带动工程合同千亿元。

**五是打造专业化人才队伍，人才强企战略全面推进。**实施《“一十百千”人才工程规划》，着力构筑高端人才框架体系。注重通过以才引才、猎头推荐等方式引进高层次人才。打造“中国化学校园行”招聘品牌，集中统一招聘。强化培训工作，与清华大学合作举办两期领导力提升高级研修班，第一期学员超过半数提拔任用。举办市场营销、国际化经营等专题培训，提升干部员工素质能力和业务水平。开展 120 轮“订单式”培训，培训作业层人员 4100 人次，技术工人队伍进一步加强。

**六是有序推进数字化转型，信息化建设进一步提升。**建成“化学云采”“化学运营”、项目成本管理“两平台一系统”，信息化办公和管理初步形成。建成国资国企在线监管系统，网络基础设施建设进一步完善，网络安全防护和应急处置能力进一步增强，实现了企业数据异地灾备的管理，管理数字化转型建设加快推进。

**七是有效发挥决策作用，依法治企大力推进。**持续开展法律、合规、风险、内控“四位一体”法治体系建设工作，法治央企建设工作被国资委评为并列第一。以总法律顾问专职化为核心的法律队伍建设逐步完善。合同、制度、重大决策、章程、授权委托书五项法律审核率保持100%。全面加强合规管理，成立合规管理委员会，印发《合规手册》和系列合规实务指南提高集团公司合规管理水平。

**八是有效发挥防风险作用，内控管理不断加强。**构建“8+2”制度框架体系，减少制度近38%。成立风险管理委员会，推动重大风险防控、跟踪、监测、处置机制建设。强化案件管理，“十三五”时期全集团年均处理法律纠纷902件，挽回或避免损失约79亿元。审计职能作用充分发挥，开展项目审计8522项，促进增收节支和挽回损失4.99亿元。

**九是推进安全生产专项行动，筑牢安全生产防线。**大力推进安全生产、生态环保文化落地工程，形势持续平稳向好。集团公司安全人工时由“十三五”期初的年3.1亿工时上升到“十三五”期末的年5.8亿工时，未发生较大及以上安全生产事故，生态环保事故为零，是“十三五”时期唯一未发生较大及以上生产安全事故的中央建筑企业。

**十是提升工程建设管理体系，工程质量提升成效显著。**持续开展质量提升行动，大力弘扬工匠精神，开展样板引路，建设精品工程。荣获鲁班奖13项，国家优质工程奖38项和一大批省部级优质工程奖，荣获新中国成立70周年精典工程3项，功勋企业2项。

### （六）全面加强党的建设，引领企业跨越式发展

“十三五”期间，中国化学党委全面从严治党，全面提升基层党建质量，公司党建考核连续两年被国资委党委评为“A”级，纪检工作连续两年被驻委纪检监察组评为“优秀”，为公司改革发展提供了坚强政治保障。

**一是强化政治建设，持之以恒深化理论武装。**坚持把学习贯彻习近平新时代中国特色社会主义思想作为首要政治任务，认真学习贯彻党的十九大和十九届历次全会精神，扎实开展“两学一做”和“不忘初心、牢记使命”主题教育活动，受到中央和国资委督导组充分肯定。持续推进学习教育常态化制度化，两级党委理论学习中心组学习1100余次；组织两期党委书记、副书记、纪委书记现场学习培训，举办党支部书记培训班100余批次，培训党支部书记3200余人次。

**二是强化基层建设，加强党建生产经营融合。**压实党建工作责任，做

到党建知责明责履责；开展海外党建工作现场检查，全面从严治党进一步向基层、海外延伸。全面完成“党建进章程”工作，建立双向进入、交叉任职的领导体制。新设总部机关党委、党委巡视办、宣传部等党务机构，严格“两个1%”的要求，做好专职党务工作者、党建工作经费双到位。深入开展基层党组织建设“落实年”“提升年”“巩固年”主题行动。坚持“四同步”“四对接”，深入做好混改企业和境外单位党建工作，实现党的基层组织和工作全覆盖；推进党建工作标准化建设，实施兼职党务干部奖补贴制度，基层党建更加有力；严格发展党员工作，“十三五”期间共发展党员1600余名，为党组织注入了新鲜活力。“十三五”以来，共有8名党员和3个党组织被国资委党委授予先进称号，新冠肺炎疫情发生以来，集团公司党委把疫情防控作为最大的政治任务抓实抓细，涌现出全国、中央企业抗击新冠肺炎先进个人刘晓芳、陈红、郝瑞、高小放和援建雷神山医院突击队等一批典型个人和集体。

**三是强化软实力建设，群团工作充满活力。**完善职工代表大会制度，切实保障广大职工参与民主管理。广泛开展劳动技能竞赛，提升职工劳动技能。广泛开展“号、手、岗、队”等品牌活动，开展首届“十大杰出青年”“中国化学工匠”等先进评选，营造学先进赶先进的浓厚氛围。推动职工创新，实现技术革新近710项，打造职工创新工作室30余个。集团公司荣获“全国五一劳动奖状”，涌现出“全国劳动模范”龙桂发、“全国青年岗位能手”向超等一批模范典型，一名企业高管当选十三届全国青联常委。

**四是强化政治监督，党风廉政建设和反腐败工作不断深入。**突出政治监督，推动党中央重大决策部署贯彻落实。锲而不舍整治“四风”，企业风气持续好转。加大执纪问责力度，“十三五”期间，全集团纪检系统共处置问题线索662件，作出党政纪处分126人，“三不腐”体制机制建设取得新成效。持续深化“三转”，科学推进纪检监察体制改革，打造高素质专业化的纪检工作队伍，构建协同高效的“大监督”工作机制。持续抓好巡视巡察工作，开展海外项目巡视和海外亏损项目专项检查。强化巡视成果运用，对整改落实不到位的企业负责人追责问责，做好“后半篇文章”。

### （七）打造优秀企业文化，以人为本彰显担当

“十三五”期间，中国化学认真贯彻落实习近平总书记关于宣传思想工作的重要论述，大力加强企业文化建设，履行央企社会责任，彰显集团品牌价值。

**一是企业品牌形象力持续提升。**加强企业文化建设，印发企业文化建设指引，健全企业文化建设体系。讲好中国化学故事，传播中国化学好声音，企业形象力显著提升，荣获“中国公益企业”称号，入选新华社民族品牌工程。

**二是企业社会影响力不断扩大。**意识形态工作责任制持续夯实，为企业发展提供坚强保证。宣传质量不断提升，创办《中国化学》报，在中央及省部级主流媒体和国务院国资委官网官微发稿4200多篇次，中国化学公众影响力和社会知名度大幅提升。

**三是履行央企责任定点扶贫成果斐然。**全力以赴抓好甘肃庆阳环县、华池县定点扶贫工作，积极开展产业、就业、消费、党建扶贫等各项精准扶贫，累计投入扶贫资金4450多万元，引进帮扶资金1162万元，助力华池县如期脱贫，环县提前一年光荣摘帽，为甘肃省脱贫攻坚贡献了中国化学力量，被中宣部追授为“时代楷模”称号的东华科技挂职扶贫干部邱军先进事迹在社会上引发强烈反响。

**四是和谐企业氛围进一步形成。**推进职工文化建设，开展“中国化学之歌”征集活动。举办各类文体活动，丰富职工业余文化生活。大力开展帮扶活动，2017年以来，累计投入帮扶资金4266万元，1989人次困难职工受益。广泛开展“导师带徒”活动，提升青年职工能力素质。员工收入大幅增加，生活、办公条件明显改善，幸福指数显著提升，企业形成了和谐向上的浓厚氛围。

## 二、“十四五”时期高质量发展展望

展望“十四五”时期，我国面临百年未有之大变局深度调整、百年未遇之大疫情严重冲击、百年奋斗目标迈向新阶段三大背景，数字化、大国博弈、治理重构等力量推动加速变革，世界经济格局将深刻调整，我国也将开启建设社会主义现代化国家新征程。在此背景下，中国化学将全面贯彻新发展理念，当好畅通国内大循环的主力军、促进国内国际双循环的排头兵，在构建新发展格局中切实发挥央企主力军作用。坚持专业化、多元化、国际化的发展道路，依托国内国际两个市场，利用国内国外两种资源，打造工业工程领域综合解决方案服务商、高端化学品和先进材料供应商。为此公司将重点做好五项工作。

### （一）加强党的建设，筑牢高质量发展根基

要把党的政治建设作为根本性建设，把“两个维护”作为最高政治原则和根本政治规矩，不断提高政治判断力、政治领悟力、政治执行力，坚决推动习近平新时代中国特色社会主义思想在集团公司大学习大普及大落实。要以更务实的举措抓党建强党建，持续推进党委发挥领导作用和公司其他治理主体依法行权履职有机统一，持续推进党管干部党管人才原则和市场化选人用人有机统一，持续推进党组织设置与企业组织架构运行有机统一，持续推进思想政治工作与企业文化建设有机统一，持续推进党内监督与企业内部监督有机统一，持续推进党建责任与经营责任有机统一。要进一步压实工作责任，做到力度不减、标准不降、干劲不松，推动各项工作任务落地见效，切实把党建优势转化为企业治理优势、竞争优势、发展优势，以高质量党建引领企业高质量发展。

### （二）强化科技创新能力，增强高质量发展核心动力

要坚持创新驱动发展，把企业打造成为创新主体，把创新作为工作的重中之重和“头号任务”抓好，打造“工业工程领域综合解决方案服务商”和“高端化学品和先进材料供应商”。以被国外垄断的、国内没有工业化生产的化工新材料技术为主攻方向，进一步加大研发投入，力争尽快取得关键核心技术突破，同时加快科技成果向现实生产力转化。要抓好科技人才队伍建设，以创新型、专业化、高层次人才为重点，着力培养造就、吸引凝聚、用好用活各类优秀人才，打造一支强大的高水平创新人才队伍；坚持特殊人才特殊激励，赋予科研人员更大自主权，让人才专心致志搞好研究、多出成果，为企业高质量发展提供有力支撑。

### （三）加大市场经营力度，完善高质量发展市场布局

要立足国内大循环，全面优化区域经营布局，积极服务国家重大战略、区域协调发展战略、主体功能战略，充分利用央地合作战略机遇，实现集团公司大经营格局同国家战略深度融合。要坚持战略引领，积极优化调整业务结构，发挥集团作用统筹协调资源配置，发挥各子公司优势，提升协同能力和整体发展合力。要以并购重组为手段，不断满足企业发展过程中的拓展市场范围、增强专业能力、扩大发展规模等多样性需求，通过并购重组促进企业实现资源整合，增强公司的综合实力及盈利能力，切实提升市场竞争力和话语权。

## （四）坚持全面深化改革，激发高质量发展内在活力

改革始终是国有企业、中央企业生存发展的关键一招。要深入实施国企改革三年行动，在深化改革中继续当好表率。要结合实际持续深化改革扩大开放合作，在一些重点难点问题上敢于攻坚突破，一是加快完善中国特色现代企业制度，积极推进集团公司改革三年行动方案落实落地，创新企业治理体系，提高治理能力，提升治理效能；二是加快建立健全市场化经营机制，持续深化“三项制度”改革实现新突破，充分调动员工积极性，激发企业发展活力；三是积极稳妥深化混合所有制改革，分层分类推进混合所有制改革和股权多元化，引进高匹配、高认同感、高协同性的战略投资者，建立健全混改企业市场化机制；四是深化国有企业改革专项工程，加速推进“双百企业”改革力度，推动“科改示范企业”加大市场化力度，扎实开展对标世界一流管理提升行动，大力推进企业管理体系和管理能力现代化。

## （五）树立绿色低碳发展理念，保障高质量发展可持续

要把绿色发展作为发展的前提，把防范风险作为发展的必要条件。化工企业是碳排放大户，走绿色低碳循环发展之路，既是政治要求，也是必然选择。中国化学在助力国家实现“双碳”目标方面大有可为，要牢固树立绿色发展理念，在生态文明建设中发挥更大作用。要调整产业结构，转变发展方式，加强自身的绿色、低碳、高效发展，打造氢能、光伏等高端化工新材料系列核心技术，加快发展水环境治理、土壤修复、固废处理等产业，特别是在海外市场发展中，严控高耗能、高排放的重大项目。要高度重视统筹发展和安全，不断加强生产建设安全精细化、标准化管理，切实守牢安全生产和环境保护的底线。

“风劲帆满图新志，建功立业正当时。”站在“两个一百年”奋斗目标的历史交汇点，中国化学作为我国工业工程建设的排头兵，将坚持以习近平新时代中国特色社会主义思想为指引，在集团公司党委的坚强领导下，应势而为，乘势而上，坚决使命担当，以高质量的规划引领高质量发展，为公司实现“三年五年规划、十年三十年愿景目标”夯实更厚实的基础、创造更好的条件，为助力国家第二个百年奋斗目标开好局、起好步，为集团公司打造具有全球竞争力的世界一流工程公司持续谱写华丽篇章！

（中国化学工程集团有限公司：刘德辉、王庚柱、贾　可、滕　霖）

# 牢记殷切嘱托　深化改革创新
# 加快建设受人尊敬世界一流企业

（中国中车集团有限公司）

自2015年新中车成立以来，习近平总书记三次视察中国中车集团有限公司（以下简称中车集团或中车），勉励我们持续领先领跑，实现新旧动能转换，永远掌握主动权。这在中央企业中是绝无仅有的，充分体现了党和国家领导人对以高铁为代表的高端装备制造业的高度重视和殷切期待。“十三五”时期，中车集团以习近平新时代中国特色社会主义思想为指导，全面贯彻党的十八大、十九大和历次全会精神，认真落实习近平总书记视察中车重要指示精神，主动适应世情、国情和企情变化，积极应对市场竞争、需求波动和新冠疫情挑战，坚持党的领导，贯彻新发展理念，推动高质量发展，业务结构不断优化，经营品质持续提升，动力活力显著增强，品牌形象持续提升，党建“金名片”建设取得新突破，在国资委经营业绩考核中实现“9连A”，连续三个任期获评“业绩优秀企业”，连续五年位列世界500强。

## 一、突出创新驱动，加快高端化发展

五年来，中车集团按照产业迈向中高端的总要求，加强科技创新体系和能力建设，加大科技攻关力度，加快技术和产品升级，持续增强创新引领能力。

**一是加强科技创新体系建设。**以中车研究院（国家创新中心）为核心的技术研究体系不断优化，与青岛市共建的国家高速列车技术创新中心建设稳步推进，与湖南省共建的国家先进轨道交通装备创新中心挂牌设立，产学研合作不断加强。目前拥有两个国家级创新中心、10个国家级研发机构、21个国家级企业技术中心、18个海外研发中心和12个中车专项技术研发中心，为中车科技创新提供了强力支撑。科研人员总数接近3万名，各层级人才比例日趋合理，人才培养体系初步形成。中车技术交易平台初步建立，城轨产品和体系认证检测平台启动建设，科技服务体系逐步完善。

**二是加强科技创新能力建设。**获得IEC1906大奖、中国标准化最高奖等多个国内外奖项，主持或参与制修订国际标准112项、国家标准295项、行业技术标准768项，中车专家出任UIC Set2负责人，标准制定能力和行业影响力不断提升。建立中车信息共享平台，科技信息收集和运用能力大幅增强。科技投入逐年上升，“十三五”期间累计达到662.5亿元，占比稳定保持在5%以上，新产品贡献率超过60%。持续用专利擦亮“国家名片”，专利布局能力显著提高，累计拥有授权有效发明专利9974项、国外专利672项，获得中国专利金奖11项、银奖7项、优秀奖72项，获奖数量排名全国第二位。

**三是加强关键核心技术研究。**基础性技术研究方面，开展了轻量化、高强度、高强韧合金材料研究，完成了轨道交通装备专用电池开发、车载储能系统测试平台和新一代混合动力系统集成平台建设。共性技术研究方面，牵引电传动系统实现了技术完全自主，国产IGBT在“复兴号”动车组上实现运用，研制出具有自主知识产权和世界领先水平的D180-16型柴油机。前瞻性技术研究方面，具备了时速400公里及以上速度等级的高速客运装备技术储备，实现高速磁浮交通系统和装备完全自主化，形成时速600公里高速磁浮交通大系统及车辆的集成设计能力。以“72181”重大专项为代表的一批“补短板”工程落实落地，推动原始创新能力显著提高。

**四是面向市场加快产品开发。**面向市场研制开发了八轴快速客运电力机车、30t轴重八轴货运电力机车、油—电混合节能环保型机车、高原型内燃机车、时速350公里和时速250公里中国标准动车组、时速160公里动力集中动车组、C96型重载货车等新产品，推进160km/h客运内燃机车、160km/h内燃动力集中动力车、京雄智能动车组、GQ80型罐车等新产品研制。京张智能动车组成功上线，并在世界上首次实现时速350公里自动驾驶。习近平总书记在乘坐京张高铁赴张家口赛区考察北京冬奥会、冬残奥会筹办工作时指出，“我国自主创新的一个成功范例就是高铁，从无到有，从引进、消化、吸收再创新到自主创新，现在已经领跑世界”。截至“十三五”末，中车集团累计获得国家级科技奖励11项，“复兴号”

中国标准动车组项目荣获国内工业领域最高奖。

## 二、突出深化改革，激发内生动力

五年来，中车集团贯彻落实国务院国资委部署要求，积极推进各项改革任务持续深化，改革顶层设计不断完善，重大举措层层落地，鲜活实践不断涌现。

**一是持续完善顶层设计。**以《关于深化国有企业改革的指导意见》为指引，以《中国中车集团公司深化改革指导意见》为统领，推进了中车改革“1+20”文件体系落实落地。2018 年底，中车集团被国务院国资委选定为 10 家创建世界一流示范企业之一，是唯一的机械制造类企业。推进子企业改革示范试点，集团先后有 3 家子企业列为重要领域混改试点、7 家子企业入选“双百行动”、两家子企业入选“科改示范行动”，其中株洲所被列为全国“学先进、抓落实、促改革”的典型企业。

**二是完善法人治理结构。**落实《中车集团关于完善一级子公司法人治理结构的指导意见》，境内独立法人企业全部完成党建工作进章程，在直管子企业中全面实行党委书记、董事长“一肩挑”，党委副书记专职抓党建，落实党组织研究讨论作为公司决策重大事项前置程序。董事会建设进一步加强，建立实施专职外部董事制度，向 21 家直管子企业派出了外部董事，包括各改革试点企业在内的 14 家直管子企业实现董事会外部董事占多数。选择株洲所、中车产投等子企业进行试点，落实董事会选人用人权和“总经理组阁制”，进一步激发企业活力。

**三是积极稳妥推进混合所有制改革。**按照“三因三宜三不”原则，以资产证券化、股权多元化、员工持股试点等方式，分层分类推进面上混合所有制改革，“十三五”期间，稳步推进中车产投、中车四方所和中车戚墅堰所三家企业开展重要领域混改试点。其中，中车产投已经完成混合所有制改革第一阶段工作，混改引入资金 34 亿元，新引入投资者投后持股比例为 35%；戚墅堰所已完成尽职调查和引入战略投资者初步方案。

**四是持续健全市场化经营机制。**在集团和各子公司推动建立具有鲜明特色的“两制一契”（任期制、聘期制、契约化）管理模式，组织中车集团党委管理干部分批次在线签订契约化管理文件。组织实施 54 场次的二级企业领导班子任期考核及副职全体竞争上岗，针对不敢担当、不作为、不称职的干部坚决予以调整岗位或做降职处理，子企业中层以上管理人员“下”的比例达到3%。积极试点推行职业经理人制度，4家子企业首批开展试点工作。深入推进薪酬分配制度改革，11家子企业探索实施中长期激励，内容涵盖科技型企业岗位分红、股权出售、混改企业员工持股、股权跟投、科技成果转化等多种方式。加大企业负责人差异化薪酬管理力度，探索建立实施与市场化选人用人模式相匹配的薪酬激励机制。

**五是解决企业办社会职能和历史遗留问题。**“三供一业”分离移交、社区管理分离移交、市政设施分离移交、消防机构改革、教育医疗机构改革和厂办大集体改革、退休人员社会化管理全部完成。

**六是深入开展“总部机关化”专项整改。**贯彻落实国资委关于中央企业“总部机关化”问题专项整改要求，围绕“小总部、大业务”总体定位和“五型”总部建设需要，持续优化公司总部职能，2017年11月和2020年5月两次对总部组织机构进行调整，部门数量总体减少了40%，其中行政职能部门仅保留9个，总部管控和运行效率进一步提升。

## 三、突出结构优化，加快多元化发展

五年来，中车集团聚焦主责主业，优化业务结构，在做强做优轨道交通装备业务的同时，面向战略新兴产业延伸拓展新业务。

**一是巩固铁路装备业务优势。**践行交通强国战略，密切跟踪国铁集团需求，以安全、高速、重载、绿色、智能为方向，把握“八纵八横”“公转铁”、货运增量三年行动计划等机遇，“十三五”期间中车集团铁路装备业务优势尽显。其中，累计实现营业收入5519.7亿元，累计新造动车组1680组、电力机车3009台、内燃机车754台、客车2960辆、货车195651辆，检修动车组4278组、电力机车1630台、内燃机车3593台、客车22920辆、货车261525辆，为我国铁路装备现代化作出应有贡献。持续深化与国铁集团战略合作，相继成立武汉、沈阳、西安、北京、上海、成都、广州等7个配件中心。创新商业模式，以大秦铁路电力机车等项目为契机，加快全生命周期增值售后服务、配件销售体系建设；以时速160公里动力集中型动车组上线运营为切入点，探索推进一体化售后服务模式。

**二是壮大城轨与城市基础设施业务。**中车集团抓住市场需求持续增长机遇，发挥技术、布局、规模等优势，积极应对市场开放挑战，持续壮大城轨与城市基础设施业务。“十三五”期间累计中标国内城轨新造城轨车辆35500辆，占有率97%，交付新造城轨车辆34961辆，有力支撑了我国新型城镇化建设需要。规范发展城轨PPP、BT业务，持续增强投融资、项目管理、工程总包、机电总包等核心能力，重庆地铁4号线BT工程成功交付，中标并启动台州市域铁路、无锡至江阴市域铁路、芜湖轨道交通等项目。“十三五”期间，城轨与城市基础设施业务累计实现营业收入1970.4亿元。

**三是多元发展战略新兴业务。**依托轨道交通装备核心技术，中车集团延伸拓展风电装备、新能源客车、高分子复合材料、环保材料及装备、工业数字、船舶电驱动与海洋工程装备、重型工程机械、多式联运、氢能装备等新业务。风电整机型谱完善，国内排名提升到第八；产业链完备，国内排名电机第一、叶片第二、塔筒第三；新能源客车业务，业务规模持续增长，形成了“万台级”生产能力，行业排名进入国内前三；橡胶减振产品行业排名国内第一、国际第21，芳纶、聚酰亚胺薄膜等新业务实现突破；环保装备业务，开展了16个区域环境综合治理PPP项目，村镇污水处理总规模排名全国第八。“十三五”期间，集团战略新兴业务（含通用机电）累计实现营业收入3124.0亿元。

**四是规范发展现代服务业务。**加大集采力度，两级集采率从2015年的63.0%提高到2020年的96.3%。发展绿色、智慧物流业务，工业智慧物流平台已覆盖六大主机企业，压减仓储面积10万余平方米，储运一体化包装降低包装成本10%以上。坚持“产融结合、以融促产、以融助产”，规范打造金融服务平台，金融服务主业种类和规模不断扩大，到“十三五”末，全口径资金集中度达74%，信贷服务规模达290亿元，基金管理规模突破250亿元，撬动社会资本达到70亿元（实缴），资金撬动比例1：3.17（不含PPP基金），产融结合率从2017年的14.5%增长到58.0%。“十三五”期间，现代服务业务累计实现营业收入978.4亿元。

## 四、突出开放合作，加快国际化发展

五年来，中车集团以“一带一路”倡议和国际产能合作为契机，积极应对国际环境复杂多变、竞争对手遏阻加剧等挑战，以轨道交通装备业务为重点，全力拓展国际市场，累计实现国际市场签约额328.58亿美元、国际市场收入 945.85 亿元。

**一是出口市场实现了由亚非拉传统市场向欧美澳高端市场转变。**加上新进入的牙买加、哥斯达黎加等 8 个国家和地区，中车集团产品已覆盖全球六大洲 109 个国家和地区。中标并执行美国波士顿地铁、洛杉矶地铁、芝加哥地铁、费城双层客车、瑞士货车、德国货车及调车机车、匈牙利双流制电力机车及调车机车、澳大利亚墨尔本地铁、悉尼双层电动车组、以色列特拉维夫轻轨等项目。“天狼星”号动车组出口捷克，实现动车组首次出口欧盟。风力发电机组获得德国订单，实现兆瓦级风力发电机首次批量进军海外高端市场。

**二是出口模式实现了由单一产品销售向全要素输出转变。**签约印度尼西亚雅万高铁 EPC 合同，预示中国高铁产品和标准即将走出国门。参与墨尔本地铁 PPP 项目，拉动城轨车辆出口并积累海外 PPP 业务经验；独立组建联合体中标墨西哥城地铁 PPP 项目，标志着公司 PPP 业务能力有了重大突破。中标新加坡无人驾驶地铁列车翻新项目，实现了海外翻新业务“零”的突破。启动实施肯尼亚维保项目，并以此为基础拓展周边国家维保市场。稳妥应对新冠肺炎疫情挑战，获得阿联酋铁路货车整车和长期维保服务订单并举行了云签约。

**三是持续深化“五本模式”。**优化海外资源布局，并购德国福斯罗、意大利蓝色工程、芬兰倍耐克等欧洲企业，截至 2020 年底，累计在全球 26 个国家和地区设立了 83 家境外子公司。深化本地化生产、本地化采购、本地化用工、本地化运维、本地化管理，持续获得马来西亚、土耳其、美国等区域城轨订单，中马、中土合作项目已成为“一带一路”建设走深走实走稳的典范。

## 五、突出重组整合，加快协同化发展

五年来，中车集团坚持“整体利益最大化”原则，加强顶层设计，注重系统优化，打造多层次、多维度、内外互动的协同发展平台，推进业务、区域、产业链等各方面协同共赢发展。

**一是深度推进资源整合。**以落实供给侧结构性改革为主线，按照专业化、集约化和避免同业竞争原则，稳妥推进业务资源整合。实施了大连公司与兰州公司、株机公司与洛阳公司、株机公司与资阳公司、四方股份公司与成都公司等机车、客车业务重组，重组设立齐车、长江两个货车子集团。落实疏解非首都功能政策，完成两个“二七”公司制造业务疏解、资产处置、人员分流等工作。实施牵引变流与网络控制系统 B 平台的重组整合，完成永济电机公司“参股+托管”大连电牵公司重组工作。按照同类合并原则对原南、北车国际公司、物流公司、财务公司、香港公司进行重组，打造集中统一的支撑平台。推进境内城轨基地重组整合，强化国内城轨和海外市场的集中统一管理，制定规则、加强自律，促进子企业差异发展、有序竞争，严禁投资换市场。

**二是推动供应链、创新链协同发展。**按照“主机产品集约化、关键零部件专业化、一般零部件市场化”要求，推进内部产业链纵向协作，明确内部配套产品和零部件清单，建立激励与约束相结合的考核机制，重点提高关键零部件的内部配套率。按照“加强内部协同，避免重复开发”的原则，完成了中国标准动车组牵引、高压、转向架等系统及关键部件联合协同开发。统筹利用研究技术资源，绘制“中车试验验证能力地图”，优化试验验证资源配置。

**三是深化战略合作。**本着互利共赢原则，有效利用社会资源，搭建开放协同的产、学、研、用、政、金、介合作平台，扩大中车集团“朋友圈”，共同开拓发展空间。“十三五”期间，中车集团对外签署战略合作协议累计 109 份，其中：与政府签署 34 项、与央企签署 36 项、与地方国企签署 10 项、与高等院校签署 6 项、与境外企业和机构签署 16 项。

## 六、突出两化融合，加快数字化发展

五年来，中车集团以“数字化、网络化、智能化”为主线，大力推进“互联网+技术创新”“互联网+管理创新”“互联网+商业模式创新”，打造中车“智造网”“产品网”和“服务网”。

**一是优化信息化管理体系。**加强数字中车顶层设计，先后完成《中车数字化转型发展总体方案》《数字中车顶层设计及数据中心建设总体方案》。深入推进两化融合贯标，30 家一级制造型子企业通过体系评定获取了证书，贯标覆盖率 100%，国家级贯标试点企业 32 家，贯标示范企业 2 家。

**二是加强统一信息系统建设。**推进总部管控系统建设，65%的业务流程实现信息化。开展海外企业和制造基地 ERP 项目试点。建成以财务共享管理为核心的海外财务业务一体化信息化平台。搭建中车海外项目统计管理平台，实现海外项目指标分类、在线审批、统计汇总、指标数据分析等功能。发布主数据标准，搭建统一的主数据管理平台。搭建中车电子采购平台，33 家子公司开展供应链协同服务，线上采购率达到 85%以上。搭建配件电子商务平台，实现动车组 7 大配件中心全面覆盖。

**三是推进智能制造。**围绕离散型智能制造、网络协同制造、大规模个性化定制、远程运维服务等方向，有序推进智能制造新模式试点示范。先后获批国家科技部和工信部智能制造新模式和综合标准化项目 26 个，总投资 47.88 亿元。建成了数字化车间和智能制造示范线，实现运营成本降低 20%以上，生产效率提高 30%以上，能源利用率提高 5%以上。

**四是开发智能产品和服务。**形成智能传感与控制装备、智能切屑与打磨装备、工业机器人、智能物流与仓储装备、智能检测与装配装备、工业数字化软件等六大类智能装备产品，年营业收入超过 20 亿元。构建集状态监测、故障诊断与预测于一体的动车组、城轨车辆运维服务系统，检修业务协同效率提升 30%，大幅提升了产品运维服务保障能力。

**五是强化信息安全基础保障。**加大工业软件自主可控力度，安全可控软件占比 31.74%，覆盖研发设计（如 PLM）、生产制造（如 MES、QMS、WMS 等）、经营管理（如 ERP、SCM 等）、服务维修（如 PHM）等核心环节。健全基础网络，建成全球广域专网，覆盖全球各级分支机构，一级子企业专网覆盖率 100%；推广私有云建设模式，促进集团内部资源共享，公司服务器计算资源云化覆盖率 70%，存储资源云化覆盖率 50%。“十三五”期间，未发生重大及以上网络安全事件。

## 七、突出提质增效，着力强基固本

五年来，中车集团坚持质量第一、效益优先，扎实开展提质增效活动，深化精益管理，提升经营管理水平。

**一是推进“瘦身健体”。**以全面预算管理为主线，形成“事前预算、事中监督、事后考核”的预算闭环管理。深化降本节支，推进成本精细化管理，以货车、城轨、动车组为重点提升产品毛利率。加强科技开发计划管理，降低重复低效研发支出。实施金融总额度管控，制定实施降杠杆、减负债和大额资金监管工作方案，2020 年资产负债率较 2015 年降低 2.79%。开展“二二三”专项活动（即“两非”剥离、“两资”处置、“三种股权”清理），制定下发剥离非主业企业、非优势业务清单，推进低效、无效资产处置，组织清理“只投不管”、长期不分红、持续亏损的参股股权等。深入开展“处僵治困”，完成 2 家“僵尸企业”和 24 家特困企业整治工作。开展压缩企业管理层级、减少法人户数工作，管理层级压缩至 4 级、法人层级压缩至 6 级，累计减少法人户数 128 家。推进土地盘活，累计盘活面积近 4000 亩，释放资产价值超 100 亿元。

**二是加强精益管理。**以“强基、赋能、攀高”为主线，落实精益管理实施规划，构建具有中车特色的精益管理体系，形成“体系标准要求+模块系列标准+专项工作指南+综合评价体系”一体化的工作标准和指导性文件。围绕“价值创造”核心制造流程，遵循准时化、自动化原则，推行工位制节拍化流水线生产方式，产品品质、效率、效益持续提升。强化团队能力建设，推动“百千万”精益人才建设工程，形成“精益之道”知识体系。

**三是加强质量管理。**牢固树立人命关天、质量第一理念，制定中车质量管理体系标准（“中车 Q”），打造并推广具有中车特色的先进质量管理模式。“十三五”期间，产品质量责任事故逐年降低，质量损失率持续改善。有 4 家子公司分别获得 1 次中国质量奖、4 次中国质量奖提名奖，CRH380B 高寒动车组项目获得全国质量奖卓越项目奖，李万君同志获得“中国质量工匠”称号。

**四是加强风险管控。**坚持依法治企，强化合规管理，完善“五位一体”风险审计及法律合规管控组织架构，建立风险识别预警机制，健全考核评价体系和责任追究制度，重点防范债务、投资、法律、金融、境外投资等重大风险。“十三五”期间，中车集团共完成各类审计项目 5999 项，增收节支 70.31 亿元，追责 210 人次；完成风险管理项目 1902 项，识别风险事件 15586 件；完成内控项目 1056 项，发现内控缺陷 3469 项。

## 八、突出人才强企，增强竞争优势

五年来，中车集团完善人力资本管理体系，加强人才队伍建设，激发职工队伍活力动力，增强企业竞争优势。

**一是系统构建人力资本管理体系。**探索建立适应全球化竞争、具有中车特色的人才管理制度、方法和工具，构建由战略牵引、职位管理、能力管理、平台支撑、实施管控5大系统组成的全球一体化人力资本管理体系，涵盖各类人才选拔、培养、评价、激励、职业发展全链条，实现人力资源管理工作标准化、一体化、信息化。全球一体化人力资本管理体系荣获国家级管理创新成果二等奖。

**二是着力加强四支人才队伍建设。**统筹制定人才开发工作管理制度，持续完善培训开发管理体系，不断加强中车大学（党校）建设，系统组织开展领导力系列、核心人才系列和万名国际化人才“631”工程培训项目。建立培训开发体系，与北大、人大和浦东、井冈山、延安干部学院等单位合作，累计举办“四层级阶梯式”领导力开发项目34期、培训2200余人次。跟踪国际前沿，优化人才培养体系，实施院士后备人才培养方案，每年组织举办核心技术、管理、技能人才集团级境内外培训50期左右、培训3000余人次，总部部室每年组织培训40期左右、培训3500余人次。开展国际化人才培养“631”工程，累计培养高中初级项目人才11000余人次。印发实施中央企业首份《关于进一步加强党务干部队伍建设的指导意见》，着力打造一支数量充足、党性坚强、素质全面、能力过硬、熟悉管理、精通党务的高素质专业化复合型党群工作人才队伍。拓宽员工职业发展通道，实施包括技术、管理、技能三大职位序列的核心人才管理制度，形成由2名中国工程院院士领衔，21名科学家、185名首席专家和947名资深专家担纲的高层次核心骨干队伍。深入推进《中国中车新时代产业工人队伍建设改革实施意见》实施，着力加强知识型、技能型、创新型技能人才培养，共有8名“中华技能大奖”获得者、130名“全国技术能手”、7名技能人才当选党的十八大、十九大代表。

**三是着力推进用工制度改革与人员分流安置工作。**建立健全制造类、非制造类、境外企业差异化分类管控模式以及用工总量与人均劳效指标双控模式，完善人力资源共享机制，科学调控用工总量，有效盘活用工存量。创新用工机制，采取灵活多样的市场化用工方式有效控制人工成本。加强员工劳动合同管理，测算下达子公司履约评价退出员工下限百分比，自2019年起年均退出员工1000人以上。积极推进富余人员分流安置工作，截至2020年底累计分流安置员工3万余人。加强劳务派遣及委外工序人员管理，开展劳动用工专项整治，有效防范用工风险。

## 九、突出铸魂塑形，提升企业形象

五年来，中车集团持续强化“同一个中车”理念，构建统一品牌管控体系，践行新发展理念，履行企业社会责任，不断提升企业形象。

**一是加强企业文化建设。**认真践行社会主义核心价值观，提炼形成了“产业报国、勇于创新、为中国梦提速”的中国高铁工人精神，作为新时代国企精神广为传扬。构建以“连接世界、造福人类”为使命，“正心正道、善为善成”为核心价值观的企业文化理念体系，用企业文化凝聚共识，用企业精神提升斗志，夯实“同一中车”文化基础。

**二是认真履行社会责任。**牢固树立安全发展理念，构建“一本四化”的安全文化体系，严格落实安全生产责任制，不断提高本质安全水平，5家子企业成为国家级安全文化示范企业。强化环保红线底线意识，推广应用节能减排技术，加强防污、控污治理，全面完成节能减排约束性指标，万元工业增加值能耗下降49%，二氧化硫排放总量下降87.7%。以项目扶贫为手段，深入实施教育、培训、基建、产业、消费、党建“六项帮扶”，打造“扶贫车间”样板，定点帮扶的4个县全部脱贫摘帽。全力抗击新冠肺炎疫情，累计向疫情灾区捐款捐物折合人民币5000万元，党员、团员自愿捐款993万元，体现了中车人的责任担当。

**三是持续提升品牌价值。**采用“主体统一、局部混合、层次分明、协同灵活”的品牌架构，构建符合“一个中车”导向、统一的品牌管控体系。聚焦品牌核心价值，搭建全球思维、内外兼顾、方式多样、本土运作的品牌传播体系，全方位打造“高技术、高品质、高服务”的高端品牌形象。2020年中国中车品牌价值位列全球品牌价值500强第275位，居国内机械制造行业之首。荣膺2019年“中国品牌强国盛典”十大年度榜样品牌，是央企和制造业在《财富》“最受赞赏的中国公司”榜单上的首位。

## 十、突出加强党建，提供坚强保证

五年来，中车集团深入贯彻落实全国国有企业党的建设工作会议精神，矢志打造中车党建“金名片”，深入实施“新时代高铁先锋工程”，坚决落实“四同步、四对接”要求，党的领导、党的建设在改革发展中得到充分体现和切实加强。中车党委在国资委党建工作责任制考核中连续获评

A 级企业。

**一是强化管党治党责任。**扎实开展“三严三实”专题教育、“两学一做”学习教育和“不忘初心、牢记使命”主题教育。全面接受“政治体检”，国资委党委巡视反馈意见整改完成率100%。以政治建设为统领，坚持一年一个主题，压茬推进“建强提升”“提质换挡”“成效跃升”“深度融合”专项行动，全面建设党建“金名片”。以党建工作责任制为牵引，以健全考核评价机制为手段，管党治党两个责任有效落实。以提升组织力为重点，以创先争优活动为载体，严格落实“一岗双责”，党建工作与生产经营深度融合。召开中车集团第一次党代会，明确了建设受人尊敬世界一流中车“两步走”战略和“十四五”发展目标。

**二是强化“三基建设”。**推动基层党组织设置“应建必建”、按期换届“应换尽换”、党务干部“应配尽配”、党建制度“应有尽有”。坚持党的建设和改革发展同步谋划、党的组织及工作机构同步设置、党组织负责人及党务工作人员同步配备、党的工作同步开展。

**三是强化全面从严治党。**根据监察体制改革新形势新要求，调整总部纪检机构设置，明确相关职责划分，强化监督执纪问责，坚持在规模企业设置专职党委副书记、纪委书记，向在京规模较小子企业派驻纪检组，督促、指导子企业推进纪检监察体制改革。充分发挥内部巡视巡察监督作用，形成了“常规+机动+专项+专题”巡视监督工作模式。制定实施党风廉政建设和反腐败工作联席会议制度，强化党内监督的关键作用，有效整合监督源，初步构建起以党内监督为主的“多位一体”监督协同体系。

“十四五”时期，中车集团将以习近平新时代中国特色社会主义思想为指导，立足新发展阶段、贯彻新发展理念、融入新发展格局、打造新发展优势，牢记殷切嘱托，深化改革创新，紧密围绕以轨道交通装备为核心，具有全球竞争力的世界一流高端装备制造商和系统解决方案提供商的“**一核两商一流**”战略定位，着力构建以轨道交通装备为核心，风电装备、新能源客车、新材料为重要增长极以及若干业务增长点的“**一核三极多点**”业务结构，加快推动高质量发展，建设受人尊敬世界一流企业。

（中国中车集团有限公司）

# 立足新发展阶段　贯彻新发展理念<br>构建发展新格局　实现高质量发展

（中国铁路工程集团有限公司）

当前，我国经济已由高速增长阶段转向高质量发展阶段，这是党中央对中国经济发展形势的重大判断，从经济发展的一般规律上看，也是经济社会由“量”变向“质”变的自然演变趋势。结合党中央、国务院对国有企业“两基一柱”的基本定位，及做强做优做大国有资本的坚定决心，中国中铁深入学习“三新”，以构建“五大体系”为保障，实施“六大工程”为重点，实现“八大提升”为途径，为推动企业高质量发展，实现建设世界一流企业的宏伟目标奠定坚实基础，开启企业高质量发展新局面。

## 一、深入学习“三新”内涵，推进企业高质量发展

**第一，**新发展阶段之“新”，新在发展目标、新在发展环境、新在发展机遇和挑战所发生的新的变化上，那么无论是“高处不胜寒”的新的发展目标还是不稳定性不确定性显著增加的新的发展环境，抑或是把握机遇和识别风险挑战难度的明显加大，其间所折射的一个基本事实就在于在进入新发展阶段的中国中铁，安全的分量加大，安全的意义凸显。中国中铁站在统筹发展和安全的高度，深刻认识新发展阶段面临的国内外环境的复杂性和严峻性、有利因素和不利因素以及危中有机、化危为机的可能性，顺应形势变化，及时防范和化解影响企业高质量发展进程的各种风险、筑牢企业安全屏障，确保企业高质量发展进程不被迟滞。

**第二，**新发展理念之“新”，新在必须完整、准确、全面加以贯彻上，那么无论是从根本宗旨、问题导向、忧患意识把握新发展理念，还是从与时俱进、更加精准务实的行动落实落细新发展理念，在进入新发展阶段的中国中铁，发展和安全同等重要。中国中铁站在统筹发展和安全的高度，

密切关注来自国内外的各种风险挑战，凡事从最坏处着手准备，努力争取最好的结果，努力实现更高质量、更有效率、更可持续、更为安全的发展。

**第三，**新发展格局之“新”，新在大不相同于既往的出发点和落脚点上，那么无论是以实现高水平自立自强的立场来构建新发展格局的本质特征，还是从事关全局的系统性、深层次变革来把握构建新发展格局的实质内容，核心要义则存在于统筹发展和安全的战略考量。中国中铁站在统筹发展和安全的高度，明晰两者之间的辩证统一关系，把安全放在更加突出的位置，在发展中更多考虑安全因素，将统筹发展和安全贯穿于构建新发展格局全过程和各领域，努力实现高质量发展和高水平安全的良性互动。

言而总之，新发展阶段、新发展理念、新发展格局绝非简单的词汇拼接，而是一个彼此依存、互为条件的统一体。中国中铁坚持站在统筹发展和安全的高度准确把握并不断提高进入新发展阶段、贯彻新发展理念、构建新发展格局的政治能力、战略眼光、专业水平，加强前瞻性思考、全局性谋划、战略性布局、整体性推进，才能抓住要害、踩在点上、落到实处，不走偏变样，从而实现发展质量、结构、规模、速度、效益、安全相统一。

## 二、构建“五大体系”，开创高质量发展新格局

### （一）构建运转高效的公司治理体系

聚焦理顺管理关系，确立了公司本级重在资产管理、二级公司重在市场经营、三级公司重在生产组织的层级管理定位，构建了公司本级主要管控区域总部和二级公司、区域总部主要管控派出机构和项目公司、二级公司主要管控区域机构和三级公司、三级公司主要管控项目部和专业分公司的“四二管理阵型”。坚持“两个一以贯之”，积极探索建设中国特色现代企业制度，把党的领导和完善公司治理有机统一，将党委“把方向、管大局、促落实”职责与董事会“定战略、做决策、防风险”的职能有机结合，全面加强党委会、董事会、监事会、经理层工作，理清各治理主体权责边界，健全“三重一大”决策制度，修订完善各治理主体议事规则，构建了各司其职、各负其责、协调运转、有效制衡的现代公司法人治理结构。

### （二）构建立体协同的经营管理体系

聚焦理顺经营关系，树立“小我服从大我，大我服务小我”的理念，实施公司本级协调经营、二级公司主体经营、三级公司辅助经营职能分工，大力推进区域经营，提出“五个50%”工作要求，特别是明确二级企业主要领导50%的精力用于市场经营，50%的副职领导担任区域经营机构负责人，保证了区域经营有效落地，2020年18家工程局区域经营机构承揽任务占其承揽总额的78.4%。不断完善经营机制，树立“到有鱼的地方钓鱼，有鱼的地方有人去钓”的理念，依托八大投资公司成立八大区域总部，构建各业务板块协同发展、优势互补、齐头并进的立体经营格局，推动企业整体发展。实施海外“双优”战略，构建“一体两翼N驱”海外发展格局，依托335个覆盖全球98个国家和地区的海外分支机构，有效提升了国际化经营水平，2020年海外新签合同额较2019年增长11%。大力创新商业模式，坚持承包经营、总承包经营、投融资经营以及科研、设计、建造、制造、物贸、运营等全产业链联动经营并举，有效增强了企业的市场适应力和竞争力。

### （三）构建行业领先的创新管理体系

坚持以科技进步促进企业发展，加强关键领域研发平台建设，先后打造了4个国家级科技创新平台、19个国家级企业技术中心、7个博士后科研工作站。推进产学研用深度融合，近三年来累计获国家科技进步奖13项、发明专利1182项、国际PCT专利8项，保持了企业在高速铁路、高原铁路、重载铁路、电气化铁路、桥梁工程、隧道及地下工程、铁路道岔、盾构制造等八大领域的国际领先水平，承建的京张高铁、平潭海峡公铁两用跨海大桥、孟加拉国帕德玛大桥、乌兹别克斯坦卡姆奇克隧道等代表世界领先水平的示范工程，成为中国建造实力新的例证；盾构掘进装备产销量连续三年世界第一；中铁科研院副总经理严金秀当选国际隧道协会主席，为向全球推广“中国技术”“中国标准”提供了新的通道。

### （四）构建防范有效的运营管控体系

聚焦理顺经济关系，树立“只有切好蛋糕，才能做大蛋糕；只有做大蛋糕，蛋糕才好切”的理念，完善各区域总部与二级公司、各二级公司区域经营机构与所属三级公司的经济利益分配机制，制定了《中国中铁内部主要经济关系规范》。借鉴“战区兵种”管控模式推进生产经营体制改革，按照区域经营“六给两要”、工程公司建设“五给五有”、项目管理“两管两创”的思路推进各层级单位做强做优做大。2015 年以来，以管理实验室活动为抓手，加强制度建设和流程再造，推进内控合规一体化建设，建立完善各类规章制度，获得全国企业管理现代化创新奖 45 项，省部级企业管理现代化创新奖 360 项。树立“微观成本管理重要，宏观成本管理更重要”的理念，一体推进宏观成本与微观成本管控，健全“企业组织全层级、项目管理全过程、内外因素全方位”为特点的全要素成本管理机制，《特大型施工企业基于四级责任矩阵的工程项目全要素成本管理》获得全国企业管理现代化创新成果一等奖。

### （五）构建中铁特色的政治保障体系

坚定正确政治方向，把做到“两个维护”作为企业最高政治原则，把提高企业效益、增强企业竞争实力、实现国有资产保值增值作为党组织工作的出发点和落脚点。特别是围绕贯彻落实习近平总书记视察中铁装备作出的“三个转变”重要指示，制定推动企业创新发展的意见，发布“三个转变”行动方案，成立“三个转变”研究院，开展了建设世界一流企业的生动实践。认真落实新时期好干部标准和国企领导人员“20 字”要求，创新与市场化相适应的干部人才管理机制，大力培养选拔高素质专业化的优秀年轻干部，推动职业经理人队伍建设，制定了“5100”人才发展规划和“1151”国际人才发展规划。深化企业文化建设，坚持“不忘初心、牢记使命”，以努力成为“六个力量”为引领，强化“为党分忧、为国尽责”的责任担当，大力弘扬中国中铁“开路先锋”精神、青藏铁路精神、新时期高铁建设精神，勇于跨越，追求卓越，30 万职工众志成城，汇聚了“发挥顶梁柱、压舱石作用，当好高质量发展排头兵”的正能量。

## 三、实施“六大工程”，激发高质量发展新活力

### （一）实施人才队伍建设工程

健全完善人才工作的组织领导、创新管理、资源配置、教育培训、选拔任用、职业发展、考核评价和激励保障“八大机制”，优化“八支人才队伍”建设。对领导人员队伍建设，提升素质和履职能力，加大分层级的

优秀年轻领导和骨干人员培养选拔力度并出台具体实施意见。在市场营销队伍建设方面，加强素质能力培养，推动市场营销人才职业化发展。在国际化队伍建设方面，注重高端复合型和后备人才队伍培养，做好国际化人才管理服务。在投融资队伍建设方面，加大市场化管理力度，构建人才成长发展机制。在高层次专家和专业技术人才队伍建设方面，抓好国家级科技人才培养，重视工程院院士、勘察设计大师等申报工作，培育具有“工匠精神”的高级技能人才，完善各类领军人才的引进、培育、考评和激励制度。在项目管理队伍建设方面，完善职业化项目经理制度，探索项目管理团队专业化和内部流动的新模式。在高技能人才队伍建设方面，完善培养体系，释放高技能人才创新潜能。在党群人才队伍建设方面，充分调动党群人才工作积极性。

## （二）实施科技兴企工程

积极承担面向 2030 的重大工程科技任务，优化整合企业内部研发平台，重点推动国家级、省部级、股份公司三级科技研发平台建设，同时加强与外部高校、科研平台的科技合作，以提升企业竞争实力为核心，开展更多前沿原创型技术攻关；以提高施工生产能力为核心，开展更多实用型技术研究；以补齐超高层、沉管隧道等专业短板为核心，开展更多追赶型技术研究，不断提升企业自主创新能力和联合研发能力，提高成果转化应用能力。加大科技资源统筹管理力度，改进科技项目组织管理方式，依托研发平台和重大项目、重大工程建设，制定并落实“揭榜挂帅”等制度，充分激发创新主体的积极性，加快关键核心技术的突破。高质量推进关键核心技术攻关，打造了一批科技创新中心，成立高质量发展科学研究院，推进产学研相结合，突破了高温超导高速磁悬浮、桥梁隧道、高铁建造、装备制造等一批前瞻性和关键性技术，平潭海峡公铁大桥、京雄城际铁路入选“央企十大超级工程”，“春风号”盾构机入选“央企十大创新工程”，“彩云号”TBM 入选“央企十大国之重器”，盾构机产销量连续四年“世界第一”，升级了企业核心竞争力。

## （三）实施企业效益提升工程

持续推进以开源节流、降本增效为目标的成本管理活动，对企业经营、生产、管理活动的各个环节实施全过程、全方位的成本控制，实现以最佳成本投入获取最大经济效益。正确处理工期、进度、质量、安全的关系，强化施工组织，强化方案控制，优化资源配置，努力提升劳动生产率水平。全面加强企业资产管理，理清企业资产状况，针对重点板块、重点企业及重点项目，制定目标和措施，有计划、有步骤地消化瑕疵资产、不良资产和问题资产。适度加大对高负债、高不良资产的困难二级企业的帮扶力度，认真梳理“两金”存量，大力开展“双清”和“两金”压降、“压减”和“处僵治困”工作。进一步压减项目部个数，投资项目和总承包项目内部招标必须实施大标段，在条件具备的地区要积极探索推行项目群管理模式，下决心压减四级及以下管理层级。推动治亏工作持续开展，深化“清诊治惩防”五字方针和“一项一策”要求，落实“亏损必审”制度，建立亏损企业专项治理的长效机制，坚决撤销持续亏损 3 年以上且不符合布局结构调整方向的企业，做到“企业不消灭亏损就必须消灭亏损企业”。严格二、三级公司机关定岗定编，科学确定项目部定员，切实降低管理成本。

### （四）实施国际化经营工程

按照优先与优质发展的“双优”战略，加快提升全球资源配置能力，增强全球基础设施领域的话语权和影响力，不断向产业链高增值环节迈进，提高海外业务的贡献度，提升在国际市场的竞争力和抗风险能力，努力实现国际化经营高质量发展。强化股份公司总体统筹功能，发挥专业外经单位的两翼带飞作用，推动所属各单位海外力量形成 N 驱共进之势，打造“一体两翼 N 驱”的海外发展新阵型。推进区域化、属地化、专业化、品牌化发展战略，整合优势资源，有序拓展市场，按照“大区+国别+项目”的模式搭建经营管理体系，实现海外经营点线面立体推进，高端定位、高速运行、高效发展，有序形成整体“出海”的战略布局，推动全产业链一体化“走出去”，推动海外经营由机会型向战略型转变，实现海外经营的转型升级，形成规模效应，提高企业的国际核心竞争力。

### （五）实施信息化建设工程

推进业务系统应用融合、资源共享和互联互通，推进数据资产化、移动互联和大数据应用，形成管控一体的业务协同能力、集中管控能力和智能决策能力。推进各业务领域信息化全面应用，建设信息化基础设施与安全管理平台、系统集成和应用开发平台、大数据信息化运维分析与决策支持平台，使企业信息化从后台走向前台、从被动走向主动、从支撑走向引领。改变信息孤岛、软件系统众多、基层表格重复填报、数据挖掘缺失的现状，以“横向贯通、纵向穿透、内外互联”为目标推进信息贯通工程，系统整合企业数据资产，构建基础“数据池”，优化数据抓取、调用、运算、发布流程，推动企业信息化建设和数字化转型，实现从企业运营管理到基层项目管理的手段和效率明显提升。优化各层级信息化治理体系，支撑企业数字化转型，开展项目部信息化、网络化、智能化建设，提升业务系统应用价值，扩大海外网络接入范围，推广互联网+、安全态势感知、物联网等信息化新技术应用。

### （六）实施党的建设工程

全面加强党的领导，坚持“两个一以贯之”，在央企上市公司中率先实现党建进章程，认真落实“双向进入、交叉任职”领导体制，推动党组织融入公司治理的制度化、规范化。全面加强基层党建，以“三基建设”为重点，创新党组织设置模式，深入开展“两学一做”“不忘初心、牢记使命”等党内主题教育，持续完善党建工作制度，广泛开展主题实践活动，充分发挥了党组织战斗堡垒作用和党员先锋模范作用。深化全面从严治党，健全完善全面从严治党制度体系，严格落实中央八项规定精神，驰而不息纠治“四风”，深入推进纪检监察体制改革，一体推进“三不腐”，加强监督执纪问责，维护了党纪党规权威。全面加强育人塑形，落实意识形态责任制，广泛开展群众性文化活动、十百千道德讲堂建设，加大外宣工作力度，构建“九位一体”融媒体阵地，弘扬了主旋律，传递了正能量；大力弘扬优秀企业文化，坚持围绕中心工作讲述中铁故事，传播中铁声音，展示中铁形象，“三个转变”创新精神、开路先锋精神、南极建设精神、成昆铁路精神等优秀文化精神得到传承和弘扬，青藏铁路建设精神被国务院国资委树为中央企业精神之一。全面加强共建共享，充分发挥群团组织的桥梁纽带作用，尊重员工主体地位，坚持员工收入与企业发展同步增长机制，员工幸福感不断提升，2020 年在岗员工人均收入 15.3 万元，较 2015 年增长 67%；大力实施“三工”建设、“三让三不让”，公司 3995 名困难员工全部脱困解困。公司多次获得国务院国资委党建考核优秀。

## 四、实现“八项提升”，拓展高质量发展新空间

### （一）提升产业发展水平

坚持战略引领，加快产业链纵向调整，以“调结构、促转型、强管理、提质量”为方向，以关键技术、核心资源、知名品牌、市场渠道等为关键，进一步优化“基建建设、勘察设计、装备制造、房地产开发、物资贸易、金融服务、投资运营、矿产资源”八个业务板块。坚持调结构，加快企业并购重组，剥离企业办社会职能，推动产业集聚和转型升级，持续推进供给侧结构性改革。坚持促转型，积极推动企业投资、设计、施工、工业制造、物资贸易一体化经营；把PPP项目运营管理摆在重要位置，贯彻“谁投资建设、谁运营管理”的总原则，明确各投资公司主体运营责任，促进专业运营、资本运营和资产运营水平提升；坚持强管理，积极构建以全面预算、内控风险、业绩考核管理为核心的产业管控体系，坚持分类管理和分类考核，充分发挥业绩考核的导向作用。坚持提质量，加快提升基建传统业务科技创新、高精尖工程项目建造水平、工业制造业务产品升级换代和新产品研发能力、物贸业务的“大集采”程度、金融业务产融结合和服务质量水平、矿产资源业务的专业化和集约化能力，努力构建主业突出、相关多元、各业务板块协同联动、上中下游一体化发展的新产业格局。

### （二）提升工程产品和服务质量

健全工程产品质量管理体系，严格执行施工规范和质量标准；优化施工组织，加强过程管控，落实质量保障措施；严格执行试验和检验制度，完善考核机制，落实质量终身负责制；加强技术创新，推广“四新技术”应用，建设智能化工地，保障提升工程质量。提升装备制造产品质量，参与国际、国家、行业标准制定，提高企业标准的领先地位；加大新产品、新技术的研发投入，掌握关键技术和自主核心技术，用领先科技提升制造质量，提升资源和矿产品质量。对矿山生产专业管理，加大探矿增储力度，确保入选品位稳定；对选矿和冶炼工艺及生产流程，切实提高矿产品质量。提升设计咨询服务质量，加强设计咨询能力建设，不断积累技术优势，提升工程建设全过程服务能力；提升财务金融服务质量，建立健全财

务金融服务管理体系，严格执行金融服务标准，加强内控和风险管理，适度资产规模，稳健金融工具，降低金融成本，创新金融方法，提升为企业经营、生产管理的服务能力。

## （三）提升专业化水平

坚持没有专业化就没有质量的理念，坚持以市场为导向，以推进专业化发展作为企业建设的主攻方向，加强股份公司、二级公司、三级公司的发展战略研究，强化顶层设计，明确不同企业的功能界定和专业定位，推动技术、人才、资金等各类资源要素向主业集中，坚决退出不具有竞争优势、不符合主业发展的投资，大力培育专项业务能力和核心竞争优势，打造主业突出、专业多元、门类齐全的市场竞争主体。股份公司各多元板块和专业工程局放大“专业+”效应，加大核心业务的应用领域拓展，加大与主业密切相关的业务拓展，加大与核心专业技术原理相近的专业拓展；各综合工程局大力加强专业型工程公司建设，为专业型工程公司培育工匠精神提供条件，将所属工程公司间的内耗式竞争转化为协同式发展；各综合型工程公司加快专业模块团队建设步伐，加强对各专业模块队伍的任务保障，优化模块队伍间的接口管理，发展壮大专业工匠队伍，促进工程产品合格率、精品率的提升。对具有市场发展前景的专业化公司，通过任务分配、设备配置、资质调剂、人才调配、专项技术培育等方式，给予积极的扶持，形成不同企业的专业化集成优势。对部分规模小、实力弱、效益差的综合型公司，通过重组整合、资源调配等方式进行专业化改造。

## （四）提升企业成本管控能力

把控制降低宏观成本摆在突出地位，在微观成本管理上对症施药，从宏观、微观以及综合施策等多方面入手，突出“强体系、补短板、搭平台、促协同、夯基础、育队伍”六大任务，全面推动企业降本增效能力再提升。**强体系**，股份公司作为项目成本管理的指导层，二级公司作为项目成本管理的管控层，三级公司作为项目成本管理的主责层，项目部作为项目成本管理的执行层的四级成本管理体系，实行“三级七层”二次经营体系。**补短板**，强化合同管理，补齐风险防控的短板；强化方案管理，补齐策划短板；强化责任成本预算编制，补齐预控短板；加强责任成本核算，补齐过程控制短板；完善激励机制，补齐考核短板。**搭平台**，规范工程分包管理平台，加快搭建采购供应链体系平台建设，完善机械设备租赁平台，发挥监管平台作用，优化信息工作平台。**促协同**，强化协同管控，深化项目治亏、清收清欠、两金压降、物贸风险化解工作，强化非基建建设板块成本管理，抓海外项目工经工作，改进投资项目和总承包项目的成本管理。

### （五）提升三级工程公司发展能力

坚持“五给五有”总体要求，着力解决三级工程公司能力不强、效率不高、效益不好，甚至长期处于亏损或潜亏状态的难点和重点问题，加大对三级工程公司改革创新的力度，实现三级工程公司做强做优做大。**在做强上**，按照“三级工程公司重在生产管理”的定位，做好顶层设计，明晰三级工程公司的责权利，正确处理好精细化管理和简政放权的关系，做到张弛有度。落实三级工程公司用人、用工、分配等自主权，充分发挥三级工程公司领导班子的创业能力。坚持专业化发展，切实形成三级工程公司差异化竞争能力。把管好项目作为最高使命，全面加强项目“事前、事中、事后”控制，保证项目成本可控、效益可期。做到核心专业能力强、项目管控能力强。**在做优上**，对困难三级工程公司的政策倾斜，在资金、资源、人才等方面给予必要的支持。对于亏损严重的三级工程公司，制订专项解困振兴方案；对长期亏损、扭亏无望的三级工程公司，坚决采取适当方式有序撤并。三级工程公司充分发挥经济活动分析工作的过程纠偏作用，持续做好“双清”和“两金”压降，强化项目二次经营的策划与督导，充分盘活人力、机械、物资、资金等要素。**在做大上**，释放三级工程公司在市场开发方面的压力，让三级公司专注于生产管理。培育三级工程公司区域发展能力，实现良性滚动发展。积极探索项目群管理，积极贯彻落实业主在质量、安全、工期、环保等方面的要求，提高履约守信能力。

### （六）提升安全生产管理水平

深入推进“管”“监”分离，按照“谁主管、谁负责”的原则，贯彻“零事故”理念，落实安全生产责任制，实行专业管理、专职监督。规范设置各层级安全生产管理机构，加强安全监督专职人员队伍建设，形成安全生产管理与监督合力，强化考核奖惩措施，加强管控力度，实现企业本质安全。落实技术、管理和安全生产刚性交底，深入开展安全生产专项治理行动，突出重点领域和关键环节，落实“卡控红线”强制标准，将管理标准、技术标准和作业标准转化为安全监督评价标准，查处违法违规行为，形成安全生产管理监督常态化机制。加强安全生产培训，提高安全生产意识，强化警示教育效果。加快推进安全生产关键技术装备的研发推广，加强现代信息技术与安全生产的深度融合，提升管理力度和水平。提高技术方案保障安全、技术管理决定安全的能力，着力构建风险分级管控和隐患排查治理双重预防机制，健全风险分级管控预警体系，强化重大危险源管控，提升安全生产风险防范能力，进一步完善隐患排查治理体系，全面提升安全保障水平。强化应急救援体系建设，加强国家应急救援基地建设，进一步提高应急救援响应能力和综合救援水平，最大限度减少事故损失和人员伤亡。

### （七）提升企业品牌影响力

全面加强企业品牌和产品品牌建设，强化统筹设计、管理运用，准确把握品牌定位，根据行业特点、产品特性，把握规律性，突出差异性，保持稳定性。加强企业品牌形象塑造，提炼品牌核心价值理念。拓展品牌营销传播渠道，抓住有利时机，充分利用各种媒体媒介，特别是有效运用影响力强、传播范围广的新媒体，做好形象公关，讲好中国中铁故事，广泛传播品牌形象，传递品牌价值，提升品牌影响力。加强品牌文化建设，把“中国中铁”文化内涵作为品牌建设的核心内容，不断总结提炼丰富品牌文化实质，增强全员品牌意识，塑造品牌形象、弘扬品牌精神。树立资本市场品牌形象，加强规范运作、注重诚信体系建设，增强与投资者的有效沟通，实现品牌价值提升。激发品牌发展活力，坚持继往开来、传承创新，把弘扬艰苦创业精神与建设世界一流企业愿景相结合，把弘扬新时期劳模精神与工匠精神相结合，汇聚企业高质量发展的正能量，不断提升“中国中铁”及相关产品品牌的知名度和美誉度。

### （八）提升员工权益保障

坚持以“员工为本”的理念，突出企业员工主体地位，进一步健全以职工代表大会为基本形式的民主管理制度，推行厂务公开和民主管理，完善职工董事、职工监事履职机制，维护员工合法权益，构建和谐劳动关系，落实员工参与企业管理的民主权利。落实集体合同，突出员工权益维护，强化保障机制建设。深化思想政治教育，弘扬劳模精神、工匠精神，弘扬主旋律，传播正能量，引导员工凝聚力量，促进员工综合素质和文化情操不断提高。发挥工团组织的作用，以“当好主人翁、建功新时代”为主题，大力开展劳动竞赛、青年创新创效“双创”等活动，引导广大员工积极投身企业建设。完善薪酬正常增长机制和员工收入能增能减机制，实现员工薪酬与企业效益、个人绩效同向联动，尊重和科学体现员工劳动价值。

总的来说，“十三五”期间，中国中铁始终坚持以习近平新时代中国特色社会主义思想为指导，充分发挥大国重器顶梁柱作用。新签合同额从2015年的9570亿元增加到2020年的2.6万亿元，年均增长22.4%；营业总收入从2015年的6241亿元增加到2020年的9747亿元，年均增长10.9%；2020年末，总资产达1.2万亿元，较2015年末增长68.2%。

2021年是中国共产党成立100周年，是“两个一百年”奋斗目标的历史交汇之年，是踏上“十四五”新征程的开局之年，也是国家开启现代化建设新进程的起步之年，具有特殊重要意义。中国中铁将继续坚持以习近平新时代中国特色社会主义思想为指导，增强“四个意识”、坚定“四个自信”、做到“两个维护”，充分发扬踏石留印、抓铁有痕的韧劲，坚持高质量发展，建设世界一流企业，为全面建设社会主义现代化国家作出更大贡献。

（中国铁路工程集团有限公司：王　丁、代胜元、韩　毅）

# 改革试点引领　先行示范突破　打造具有全球竞争力的科技型管理型质量型世界一流企业

（中国交通建设集团有限公司）

中国交通建设集团有限公司（简称“中国交建”）始终牢记习近平总书记关于国资国企改革的重要讲话精神，心怀“国之大者”，深刻把握党中央、国务院和国资委对中央企业的定位要求和对深化改革的部署安排，把精神吃透、把工作做好，抢抓改革试点新机遇，推动国企改革三年行动与改革试点双融双促，全面开启做强做优做大高质量发展新征程，努力擎起一面新时代国企改革的鲜明旗帜。

## 一、全面加强党的领导，思想领航、统筹推进，牢牢把准国企改革正确方向

**一是学理论、悟思想，“第一议题”指引改革航向。系统建立学习体系**，始终把深入学习贯彻习近平总书记关于国有企业改革发展和党的建设的重要论述作为落实国企改革三年行动的首要任务，制定了《贯彻落实习近平总书记重要指示批示实施办法》，严格执行“第一议题”制度，切实树牢“四个意识”、增强“四个自信”、做到“两个维护”。**系统梳理学习内容**，编制了《习近平总书记对本行业本领域的重要讲话和指示批示学习清单》，共 18 个专题、988 条。集团所属各子企业均根据总书记对本行业讲话精神，梳理形成了本单位学习内容并认真贯彻落实。**系统推进学习研讨**，切实用总书记重要指示批示武装头脑、指导实践，对国企改革的认识更加透彻、思路更加清晰、执行更加坚决，牢牢把准了国企改革的正确方向。

**二是定目标、绘蓝图，顶层设计统筹改革推进。**按照国企改革三年行动要求，公司党委迅速响应、快速部署，第一时间成立国企改革领导小组，抓深抓实改革落地。**制订方案、细化举措**，形成了《中交集团改革三

年行动实施方案》，把十部分五十条改革任务，细化为本企业9部分284项具体落地指标。**明确路径、抓实推进**，按时召开全面深化改革领导小组会、全面深化改革领导小组办公室月度例会，主要领导深入一线调研并指导改革推进。构建了涵盖指标、督办、调研、培训、宣传、检查和改革专班的“6+1”推进体系，开发了在线督办“云系统”。**精确评估、压茬推进**。开展国企改革中期效果专项评估，总结梳理问题，一对一地督导、点到点地控制。

**三是快行动、重落实，改革任务上下穿透**。国企改革的关键在于把蓝图变成实效。**顶层注重思想发动，凝聚改革共识**。公司党委组织全员开展了对标世界一流管理提升行动大学习大讨论活动，通过立标、对标、达标、创标，一致认为：不改革，中交集团就无法实现市场突围；不改革，中交集团就不能实现高质量发展。必须真心拥抱改革、坚定推动改革，才能实现建设世界一流企业的奋斗目标。由此，改革成为响彻公司上下的最强音。**中间注重培训发力，打通改革中梗阻**。充分利用中国干部网络学院、国资委干部教育培训中心网络平台及集团在线学习平台等载体，举办“加快落实国企改革三年行动系列网络培训”等专题培训班，组织参加国企改革专题课程学习，累计超11000人次。**基层注重任务落地，实现全级次贯穿**。中交集团所属各子企业党组织按照改革部署，立即响应、迅速落实，切实扛起改革主体责任。形成了党委统一领导、各级层层发动、任务上下贯通、组织全面覆盖的大改革工作格局。

## 二、持续完善公司治理，健全机制、增强活力，中国特色现代企业制度更加成熟定型

**一是立足全面融入，突出“四个到位”，党的领导进一步增强**。坚持机制上融入、治理上结合，切实把党的领导落实到治理各环节。**党建入章到位**，集团及所属二级企业全部完成党建工作进章程，党组织的法定地位进一步明确，与其他治理主体的权责边界进一步清晰；**体制机制到位**，全面推行“双向进入、交叉任职”的领导体制，明确了子企业董事会、经理层中符合条件的党员按照有关规定和程序进入党委会；**清单制定到位**，集团建立了涵盖65条重大事项的“党委会议事清单”，完善“三重一大”议事清单和党委前置研究事项清单。集团所属二级企业全部制定了党委前置研究讨论重大经营管理事项清单；**程序规范到位**，进一步明确了党委会决

策程序、决策制度和作用发挥方式，党委会、董事会、经理层权责分明。党的领导实现了由“机制嵌入”到“治理融合”再到“优势转化”的飞跃，党委会“把方向、管大局、促落实”的作用进一步增强。

**二是立足“应建尽建”，突出“规范标准”，董事会作用进一步提升。**推动符合条件的125户子企业董事会“应建尽建”。配齐建强外部董事，创新提出“1+6+X”董事会配置标准，组建了外部董事人才库，建立履职保障机构，开展履职培训，完善全过程管理，让外部董事成为“经营上的老师、决策上的专家、沟通上的桥梁”。制定《关于完善子企业董事会建设的工作方案》《规范所属企业董事会运作办法》等多项制度，形成了所属企业董事会运行保障、考核评价的全流程管理体系。

**三是立足“改革实效”，突出“治理长效”，制度建设进一步完善。**落实国资委“把最新改革成果转化为长效机制”的要求，完善以公司章程为基础的制度体系。形成《所属企业公司章程管理办法》《出资企业公司章程指引》等制度机制，为子企业规范公司章程提供了遵循。开展子企业公司章程评估，对子企业公司章程的各项指标逐一审核，增强了章程制定的及时性、完备性和有效性。开展“制度建设年”活动，采用系统性思维、结构性方法，梳理完善总部职能模块、管理事项和规章制度。开发了制度管理数字化系统，实现规章制度全生命周期监管与分级分类归档管理。

## 三、坚持创新驱动发展，建强体系、加速提升，担当高水平科技自立自强的“排头兵”

**一是引领行业前沿。抓实交通强国试点，**明确34个试点单位、63个“平安百年品质工程”，实施6大试点机制，形成“1+6”和“1+6+28”双元任务书落地机制。**探索智慧交通，**推动BIM、5G通信、大数据、物联网、云计算与高速公路建设深度融合，建设了全国首条未来智慧高速公路——江苏五峰山过江通道。**打造原创技术策源地和现代产业链链长，**确立了在长大桥隧、疏浚技术与装备等优势领域，打造一批原创技术策源地；围绕现代综合交通基础设施、疏浚吹填等四大产业链，打造现代产业链链长，建设一批“中交利箭”专精特新链长企业。

**二是完善创新体系。形成科技创新全制度链条，**制定了《“揭榜挂帅”科技攻关项目管理办法》等一系列制度，从机制上激发了科研人员创新的积极性。**推进校企合作，**开展“3+1”高校毕业生联合培养，依托重点实验室、博士后研究工作站，培养科技人才骨干力量。**形成科技创新“大智库”**，组建了由40位院士专家组成的高端科技智库，成立由44名青年领军人才组成的青年专家委员会，打造了一批具有世界影响力的顶尖科技人才和创新团队。**推动子企业创新团队培养**，制定《科研人员职业发展通道指导意见》，搭建职业双通道发展体系。集团所属“双百企业”水规院成立科技开发中心，开辟独立的研发人员发展通道，明确薪酬标准和创新奖励机制，营造了人人思创新、人人学创新、人人践行创新的浓厚氛围。

**三是搭建创新平台。加大研发投入力度**，新认定集团研发中心9个，新增省部级创新平台53个。建设西非和南亚两个海外研发中心，新增跨海桥梁长期性能等4个交通运输行业野外科研观测基地。**攻克“卡脖子”技术**，中交集团掌握了深海沉管安装等一批核心技术，建造了“天鲲号”挖泥船、“天和号”盾构机等一批“国之重器”，长大桥隧、新一代智慧港口等多项核心技术装备保持国际领先。集团所属中交天和全面攻克了盾构核心技术，实现“隧道掘进机装备家族”全覆盖。

**四是加速智能创新。优化“数智中交”布局**，搭建了“总部—子集团—智慧研究院”数智化转型“三驾马车”，公司数智化转型指数总体得分达到44.05分，大幅领先全国33.70分的平均水平，超过了全国83.29%的企业。**深化“数智中交”战略**，推动信息化穿透工程，实现42个统建系统和各单位600余个自建系统集成共享，全面完成由D级到A级的国资委信息化登高计划。**绘制“数智中交”新蓝图**，明确数智化发展“145”总体规划，构筑“中交云”“全球网”“三中心”“三体系”，在北斗定位、智能生产、绿色低碳、安全可控等方面建立智能化综合基础设施系统。**提升“数智中交”含金量**，集团所属“科改示范企业”中咨数据公司建设的“高分交通一张图平台”入选国有企业十大数字技术成果，北斗“一带一路”重大专项入选北斗三号交通基础设施建设行业分理中心试点。

## 四、着力优化资本布局，调整结构、提升优势，勇做服务国家战略发展的“主力军”

### （一）聚焦“三重”布局，服务国家战略有新作为

**聚焦重点项目，建设战略工程。**围绕“两新一重”，积极参与国家重大战略性项目。以港珠澳大桥为代表的“三大工程”有力提升了中交形

象，世界自动化装卸程度最高的上海洋山港四期等一批重点工程顺利交工使用，新超级工程“深中通道”稳步推进，成都濛阳新城、南京浦口智慧新城等一批代表性强、影响力大的重点项目落地，展现了中交的综合实力，彰显了中交的战略担当。

**聚焦重要区域，深耕属地发展。**全领域、全要素融入京津冀、长江经济带、粤港澳大湾区、长三角、成渝双城、海南自贸港等重要区域，开展属地化深耕，向15个重点城市迁设17家三级法人公司；全面深度参与雄安新区建设，被誉为参建企业的标杆和示范；在成都等重点区域实现滚动开发，推动成渝地区双城经济圈建设；助力横琴粤澳深度合作，促进粤澳一体化发展战略落地。

**聚焦重大市场，做强新兴产业。紧跟新型城镇化发展战略**，整合资源，打造“中交建筑”“中交市政”专业平台。近年来，中交集团建筑业务营业额占比由4%上升至15%，市政业务占比由6%上升至19%。**服务制造强国**，集团所属“双百企业”振华重工围绕做强做优高端装备制造、支撑民族品牌发展，成功打造了世界上单体最大的自动化码头，港机产品进入全球104个国家和地区，成为名副其实的世界“贸易之臂”。设立新产业发展事业部，积极推动新产业的规划、研究和培育，布局新能源、海上风电等新兴产业，推动高质量发展。

### （二）聚焦“两大”布局，满足人民美好生活有新智慧

**围绕大交通，打造引领优势。**把握交通强国建设机遇，紧盯大交通领域具有行业影响力的国家重大工程和高端优质项目，打造海陆空轨全覆盖、投资设计运维一体的现代化大交通产业集群，巩固行业发展优势。路桥业务作为公司大交通领域核心主业，中标了首都第二个高速公路项目——承平高速，连续斩获河南省高速公路“13445工程”第一批多个项目。围绕“四型机场”建设，先后落地杭州萧山机场、广东湛江机场迁建项目。围绕后交通时代，组建中交养护集团，形成基础设施建、管、养一体化链条。

**围绕大城市，贡献“中交方案”。**打造以房地产、市政、建筑为支撑，设计、投资、运营相融合的城市发展产业集群。重组中交房地产集团，提升城市建设品牌优势。集团所属中交城投创新打造城市综合开发3.0模式，既满足了业主需求又增强了市场竞争力。**贯彻城市发展新理念，**由“经营项目”向“经营城市”转变，打造智慧城市、绿色城市，探索新的商业模

式。建设了衡阳市城区智慧停车场项目，带动城市设计等一批相关业务。集团所属混改试点企业中国城乡控股北林科技后，实现城市景观绿化设计、施工、养护服务的产业链协同效应，城市建设不断走出新步伐。

### （三）聚焦“两优”布局，践行新发展理念有新担当

**优先江河湖海，建设美丽中国。落实习近平生态文明思想，**充分发挥在传统水工领域技术资源和品牌优势，深度融入长江大保护、南水北调等国家重大战略部署，产业布局向着生态环保延伸。**落实“3060”行动，**组建海上风电专业运维平台，先后中标中广核、华能苍南等一大批风电项目，彰显海上风电领域硬实力。集团所属中国城乡通过收购碧水源，深度参与水净化领域建设。集团所属中交机电局打造节能环保型园区智慧化解决方案，实现零碳供给、绿色消费、智慧管理，可减少总体碳排放90%。**围绕建设海洋强国，**集团所属中交疏浚发挥核心业务和装备优势，始终保持国内沿海疏浚市场领先地位，打造了众多填海造岛国家名片，已经成为世界最大的疏浚工程承包商。**紧跟绿色低碳发展，**设立“绿色低碳发展研究中心”和“碳资产管理和交易中心”，抢占碳达峰、碳中和技术制高点。中交集团已形成涵盖绿色公路、绿色港口、海上风电、环境综合治理等6大类19小类的绿色发展产业。

**优先海外，做“走出去”的领军者。制订海外“两保一争”方案，**深化“六廊六路、多国多港”，构建“一干多枝”的市场格局，业务网络已遍布全球157个国家和地区，在“一带一路”沿线国家和地区累计实施项目近500个、总合同额达1.44万亿元。**强化协同发展，**规范海外业务秩序，系统研究“海外行动”“海外布局”“海外市场开发”整体思路，以平台公司带动设计公司、工程公司“走出去”，实现海外发展内外协同、横向联动。**强化海外属地发展，**中交集团海外员工超过11万人，外籍员工近8.3万人，属地化率75.3%。确定了5家首批属地化提升试点单位，在独立开发、品牌使用等方面强权赋能，与属地国构建了更为紧密的利益共同体、发展共同体和命运共同体。**强化优质发展，**形成了中国港湾、中国路桥、振华重工品牌集群，打造了一系列“中国路”“中国桥”“中国港”“中国岛”的闪亮名片。蒙内铁路是我国铁路全产业链和标准规范“走出去”的生动实践，莫桑比克马普托跨海大桥等6个项目登上ENR年度全球工程奖榜单，斯里兰卡科伦坡港口城被誉为“未来之城”，中交集团已经

成为名副其实的中国标准、丝路精神的传播者。

## 五、稳妥深化混合所有制改革，转换机制、增强活力，推动不同所有制企业共同发展

**一是找准切入点，增强核心竞争力。**把混合所有制改革作为增强企业优势的有力抓手，进一步建链强链延链补链。提升主业竞争力，中交集团通过组建民航机场建设集团补齐“大交通”机场短板，控股房地产高端品牌绿城中国迅速做大了房地产业务，参股葡萄牙莫塔公司成功进入欧洲发达国家市场，实现主业做优做强。集团所属中国城乡通过控股民营企业碧水源，掌握了一批国际领先的水净化技术，在全国污水膜处理领域的市场份额已达70%以上，有力地服务国家生态文明建设。

**二是抓实着力点，提升公司治理水平。**“一企一策”明确混改企业管控事项，理清各治理主体权责，形成对混改企业治理的制度体系。针对国有股权比例低于50%的混改企业，采取差异化管控模式，有效发挥各治理主体的积极性。通过派驻外部董事，提升董事会话语权，保障出资人利益。集团所属绿城中国是由“央企—港资—民营创始人—公众股东”组合持有的典型混合所有制企业。集团在总结以往经验、查漏补缺的基础上，制定了《绿城中国管控方案》《绿城中国派出外部董事管理办法》，细化制度机制，明确管控原则和要求，进一步理顺了法人治理权责边界。葡萄牙莫塔公司是中交集团参股的境外混合所有制企业。中交集团党委前置研究形成了《莫塔公司管控方案》，规范授权管理、派驻外部董事、明确治理权责，建立了既满足公司管控又适应国际市场竞争的治理模式。为充分防范莫塔公司经营风险，中交集团以葡萄牙分公司为载体探索建立前方党小组，以组织前移推动风险防范前置，做国有资产的忠实守护者。

**三是扭住关键点，转换经营机制。**按照市场化原则推进选人用人，完善中长期激励，大力推行职业经理人机制，把市场化“活”的优势充分激发出来。集团所属中交房地产思源兴业，人员选聘高度市场化，高管团队推行职业经理人机制，薪酬考核与业绩市场双对标。集团所属中国城乡混改企业碧水源推动强激励、硬约束相融合，明确了近三年净利润增长率比分别不低于10%、15%、20%的业绩指标，推行骨干员工持股，极大地激发了全员的干事热情。

## 六、积极发挥国有资本投资公司功能，有进有退、灵活高效，持续完善国资监管体系

**一是有序推进放权授权。**按照“放得下、接得住、管得好、动态调”的思路，“一企一策”授权放权。编制《总部权责手册》，创建授权放权“管控光盘”，理清对出资企业管控事项，在5家子企业开展试点。通过对所属“双百企业”一公局集团授予5方面17项自主决策权，持续增强一公局集团市场自主性，极大地激发了其市场活力。一公局集团已成为新签合同额、营业额“双千亿”，利润总额超20亿元的重要子企业标杆。

**二是强化主责主业管理。**按照“面向世界、聚焦建设、突出主业、专注专业”的原则，制定《主责主业管理办法》，有序引导和加快推动所属子公司把人财物、技术等资源要素向主业集中，向重点领域、重点产品集中，不断增强市场竞争力，提升价值创造能力。集团所属中交四公局建筑市场份额占比超过70%，二航局“桥品牌”唱响全国，信科集团“数字+”智能交通优势全国领先，集团正在形成主业突出、特色明显、相互支撑的产业集群。

**三是深入实施差异化考核。科学区分考核类别，**通过分析考核对象所属业务领域和行业情况，将子企业划分为外经平台、基建企业、设计企业等10大类，根据企业改革重组动态调整考核关键指标及权重。**健全差异化考核制度体系，**全面修订所属子企业负责人经营业绩考核制度，根据不同企业类别，细化考核导向，“一企一策”形成个性化考核方案。**动态优化考核指标，**建立了包含92项内容的考核指标库，每年调整考核指标，允许子企业自选指标，提高考核的灵活性和针对性。针对管理短板，制定了专项考核措施，有效补充常规考核，推动落实临时性、阶段性的重要工作任务。**强化考核结果应用，**将经营业绩考核分为年度经营业绩考核和任期经营业绩考核，考核结果分ABCD四个等级，依据考核结果对子企业负责人实施奖惩。考核结果成为推行干部能上能下的重要依据，树立了以业绩论英雄的鲜明导向。

**四是着力构建大监督体系。完善大监督格局，**建立涵盖各治理主体及纪委、巡视、审计、法律、财务为一体的大监督工作体系，成立了党风廉政建设及反腐败工作领导小组、协调小组，探索形成了专项监督、协同监

督等五种监督载体，通过协同配合，有效避免监督“盲区”。构建形成了“1+N”内部审计制度体系。推进巡视全覆盖，对二级企业、项目开展巡视回头看和专项巡视。总法律顾问制度进章程，所属二级单位全面建立总法律顾问制度，三级重点子企业总法律顾问全部到岗。**提升监督效能，**加强党组织对领导人员履职情况的监督；强化董事会对经理层落实董事会决议情况的监督；提高监事会监督质量，完善上市公司中国交建及所属子企业两级监事会建设；重视职工民主监督，健全企业民主管理制度；建立健全信息公开制度，依法依规披露企业生产经营重要信息。**强化责任追究**，建立健全公司违规投资责任追究制度体系和公司重大决策失误和失职渎职责任追究倒查机制，切实防止重大资产损失。以零容忍的态度惩治腐败，加大纪律审查力度，减少腐败存量、遏制腐败增量。

## 七、加快建设世界一流，强身健体、提质增效，争当高质量发展的“领跑者”

**一是转变职能，“五型”总部强引领**。重塑总部职能，精简管理链条，打造精干高效的组织体系。以“定战略、重权益、立规矩、抓执行、强监管、问责任”为建设核心目标，确立了总部“六个中心”“八大功能”的基本设定，明确了建立“党建引领型、战略管控型、价值创造型、服务监督型、和谐奋进型”“五型”一流总部新定位，总部引领作用更加突出，加快向战略管控转变。推动境内外业务拉通管理，新设国内直营业务、国际直营业务等五大事业部，实现“管办分离”，完成了业务管理与发展主体从“专业事业部”到“功能事业部”再到“公司化事业部”的升级。改革后，总部运转效率明显提升。

**二是瘦身健体，“三个专项”提质效**。抓实机构压减、亏损治理、过紧日子三个专项。**压减机构明确范围定标准，**确定“三全一中心”① 压减范围，建立“十一条”具体标准。累计压减法人机构 296 户，管理层级全部控制在 5 级以内。2021 年已压减常设法人 11 户、涉及人员 735 人，节省人工成本 7423. 07 万元、管理费 2750. 31 万元。**亏损治理挂牌督办定目**

---

① “三全一中心”，其中，“三全”指覆盖公司全级次常设公司、贯穿公司全级次常设公司的全生命周期、覆盖公司全业务领域的常设公司；“一中心”指机关、办事处、无业务事业部、平台公司、区域分公司等不开展实际业务，或因境外收并购、投资、股权管理等成立的境外特殊目的公司，或公司处于初创期，跟踪项目暂未落地没有产生收益，只发生期间费用。

**标**，明确亏损治理2021年的108项目标任务，建立减亏治亏闭环体系，形成领导包保、部门牵头、亏损企业主责的上下联动治亏机制。**树牢过紧日子思想**，形成59条具体任务并分解到16个主责部门。今年1—8月中交集团管理费率同比下降0.6个百分点，年化管理费同比下降10.81个百分点。

**三是优化供应链，“三个链条”保稳定。打造供应“珍珠链”**，利用规模体量和融资成本优势，大数据预测需求、集采目录分级实施，让上下游企业主动向“我”靠拢，实现总成本最优。中交集团一、二级物资集采率达94%，在国资委对标评估中已升至建筑央企板块第二名。**控好海外“风险链”**，推动中东、欧洲和日本海外区域集采中心试点运行，布局海外分支机构集采平台。**提升前沿“价值链”**，发起成立“中物联现代供应链研究院”，申报商务部“供应链创新与应用试点企业”，是建筑板块唯一获准参与两项工作的中央企业。

**四是建设“财务云”，业财一体化穿透管理。**把“财务云”业财协同建设作为“十四五”数智化建设头号工程。成立“财务云”业财协同专项领导小组，强力推动专项建设；制订总体工作方案和各专项组工作方案，正式发布8类主数据标准，开展试点单位数据清洗治理和主要系统流程梳理；构建了覆盖集团各级法人企业与总包项目、全周期一体化流程管理体系，推动公司业务流程向标准化、精细化、数字化、智能化变革，实现经营管理活动可度量、可追溯、可预测，管理经验可传承，提高公司“智慧运营”能力。

**五是提质增效，“四做”放大价值量。做大工程**，提升现汇项目比重，现汇新签合同额同比稳定增长；推动三级工程公司专业化发展，构建“1+N”项目管理体系，对分包合同统一编码、分包商统一入库，做到细项目、严分包。**做强投资**，制订“项目投资”“机构设立”“股权投资”全生命周期管理方案，创立了业内知名的“新疆模式”“河北模式”。优化投资项目大中小、长中短配比，强化投资价值的一体化。**做实资产**，严控因投资带来的新增带息负债，资产负债率逐年降低，确保风险可控。按照8个种类、4个标准对主要资产进行分类管理，形成全级次资产清单。推进优质、良好资产专业化重组，低效、无效资产逐步剥离，资产运营不断向优。**做优资本**，紧紧围绕“大交通、大城市”两大产业主线，打造产业基金群，拓展多元化融资，提供资本运作服务。整合存量金融资源成立中交资本控股有限公司，提升产融协同发展能力，充分发挥上市公司平台作用，放大资本效益。

## 八、注重以业绩论英雄，价值导向、能力为先，做优市场化改革的“示范者”

**一是让能进能出变“新常态”，为选人用人注入“源头活水”。精总部，**坚决破除“官本位”思想，把解决“总部机关化”问题作为推动市场化改革的切入点。全级次制订“三定”方案，实行机构、编制双管控。中交集团总部机构由27个削减至18个，削减率33%；内设机构和岗位编制压减率分别达到21%和31%，总部运行效率、作风建设得到新加强。及时将总部改革思想向所属单位延伸，推动所属企业总部普遍压减人员10%~15%。**重交流，**近三年所属企业30余人到总部交流，总部95人到所属单位交流，人才流动机制不断成熟。**建体系，**形成“管理、技术、项目”三序列职务职级，畅通发展通道，让有能力的人“出得来、用得好、留得住”。**搭平台，**盘活内部跨单位、跨板块人才市场，搭建中交集团“人才招聘平台”，实现企业岗位所缺、人才所长快速匹配。目前，“能进能出”已经在中交集团各子企业广泛推动，“大锅饭就是没有饭”的市场化改革意识已深入人心。

**二是让能上能下呈“竞争态”，祛除慵懒散慢“太平官”。刚性退出“挪位子”。**大力推行经理层任期制契约化，明确业绩与岗位刚性挂钩、刚性退出条款，“两书两协议”签订率超过80%。集团所属中交天航局在契约中明确岗位退出的10种情形，以及完不成目标的年薪追索条件，让“前有金山、后有猛虎、风险共担、收益共享”的理念落到实处。**拓宽入口“竞位子”，**动真碰硬打破“铁交椅”。通过公开招聘子企业副总经理、总法律顾问等高管，市场化引进干部人才。集团所属振华重工中层干部率先起立，骨干员工重新上岗，末等员工安置重塑，2830名员工进行竞聘或选聘。**优化结构“配位子”，**建立五类优秀干部名单库，加大优秀年轻干部使用力度，2021年集团党委新提任干部中45岁以下的占比34%，其中80后正职2人。

**三是让能增能减成“标准态”，打好“加减乘除”组合拳。**完善绩效薪酬分配体系，业绩、薪酬、工资总额联动。**以目标业绩定薪酬，**高目标、高薪酬，完不成目标降薪酬。2020年集团所属单位工资总额增减幅度达到20%~29.9%，9家单位因业绩优秀获得工资总额特别奖励3.61亿元，各子企业主要负责人收入最大差距达 120.13 万元。**以绩效考核优薪酬**，总部员工绩效考核 100%全覆盖，同级员工薪酬高平差由 9%拉大到 20%，真正实现干得好才能拿得多。**以正向激励增薪酬**，制定了《中长期激励管理办法》，构建“1+7”中长期激励制度体系。在符合条件的企业实施股权激励、员工持股、项目跟投和分红激励等不同方式的中长期激励。中交集团已确定在首批 10 家企业开展试点，年底前实施。目前，中交集团所属企业已实施超额利润分享的有 2 家，项目跟投 1 家。集团所属中交地产不断完善“139”项目跟投体系，实施跟投项目 38 个，跟投人数 400 多人，金额近 2 亿元，累计分配利润 4000 多万元。

中交集团将坚决践行好习近平总书记对国企改革的系列重要指示批示，以钉钉子的精神推动改革做深做细做实。以做强做优做大的中交实践，加快建设世界一流企业，当好“两个基础”“六种力量”的排头兵，为圆满实现第二个百年奋斗目标、建设社会主义现代化强国贡献力量和担当。

（中国交通建设集团有限公司：崔　伟、刘慧波、肖华光、陶　勇）

# 保国利民　追求卓越
# 持续推进高质量发展

（中国保利集团有限公司）

## 一、企业发展概况

### （一）企业历史沿革

保利从军中走来，在改革中诞生，在开放中成长，在市场中壮大。1984 年，经中央军委和邓小平同志批准，由总参装备部和中信集团共同出资，中国保利集团有限公司（简称保利集团或保利）的前身——保利科技有限公司正式成立。1993 年，在保利科技有限公司的基础上，经国务院、中央军委批准组建了中国保利集团公司。1998 年军企脱钩，保利集团由军队划归中央企业工委领导。2003 年，成为由国务院国资委管理的大型中央企业。2016 年，保利集团被国资委列入国有资本投资公司试点企业。2017 年底，保利集团由全民所有制企业变更为国有独资公司，公司名称变更为“中国保利集团有限公司”。

自 2010 年起，保利开启了一系列并购和重组：2010 年，中国新时代科技有限公司和新时代民爆科技集团股份有限公司（军贸和民爆业务）；2012 年，山东银光民爆器材有限公司（民爆业务）；2014 年，贵州久联集团（民爆业务）；2015 年，贵州盘化集团（民爆业务）；2016 年，中国航空工业集团公司地产板块（地产业务）；2017 年，中国轻工集团公司（轻工研发及工程业务）；2017 年，中国工艺集团公司（工艺原材料及产品经营业务）；2018 年，广东长大公司（工程业务）；2019 年，中国中丝集团有限公司（丝绸业务）；2019 年，中国华信邮电科技有限公司（信息通信业务）；2020 年，上海诺基亚贝尔股份有限公司（信息通信业务）。

保利集团现已形成以国际贸易、房地产开发、轻工领域研发和工程服务、工艺原材料及产品经营服务、文化艺术经营、民用爆炸物品产销及服务、信息与通信技术、丝绸相关产业、金融业务等为主的发展格局。

## （二）经营及资产情况

2020 年，保利集团实现营业收入 4007 亿元，同比增长 1.5%；利润总额 591.4 亿元，同比增长 0.9%；净利润 440.4 亿元，同比增长 3.4%；归属于母公司净利润 134.5 亿元，同比下降 4.1%；当年上缴税金 541 亿元，同比增长 5.1%。截至 2020 年底，保利集团总资产 15704.8 亿元，同比增长 19.6%；总负债 12408.9 亿元，同比增长 20.9%；净资产 3295.9 亿元，同比增长 15.1%；归属于母公司净资产 1006.6 亿元，同比增长 13.2%。

截至 2020 年底，保利集团总资产在 97 家中央企业中排名第 10 位，营业收入排名第 25 位，利润总额排名第 9 位，净利润排名第 10 位，世界 500 强排名第 174 位。

保利集团连续四年荣获国资委中央企业党建责任考核 A 级和国资委董事会运行最优评价，连续三次获得国资委任期经营业绩考核 A 级，第十次被评为中央企业负责人经营业绩考核 A 级。

## （三）保利集团的行业地位

保利集团现已形成国际贸易、房地产开发、轻工领域研发和工程服务、工艺原材料及产品经营服务、文化艺术经营、民用爆炸物品产销及服务、信息与通信技术、丝绸相关产业、金融业务等适度多元发展格局，在人居环境、物质生活、精神文化等方面更加丰富和满足了群众需求，努力成为人民美好生活的创造者、服务者和引领者。

一是在国际贸易业务方面，出口签约连续多年位居国内前三甲，连续 7 次被上级主管单位评为“出口先进单位”。二是在地产业务方面，销售签约常年保持中国地产企业前五、央企地产企业第一；保利发展连续 11 年获得“中国房地产行业领导公司品牌”称号。三是在轻工业务方面，分别在日用化工、食品发酵、制浆造纸、皮革制鞋等行业拥有四家国家级研究院，主导制定 15 项国际标准。四是在工艺业务方面，中国工艺集团有限公司连续多年位列“中国工艺美术行业综合实力第一名”，是中国最大的铂金进口商。五是在文化业务方面，剧院院线直营数量及演出场次位居行业第一，拍卖业务连续 10 年位居全球中国艺术品拍卖领域第一，保利文化 11 次入选“全国文化企业三十强”。六是在民爆业务方面，工业炸药和数码电子雷管许可产能及产销量、爆破工程量和炸药使用量、混装炸药车单车产量均位居全国第一。七是在通信业务方面，上海诺基亚贝尔是信息通信领域的领先厂商，长飞光纤是全球最大、中国生产技术最先进的光纤光缆供应商，拥有国内光纤光缆行业唯一的国家重点实验室。

2017年底，中央经济工作会议提出了高质量发展的时代命题，为中国经济指明了发展方向。“十三五”期间，保利集团做强做优，深耕广拓，在高质量发展时代踔厉奋发，行远自迩，世界500强排名不断前移，2020年跃升至第171位，较“十三五”期初提升227位，在国际舞台不断展现中国企业形象、讲述中国企业故事。

## 二、“十三五”期间主要工作和成绩

“十三五”期间，始终坚持两个“一以贯之”。党建引领促改革，固本强基谋发展。五年来，保利集团深入学习贯彻习近平新时代中国特色社会主义思想，落实党的十九大和十九届二中、三中、四中和五中全会精神，坚决做到“两个维护”。不断完善“三重一大”决策机制，全面推行“双向进入、交叉任职”领导体制，切实把党的领导融入公司治理各环节，确保改革上下一心、协力奋进。保利集团始终坚持纵深推进企业改革，多措并举破藩篱，革故鼎新去顽疾。2016年，适逢“十三五”开局之年，保利集团成为国有资本投资公司试点。五年来，为适应试点新要求，每年召开发展改革研讨会，建立起成熟高效的改革工作机制，形成了主动改革的企业文化，改革全面发力、多点突破，取得重要进展。

### （一）经营业绩高速增长，提前超额完成规划目标

“十三五”期间，保利集团提前一年完成“333”规模战略目标①，资产总额、营业收入、利润等主要经济指标均实现倍增。截至2020年底，保利集团资产总额突破1.5万亿元，全年实现营业收入超4000亿元，利润总额近600亿元、净利润440亿元，经营效益创历史最好水平。

“十三五”期间，集团在“十二五”高速增长的基础上，再创加速度：资产总额年均复合增长率达到21.3%，营业收入年均复合增长率达到19.1%，利润总额年均复合增长率达到21.4%，净利润年均复合增长率达

① 注：到2020年实现营业收入超过3000亿元、利润总额超过300亿元，成功进入世界500强前300名。

到23.8%。各项生产经营指标在中央企业中排名稳中有升。2020年，资产总额、利润总额、净利润排名均在97家中央企业中位列前10位，进入第一方阵；营业收入位列前25位。

“十三五”期间，保利累计实现利润总额和累计上缴税金均超过2000亿元，平均净资产收益率达到13.66%，国有资产保值增值率保持在110%以上。连续3年荣获国资委中央企业党建责任考核A级，连续多年荣获国资委董事会运行最优评价。连续3次获得国资委任期中央企业负责人经营业绩考核A级，第10次获得年度经营业绩考核A级，在2020年的考核A级企业中排名第三，成绩来之不易。

### （二）大力推进三项制度改革，充分激发市场主体活力

“十三五”期间，集团人才总量不断提升，人才结构持续优化。集团员工总数较2015年增长50%以上，其中经营管理人才增长超过20%，专业技术人才增长超过200%，技能人才增长超过30%。深化三项制度改革以来，集团员工价值创造能力不断增强，人工效能持续提升，全员劳动生产率增长超过60%，人工成本利润率处于央企优秀水平。

#### 1. 建立健全市场化选人用人机制，促进干部能上能下

一是加大市场化选聘干部力度。各子公司竞争上岗和公开竞聘干部，部分基层企业试行职业经理人制度，5家“双百”企业和2家“科改示范”试点企业率先推行经理层成员任期制和契约化管理。二是强化优胜劣汰。集团公司和各子公司调整淘汰不称职、不担当、不作为、不在状态、违规违纪违法干部数十人。三是加强干部交流。“十三五”期间，集团总部干部调整率达90%，重组企业领导班子调整率达70%以上。

#### 2. 积极推进收入分配市场化改革，促进收入能增能减

一是解决工资总额长期不足和职工工资水平长期偏低问题。积极争取国资委支持，集团职工工资总额和人均工资实现较大幅度增长，向央企整体水平看齐。二是实行差异化薪酬分配策略。将子公司经理层成员考核分配权落实给子公司董事会，强化“业绩升、薪酬升，业绩降、薪酬降”。三是探索实施多种中长期激励机制。实施上市公司股权激励、项目跟投、科技型企业分红激励等激励措施，探索员工持股、超额利润分配等机制，有效激发核心关键人才积极性。

3. 深入实施市场化用工制度，促进员工能进能出

一是全面推行公开招聘制度。做到信息、过程和结果“三公开”，年均招聘超 3 万人，员工劳动合同签订率保持 100%。二是强化全员绩效考核和结果运用。市场化退出员工近 1.6 万人。

### （三）管理体制和管控模式持续优化，制度建设更加成熟

1. 加大授权放权，提升发展活力

为适应从“管企业”到“管资本”的根本性转变，梳理调整母子公司管控权限，修订完善配套制度 100 余项。加大对子公司的授权放权力度，具体经营运营管理权限和工作职能全部下沉至各级企业，提高各主业平台的市场反应能力和经营发展活力。针对集团多元主业特点，探索分层、分类的管控办法，一企一策、因业制宜，不搞“一刀切”，根据主营业务所处行业的管控能力以及发展阶段，划定审批标准、规定投资权限，做到精准、科学、客观，提高管控效率。

2. 强化总部职能，促进管理提升

重塑优化总部职能，打造适合管资本的体制机制，聚焦战略管控和财务管控，对标世界一流，建设“有为”总部。按照“小总部、大产业、市场化、专业化”的理念，根据职能部门“大部化”、业务部门“区域化”、保障部门“专业化”的总原则，整合总部机构，加强融资、投资、风控、考核四大功能建设。目前，保利集团资产超 1.5 万亿元，总部不超百人。小总部、大产业、多平台，是保利的突出特色，也是在中央企业中的最大亮点。

### （四）国有资本布局结构不断优化，深入推进供给侧结构性改革

1. 兼并重组优布局

根据国有资本投资公司的定位和要求，扎实开展重组整合与市场化兼并收购，优化多元业务板块。“十三五”期间，并入和划转至保利集团的主要企业或资产有 7 家：2015 年并购盘化集团，2016 年收购中航工业地产业务，2017 年重组中轻集团、工艺集团两家央企，2018 年增资广东长大，2019 年重组中丝集团、华信邮电两家央企，2020 年，理顺一级央企上海诺基亚贝尔的管理关系。在兼并重组的同时，2017 年 5 月，战略性退出煤炭业务。通过一系列兼并重组，优化了产业结构和布局，提高了国有资本的

流动性，提升了抗风险能力，凝聚了新的发展优势。每年都重组一些业务、在业务上有所补充，同时有进有出，进行业务布局的优化，也是保利在中央企业中比较突出的亮点。

2. 改革行动加动力

制订集团改革三年行动方案，明确了 8 大类 36 项 52 条具体改革任务，召开集团改革三年行动部署会，要求以方案为纲领、以行动为抓手，一体推进、全面深化改革。各子公司成立工作小组，研究具体工作计划。国资委规定的 2020 年 8 项重点任务已全部完成，为今后两年持续深化改革奠定了良好基础。

3. 板块协同筑合力

2018 年，完成集团内部两个地产板块的整合工作，解决了存续多年的难题，促进地产主业合力发展。各业务板块积极优化资源配置、创新协同发展模式，实现了“1+1>2”的整体效果。譬如，保利发展与保利文化共同推动的郑州保利文化广场、慈溪保利文化小镇等文化地产项目，优势互补、聚力共赢。同时，推动现有主业向上下游延伸，布局着眼未来有发展趋势、有成长潜力的新产业，孵化新业态，打造新优势，增强持续发展能力。

4. 专项改革增成效

一是双百行动方面，经国资委同意，已将中丝集团和保利发展两家子公司纳入双百行动名单，进一步修订完善改革方案和工作台账。处僵治困方面，两家下属子公司，一家已向法院递交破产申请，一家成功挂牌转让，有效回收资金数亿元。二是剥离国有企业办社会职能和解决历史遗留问题方面，全面完成职工家属区“三供一业”分离移交和财政补助资金清算工作，有关子公司厂办大集体改革基本完成；扎实推进退休人员社会化管理工作，完成率达到 99.94%。三是降杠杆减负债方面，年底合并资产负债率降至任务目标水平，圆满完成收官年压降任务。四是“两金”压控方面，从严制订未来三年“两金”管控方案，有针对性地压控“非正常类”两金，着力提升“两金”运营质量。

5. 新兴业态释空间

各子公司主动应对疫情冲击，多渠道探索业务创新。地产业务拓展健身、潮玩等新展会方向，落地高尔夫模拟器项目，黄河楼景点项目开业亮相；养老机构首次实现会籍销售，签约金额破亿元。轻工业务培育工业互联网业务，白酒工业互联网平台获贵州省大数据优秀应用解决方案。工艺业务深耕工艺美术零售业务，启动线上零售平台。文化业务开发云服务、云业务，加紧探索文旅融合型剧场、旅游驻场演出等新兴业务。民爆业务加速完善和推广“绿色矿山综合恢复治理”，保利生态开发模式成为河北省生态治理样板工程。

6. 科技创新添动能

“十三五”期间，集团的创新成果数量显著增加，专利数量迅速增长，科技创新水平上了一个新的台阶。主导制定发布 10 余项 ISO 国际标准，多次参与国家重点研发计划科技合作专项和国家重大专项牵头课题，获得省部级以上奖励数百次，数项科技成果鉴定达到国际先进水平。2020 年全年新申请专利数量和新增授权专利数量均超过 500 项，科技研发活动支出超 30 亿元，年度新增有效专利数量较上年增加近 300 项。

### （五）公司治理结构不断完善，风险控制持续加强

1. 打造规范高效董事会

一是发挥董事管理经验和专业能力。董事会成员各显其能，合力突出、作用突出、成效突出、贡献突出。保利集团拥有一支堪称“梦之队”的外董队伍，国资委先后为集团配备近 20 名政治坚定、管理经验丰富、专业能力强的外部董事。董事们勤勉尽职，充分发挥各自经验和能力，引领指导推动保利实现高质量发展。

二是创新保利特色的外部董事履职方式。从体制机制上保障外董发挥其主观能动性，释放出更大的活力、能量，深度参与公司发展改革，在企业重大经营管理事项决策中更好贯彻出资人意志。在外部董事组成的督导考核小组推动下，保利集团的发展改革取得了重大进展。

三是突出专门委员会咨询把关作用。对于需提交董事会的决议事项，均需交由相关专门委员会事先研究、充分讨论。“十三五”期间，专门委员会共召开了 54 次会议，审核把关事项 304 项，体现了严格、严谨、严肃的优良作风。

2. 严控安全生产风险

一是配备安全管理人员。各级企业配备专兼职安全管理人员 5000 人。

他们恪尽职守，坚持年度质量安全大检查、大型设备专项检查和第三方评估等工作，累计发现问题隐患 37.6 万项，完成整改 37.1 万项，整改完成率达 98.5%。

二是落实安全环保责任。集团公司制订安全生产专项整治三年行动实施方案，统筹疫情防控和安全生产工作；全面修订内控管理、全面风险管理、重大项目风险评估等制度；开展安全培训、经验交流、应急演练等活动超过 9 万次，共 326 万人次参与；对接国家预警发布中心向子公司转发极端天气和自然灾害预警信息 1400 余条；采用远程视频等新技术开展安全检查；按照国资委有关要求，开发生态环保数据填报系统，提高数据统计的真实和完整性。

三是全面提升内部审计监督效能。聚焦各级领导干部权力运行和责任落实情况，开展任中、离任经济责任审计项目 200 余项；围绕高风险金融业务、境外业务、工程项目招投标等方面开展审计项目近千个，基本实现了审计监督的全覆盖；严格按照国资委“三不放过”原则，盯住审计署经济责任审计发现问题整改。

3. 坚持依法合规

一是集团法治建设迈上新台阶。集团总部、主要子公司和控股上市公司总法律顾问配备率达到 88%；首次印发了《诚信与合规手册》和《合规指南——用印风险控制指引》。2018 年国资委开展法治建设考核工作以来，保利集团评分逐年提高。

二是法律风险处置取得新突破。五年来，集团共处理重大法律案件 104 件，涉案金额约 94 亿元，挽回损失约 30 亿元。同时，集团公司发挥法律事前参与的作用，为子公司提供了大量法律支持和指导。

三是合规体系建设取得新进展。中美摩擦以来，集团多次对海外项目风险进行排查，累计向各子公司发送了 50 余份法律风险提示函。特别是对海外资产和人员安全工作做了深入研究和部署，督导各子公司完善风险处置预案。

### （六）国际交流与合作不断加强，国际影响力持续提升

1. 国际朋友圈不断扩大

保利加强与各国政商界的良好关系，形成了覆盖广泛的国际合作网络和平台。集团主要领导陪同党和国家领导人出访德国、法国、日本、韩国

等国，会见政商金融界重要人士；集团领导和各子公司接待和拜会50余位外国元首，以及60余国的250余位部长和驻华大使；保利为推动中意、中法的友好交流作出了杰出贡献，获得了由两国元首确认颁发的“意大利之星高级将领勋章”和“法国文学与艺术骑士勋章”。

2. 服务国家总体外交

保利集团体现央企的责任担当，积极参加博鳌论坛、金砖国家峰会、中非论坛、上合峰会、进博会、“一带一路”国际合作高峰论坛、世界经济论坛等主场外交活动；加入中法、中英、中意、中德企业家委员会等双边合作机制；集团领导担任国际商会执行董事、沙特B20工商峰会联合主席、世界手工艺理事会亚太地区资深副主席等职务，主动参与规则制定，维护国家利益，增进了解。得到了国家有关部委和国际组织的肯定与表扬。沙特B20工作结束后，B20主办方、中国贸促会和中国国际商会分别来函、来电，向保利集团的工作团队表示感谢。

3. 多方面开拓海外市场

保利集团累计与全球70多个国家签订贸易合同，出口签约、收汇超等指标综合排名位于行业之首。在美、英等国及港澳地区开发28个房地产项目，累计投资近400亿元，总货量近700亿元，建筑面积近69万平方米。新增境外承包工程合同额累计约67亿元，与十多个国家开展了多个国际科技合作项目。积极与“一带一路”沿线国家签署采购协议，圆满完成外事礼品定制任务，首届进博会有3款入选为元首礼，被赠予了11个国家领导人。与20余个国家和地区开展演出、剧院、影视等领域的文化交流。“十三五”期间引进国际知名院团的演出项目一万余场（每年2000余场），投资的首部海外剧目《一个美国人在巴黎》完成境外驻场演出350场，受到境外主流媒体五星好评；联合制作并引进英文原版歌剧《红楼梦》，入选首轮中美社会和人文对话重点项目。与国际民爆龙头企业澳瑞凯集团成立合资公司，共设研发中心，成为其全球供应体系的中国生产基地；在坦桑尼亚与当地企业成立合资公司，取得了该国首张民爆器材的生产牌照。积极开拓与“一带一路”沿线国家的丝绸贸易。与泰国PASAYA公司合作建设优质蚕桑基地、开展丝绸成品品牌合作、开拓国际纺织市场与综合开发茧丝绸。牵头完成3项ITU国际标准，取得境外专利授权27项，企业通信业务已初具全球经营态势，外籍员工近2000名，销售渠道遍及全球100多个国家，服务全球83万多家企业和政府，境外工程项目覆盖“一带一路”沿线近30个国家。

### （七）毫不放松抓好疫情防控，展现央企责任担当

面对突如其来的新冠肺炎疫情，保利集团展现责任担当，在应急保供、医疗支援、社区防疫、复工复产、稳定产业链供应链等方面发挥作用，助力打赢疫情防控阻击战。

建立健全疫情防控常态化机制。迅速组建领导工作机构，建立起高效完善、分工明确的抗疫指挥系统。领导班子先后6次深入在京保利社区调研指导，3次视频连线感染员工和一线工作人员，多次召开会议部署抗疫工作。

持续落实落细防控措施，注意抓好境外疫情防控，保障11万职工健康安全。境内21名确诊员工、华信邮电11名确诊员工在两个月内实现清零后，再无确诊疑似病例，境外中方员工一直保持无确诊、无疑似病例的良好记录。

全力以赴投入社区防控。密切配合政府、服务业主，守护1200多个社区、近400万业主健康安全，社区感染率仅为千分之一。多家子公司驻鄂企业，牺牲假期、逆行坚守。

支援抗疫大局，得到了党中央、国资委、湖北省、武汉市等各方肯定和感谢。第一时间向湖北捐赠2000万元以及大量医用生活物资。向武汉市政府捐赠价值3600万元物资，支援并参加“方舱医院”建设。16台ECMO（人工肺）星夜驰援武汉，提高危重患者抢救成功率。为武昌抗疫指挥场所和内蒙古医疗队提供驻地，保障4家援鄂医疗队食品供应。截至目前，累计捐赠资金、物资过亿元。累计减免租金近3亿元，惠及中小微企业和个体工商户近3000户。

### （八）全面巩固深化党建工作，进一步提升党建质量

一是加强理论武装。以习近平新时代中国特色社会主义思想为指导，推进学习贯彻党的十九届五中全会精神走深走实，切实将思想和行动统一到党中央的决策部署上来。二是提升党建质量。充分发挥党委把方向、管大局、保落实的领导作用，夯实党建工作基层基础，深入推进党建与改革发展工作融合，切实发挥党建优势。三是抓好队伍建设。领导班子团结一致讲大局，党员干部作风优良勇担当，广大员工恪尽职守肯作为，为做强

做优做大贡献力量。四是加强党风廉政建设。把政治监督摆在首位，强化日常监督，构建“大监督”格局。开展境外腐败、利益输送、设租寻租、化公为私问题专项整治，纠治“靠企吃企”问题。严格执纪问责，持续保持反腐败高压态势，一体推进“三不”建设。

“十三五”期间，保利集团不忘初心，砥砺奋进。一方面，牢牢把握坚持党的领导、筑牢党的建设这条生命线，旗帜鲜明讲政治、凝心聚力扬风帆；另一方面，更加注重改革的系统性、整体性和协同性，实干为要立潮头、提质增效谋新篇。党建改革两手齐抓、双轮驱动，推动保利发展效益更高、运行更稳、结构更优。

## 三、“十四五”发展规划与目标

### （一）战略愿景

秉承“保国利民、追求卓越”的企业宗旨，践行国有资本投资公司使命，到2025年，打造高端、高质、高品，软硬实力并举，具有全球竞争力的世界一流企业集团；到2035年，成为行业领先知名、发展持续稳健、优势突出卓著、经营健康高效、具备高度社会责任感的卓越企业集团。

### （二）指导思想

高举中国特色社会主义伟大旗帜，积极贯彻党的十九大和十九届二中、三中、四中、五中全会精神，深入落实习近平新时代中国特色社会主义思想、习近平总书记关于国有企业改革发展和党的建设重要论述，把握新发展阶段，坚持新发展理念，融入新发展格局，落实国企改革三年行动方案，推进企业高质量发展，加快打造具有全球竞争力的世界一流企业集团，进一步满足人民日益增长的美好生活需要，进一步做强做优做大国有企业，进一步增强国有经济的竞争力、创新力、控制力、影响力、抗风险能力。

### （三）总体原则

一是坚持党的领导。坚持和完善中国特色现代国有企业制度，全面加强党的领导党的建设，为打造具有全球竞争力的世界一流企业提供根本保证。

二是紧跟国家战略。践行国有资本投资公司使命责任，服务国家发展战略，优化国有资本布局，提升产业竞争力，做强做优做大国有企业和国有经济。

三是聚焦价值创造。突出效益至上，加大优势业务支持，加快非优势业务清理，做强集团战略支点；抓住价值链高端环节，推动各业务协同融合，促进新业务孵化培育，形成新的增长极。

四是加强改革创新。以市场化为导向，深入推进企业体制机制改革，全面激发企业创新发展活力。

五是落实风险防控。树立风险意识，具化工作责任，严格考核追责；完善防控体系，动态预警排查，立行立改处置。

### （四）战略目标

建设一流，追求卓越，在“八个力”的建设上得到明显提升：

**牵引力：**战略定位更加先进高端，实现战略引领发展。即明晰“建设一流、追求卓越”的战略目标和“高端、高质、高品”的战略定位，凝聚上下战略共识和奋斗力量，引领集团未来中长期发展。

**发展力：**业务结构更加丰富高质，协同发展共赢。即打造“5+1”业务体系，发展一批新业务，推动各主业协同共赢。

**竞争力：**资源配置更加高效科学，效率效益先进。即以质量效益为导向，强化总部资源统筹，推进对外并购重组，深化内部资源整合，并充分利用境内外资本市场，不断提升主业竞争力，推动集团高质量发展。

**驱动力：**创新驱动更加前卫先导，竞争实力殷实。即以市场化为导向，加快科技创新步伐，推进体制机制改革，激发企业创新活力。

**控制力：**集团管控更加完善有效，运行效果领先。即围绕国有资本投资公司功能定位，进一步厘清母子公司职责权限，加快推进集团总部建设，不断提升总部引领作用、管控能力和运行绩效。

**软实力：**文化建设更加与时俱进，品牌价值彰显。即立足集团新发展阶段，理解主业新发展要求，加快建设保利特色的企业文化体系和品牌管理体系，持续丰富、优化、提升保利文化和品牌内涵，不断提升集团企业形象、品牌价值和社会影响。

**影响力：**行业地位更加稳固坚实，引领作用突出。即各主业质量效益大幅提升，竞争优势不断增强，贸易、地产、文化业务行业排名稳中有升，科技、工程业务及培育性业务进入行业前列。

**保障力：**党建引领保障更具特色，走在央企前列。即全面加强党的领导党的建设，不断优化完善中国特色现代国有企业制度，以高质量党建引领高质量发展，为集团“建设一流、追求卓越”提供根本保证。

### （五）战略思路

践行国有资本投资公司服务国家产业布局和结构调整的使命，突出效益至上，适度多元发展，动态清理优化，提升发展质量。坚持以管理为抓手，以改革为动力，以创新为引领，以资本为纽带，以协同为手段，优化贸易，升级地产，做强文化，创新科技，做特工程，发挥金融业务支撑保障作用，打造形成具有国际竞争力、国内领先的“5+1”业务体系。

下一步，保利集团将以习近平新时代中国特色社会主义思想为指导，科学把握新发展阶段，深入贯彻新发展理念，服务和融入新发展格局，以深化改革为关键手段，突出效益至上，聚焦主业发展，激发各层级企业的市场主体活力，谋划更高质量、更可持续、更具韧性的发展。服务国家战略，加快建设具有高度社会责任感和全球竞争力的世界一流企业集团，为全面建设社会主义现代化作出新的更大的贡献。

（中国保利集团有限公司）

# 贯彻落实新发展理念　锐意改革创新<br>全力开创高质量发展新局面

## （中国广核集团有限公司）

中国广核集团有限公司（以下简称“集团”）是以核能为特色的大型清洁能源集团，是伴随中国改革开放和核电事业发展壮大起来的中央企业。集团坚持以习近平新时代中国特色社会主义思想为指导，全面贯彻党的十九大和十九届二中、三中、四中、五中全会精神，坚定不移落实“创新、协调、绿色、开放、共享”新发展理念，聚焦主责主业，优化布局结构，强化科技创新，持续深化改革，履行社会责任，全面加强党的领导和党的建设，高质量发展迈上新台阶。截至 2020 年底，集团总装机近 6300 万千瓦，总资产近 8500 亿元，是国内第一、全球第三大核电企业，境内新能源综合绩效行业前三，境外气电装机容量位居我国电力企业第一。

“十三五”是我国全面建成小康社会、实现第一个百年奋斗目标的决胜阶段，也是集团推动高质量发展的关键时期。集团多措并举，深化提质增效，超额完成国务院国资委下达的各项任务。五年来，集团总资产、营业收入、利润总额分别增长 1. 8 倍、2. 2 倍和 2 倍，年均复合增长率超过两位数，经营业绩稳居央企第一梯队，高水平实现国有资产保值增值。五年来，集团坚持做强做优做大，形成核电、核燃料、新能源和金融四大产业板块，以及核技术、环保等新业务协同发展的产业格局。五年来，集团积极融入京津冀、长三角一体化、长江经济带、粤港澳大湾区等国家区域发展战略，业务拓展到 31 个省市。五年来，集团积极推进科技创新，自主三代核电技术“华龙一号”实现批量建设，和睦系统完成自主研制并成功推广应用，重大科研专项扎实推进，为集团可持续发展注入不竭动力。五年来，集团主动对接“一带一路”，部署推进国际化发展。核电“走出去”在英国取得实质突破。纳米比亚湖山铀矿建成投产，为我国战略资源保障贡献力量。海外新能源业务成功起步，海外资产占比进一步提升，国际化指数居电力央企前列。集团发展再上新台阶，正在向世界一流目标不断迈进。

## 一、安全生产水平稳中有升

“十三五”以来，集团坚决贯彻习近平总书记关于核安全和安全生产重要论述，认真落实党中央、国务院等关于安全质量环保工作的各项决策部署，始终坚持“安全第一、质量第一、追求卓越”的基本原则，大力践行“严慎细实”的工作作风，安全生产业绩不断提升。

**一是核安全文化建设深入推进**。核安全是核电发展的生命线。集团深入贯彻落实习近平总书记关于核安全的指示批示精神，始终高度重视核安全文化的建设与培育，在实践过程中培育并发展了“核安全高于一切”的文化理念，凝练并固化了“安全第一、质量第一、追求卓越”的基本原则。“十三五”期间，集团进一步强化核安全文化建设，建立了以管理者承诺和示范、骨干推进者辐射和渗透、全体员工参与和贡献为主体架构的核安全文化建设推进体系。通过定期组织开展核安全文化培训，加强核安全文化宣贯，营造良好的安全文化氛围，每年开展安全文化震撼教育等活动，始终保持全员对核安全的“敬畏感”。

**二是安质环管理体系不断完善**。基于“集团、板块、公司”三层和“执行、监督”二线运作的安质环管理体系，围绕“以安全为中心、以质量为根本、以环保为先导、以绩效为基础、以风险为指引、以责任制为主体”六个维度，“全要素功能模块、全过程管理、全覆盖架构”三个目标，具有“上下打通、横向衔接、运作顺畅，用信息化展示管理，中广核特色，安质环一体”四个特点，构建了“六维三全四特”三层二线的安质环管理体系。通过完善顶层安质环管理制度体系设计，增强制度有效性，进一步强化监督管控。

**三是安全生产专项整治扎实开展**。核电板块着力开展安全质量精准攻坚，继续加强一把手带头，深入一线查找隐患、解决问题。组织开展核电重点领域自查自纠，严格落实违规举报机制，全员安全意识明显增强。核电工程建设强化业主公司责任，成立项目层级质量监理分部，提升 QA/QC 独立性。铀业公司开展运输、爆破、高处坠物等高风险领域专项整治，安全状况持续提升。新能源公司配齐建强监督力量，采取“线上线下相结合、总部区域相交叉”的监督检查方式，成效明显。能源国际以安全标准化建设为抓手，开展“全球安全月”“全球安全工作坊”活动，稳步提升安全意识和管理水平。

**四是安全生产业绩持续提升。**核电运营业绩持续保持全球领先，2020年24台在运机组WANO指标进入先进值比例达到75%，较2015年提高10个百分点。核电平均能力因子达到92%，较2015年提高3个百分点。核电机组年度大修平均工期较2015年缩短5天，大修绩效进一步提升。在建机组紧密围绕“质量零缺陷”工作目标，通过实施“核电工程质量管理提升”“核电设备质量提升”和“核电安全管理提升”三大方案，各在建核电项目的工程安质环标杆评估全面达7级，核电工程连续五年“零死亡”“零重伤”，单堆建设工期排名行业第一，20万工时安全事故率处于行业优秀水平。境内新能源领域狠抓设备可用率提升，连续四年保持在99%以上，风电、光伏发电小时数均高于行业平均值4.5%。湖山项目持续引入核电管理理念体系，年磨矿量实现较大突破，向高产稳产迈出坚实步伐。

## 二、科技创新能力明显提升

创新是高质量发展的引擎，事关企业长远发展动力和核心竞争力。“十三五”以来，集团坚持“四个面向”，深入实施创新驱动发展战略，强化自主创新和协同创新相互促进、科技创新和体制机制创新双轮驱动，“华龙一号”等重大专项研发有序推进，一批事关集团长远发展的重大科研基础设施建设项目正在加快部署，正在逐步成为具有行业影响力的科技和产业创新高地。

**一是科研体系持续完善。**加强科研体系顶层设计，制定科技专项规划，确定了“三位一体”的科技创新总体布局，并从体制与机制、科技人才、科研投入与转化等方面制定了保障措施。规划执行过程中，相关任务通过集团战略焦点及成员公司年度PBA（计划、预算、考核）体系进行分解，确保逐项得到落实。狠抓科研重大平台建设，已形成1个国家重点实验室、1个国家工程技术研究中心、7个国家能源研发中心以及多个省部级和集团级研发平台。建设了综合热工水力与安全实验室、先进燃料研制中心等研发基础设施建设，为创新研发工作顺利推进提供了坚实保障。

**二是协同创新不断深入。**“十三五”期间，集团不断完善科技创新协同机制，通过联合共建研究院或实体公司、组建创新联合体或创新联盟等方式，拓展国内外优势科研资源。与国家自然科学基金委员会联合设立企业创新发展联合基金，利用国家科研平台解决基础科研问题。与中科院、哈工大等单位建立长效合作机制，在核能与新能源领域开展研究合作。与法国原子能和替代能源委员会（CEA）、法国电力集团（EDF）开展科研项目和基础设施建设合作。

**三是科技创新成果丰硕。**华龙一号示范项目建设稳步推进，并持续优化改进提升，为批量建设打下基础。华龙一号通用设计审查（GDA）和EUR 认证按计划推进，为核电技术“走出去”奠定坚实基础。自主研发的“和睦”系统在阳江核电站 5 号、6 号机组实现首台套应用。“卡脖子”关键技术和设备研发攻关项目按计划推进。集团牵头筹建的南方创新中心，列入广东省“十四五”规划纲要。

**四是科研转化实效明显。**“十三五”期间，集团加强知识产权与标准建设工作，强化知识产权创造、保护和运用，不断增强核心竞争力。“十三五”期间集团获中国专利银奖 1 项，优秀奖 11 项，联合主导制定国际标准两项，牵头国家标准 9 项，行业标准 187 项，累计拥有有效专利超 5000 项。积极推进知识产权运用，集团科技成果转化项目累计约 500 项。自主研发的“和睦”仪控系统实现向国内同行核电站项目供货。自主研发核电站 3R 系统、核燃料运输贮存系统等关键设备并应用，打破国外垄断，节约采购成本。通过研发电子束处理污水技术和等离子体危废处理技术，支撑新产业的孵化与发展。

## 三、产业布局结构更为优化

集团牢牢把握以核电为主要特色的具有全球竞争力的世界一流清洁能源企业定位，围绕清洁能源和能源清洁两个方向，打造全球领先的清洁能源提供商与服务商，落实国家战略要求，聚焦主责主业，突出实体实业，调整优化产业布局结构，在原有的核电、核燃料、新能源、产业金融四大业务板块加上若干新业务的“4+X”产业基础上，加快打造核能、核燃料、新能源、非动力核技术、数字化、科技型环保、产业金融“6+1”产业布局。围绕“更为安全、更高质量、更有效率、更可持续、更加公平”五个维度，引导各产业高质量发展。

**一是安全高效发展核能产业，确保核心支柱更加坚固。**站在国家安全的高度坚决守护好核安全，强化总部对核安全管理的责任，以专业化、标准化、集约化的“三化”战略为抓手，持续提升安全生产业绩和核安全管理水平，保持安全经济高效的运营业绩，核心竞争力持续提升。充分发挥国家核电发展主力军作用，提升核电在国家能源战略中的地位与作用，按照国家统一部署，积极安全有序推进惠州、苍南等核电新项目开发建设，助力国家“双碳”目标实现。落实核电“走出去”战略，统筹推进集团在英国一揽子核电项目开发建设，推动自主核电技术华龙一号落地海外市场。按照国家确保铀资源安全稳定供应的战略要求，面向两个市场、两种资源，加大在全球富铀地区的战略布局，提升我国在世界天然铀市场的影响力与话语权。

**二是大力发展非核清洁能源发电，夯实第二支柱产业地位。**按照境内与境外并举、自主开发与项目收购并重、规模与效益协同发展的思路，大力发展风电、太阳能发电、境外气电等，非核清洁能源发电占集团在运总装机容量、营业收入、利润总额的比重大幅提升，进一步夯实第二支柱产业地位。境内新能源强化管控和核心能力建设，在平均度电成本、等效利用小时数等多项指标表现优异，部分指标处于行业领先水平，综合绩效进入国内前三。境外新能源从无到有，发展平台初步搭建完成，装机规模快速扩大，项目遍布 6 大洲 14 个国家和地区，成为境外天然气发电装机规模最大的中央企业。

**三是积极培育和孵化战略性拓展业务，打造新的支柱产业。**集团紧紧抓住清洁低碳、绿色环保以及智能化发展的大趋势，不断提高产业集中度和市场占有率，增强国有资本在战略性前瞻性产业领域的控制力、带动力、影响力。按照“业态强相关、市场有前景、发展有后劲、经营可持续、能够做到数一数二”的原则，依托电子束高效处理废水、等离子体无害化处理危废等拥有自主知识产权的核心技术，整合环保产业、环境科技、节能公司等三家公司，打造科技型环保产业平台，更好服务国家绿色环保转型发展战略。依托集团在核电仪控领域的技术资源和核心能力，整合广利核、上海科技等数字化产业资源，成立数字化产业平台，瞄准高端工控市场，培育新的发展极。

**四是加快退出非战略性业务和低效资产。**集团绝大部分存量资产都分布在符合国家产业导向和鼓励发展的战略性新兴产业领域，但由于历史原因和在资本运作过程中产生了少量不符合集团战略定位的资产和低效资产。集团严格落实供给侧结构性改革要求，牢牢把握以核电为主要特色的定位，始终坚持聚焦主责主业，研究制定“两非”“两资”标准，全面梳理盘点资产，以科学严谨的态度盘活低效无效资产，优化集团资本结构。通过市场化方式完成非战略性业务和低效资产的退出，守住国有资产不流失的底线，将变现的资本用于发展核电、核燃料、新能源、核技术应用、生态环保等优势产业，进一步优化国有资本布局结构，更好服务国家战略。

## 四、深化改革取得积极成效

集团认真落实国企改革三年行动重大政治任务要求，在国务院国资委的指导下，主动加强改革谋划，部署了十大领域66项重点改革任务，各子企业承接集团改革要求研究制定大量改革任务，各项任务有力有序推进，法人治理结构不断健全，科研体制机制持续优化，市场化机制改革进一步深化，企业发展的动力活力充分激发，重要领域和关键环节改革取得实效。

**一是坚持“两个一以贯之”，企业治理能力显著提升。**集团以“治理能力强、运行机制活、运转效率高”为目标，深化中国特色现代企业制度建设。把加强党的领导融入公司治理，制订实施专项方案，健全领导体制，完善“三重一大”事项清单，以及党委会议事规则，更好发挥党委的领导作用。健全成员公司治理结构，制定子企业董事会“应建尽建”硬标准，在符合条件的子企业全面推行董事长、党委书记、法定代表人“一肩挑”，压实企业经营发展和党的建设主体责任。增强董事队伍建设，外部董事专职化，从集团党委管理干部中择优选聘。建立专职董事政策指导、工作联系、业务培训、咨询服务一体化履职支撑体系。推行母子公司治理体制。深化总部组织与管控体系改革，总部主要通过治理方式履职行权，充分授予子企业董事会法定职权，原则上不通过前置审批、条线管理等干涉成员公司授权范围内决策。建立授权动态调整机制，实现“干的越好授权越大”。

**二是优化科研体制机制，提升高质量发展核心竞争力。**深入实施创新驱动发展战略，不断完善科技创新体系、优化体制机制、强化资源保障，提升科技创新效能。优化科研资源配置，加快培育集团科研核心能力，积极融入国家整体创新战略，立足区位优势，重点打造两大区域创新中心，构建“一心两圆”科技创新体系。实行战略科研项目“项目制、团队式”运作，对战略性科研项目，由集团公司与科研单位、项目负责人共同签署项目任务书，明确各方职责和激励考核方案。项目负责人通过公开竞聘产生，对项目研发质量、进度和最终成果负责。充分授予项目负责人组建团队、调配资源、考核激励等各项权利。持续加大科研投入力度。优化科研经费出资方式，针对战略科研项目，由集团总部一次性配足项目经费。建立科研投入考核机制，引导各成员公司加大科研经费投入。

**三是深化市场化机制改革，充分激发企业动力活力。**以“三项制度”改革为突破口，深化市场化机制改革，在强动力提效率上取得实效。率先完成任期制与契约化管理全覆盖。按照“以上率下，分层推进”原则，在集团总部和子企业全面实现任期制与契约化管理，率先完成“三项制度”改革的“牛鼻子”工程。优化干部队伍结构。大力开展年轻干部选拔，干部队伍结构更加合理。畅通人才“选育用留”渠道，100%推行用工市场化，实施“白鹭之星”计划，更多高素质大学生加入中广核。二级子企业全面建立末位调整、不胜任退出和轮岗交流机制。完善收入分配机制，建立以岗位价值为核心的薪酬分配机制，打造中长期激励“1+7”工具箱，有效激发员工的动力活力。

## 五、党的领导党的建设全面加强

集团坚持以习近平新时代中国特色社会主义思想为指导，全面加强党的领导党的建设，不断巩固提升党建工作质量，进一步完善中国特色现代企业制度，推动党的领导更好融入公司治理，推进党的建设与中心工作紧密结合、有机统一，持续加强作风建设，坚定不移纠“四风”树新风，始终保持惩治腐败高压态势，以高质量党建保障高质量发展。

**一是政治建设更加有力。**习近平总书记指出，“我们党要始终做到不忘初心、牢记使命，把党和人民事业长久推进下去，必须增强政治意识，不断提高政治判断力、政治领悟力、政治执行力”。集团胸怀“国之大者”，时刻关注党中央在关心什么、强调什么，深刻领会什么是党和国家最重要的利益、什么是最需要坚定维护的立场，学会从中央的高度思考问题、理解政策，增强“四个意识”、坚定“四个自信”、做到“两个维护”。坚持用党中央精神分析形势、推动工作，党中央提倡的坚决响应，党中央决定的坚决执行，党中央禁止的坚决不做，始终同党中央保持高度一致。集团坚持以党的政治建设为统领，推进党的领导与公司治理有机统一，更好发挥“把方向、管大局、促落实”作用。集团各级党委建立完善“第一议题”制度，及时跟进学习贯彻总书记最新重要讲话和指示批示精神，以党的创新理论武装头脑、指导实践，确保集团改革发展始终沿着正确的政治方向前进。

**二是组织建设不断夯实。**集团深入贯彻落实总书记对核电行业和中广核的重要指示批示精神，坚持用习近平新时代中国特色社会主义思想武装头脑，做到思想上绝对忠诚、政治上绝对可靠、行动上绝对紧跟。注重加强党的组织建设，有序开展各类主题突出、特色鲜明的学习教育活动，巩固深化集团“不忘初心、牢记使命”主题教育成果，建立健全各级党组织和广大党员守初心担使命长效机制。建设铸魂工程，大力弘扬和践行社会主义核心价值观，传承红色基因，深入挖掘企业历史资源、文化资源、红色资源，持续增强干部职工团结奋斗思想基础。扎实开展党建工作提质增效升级专项行动，结合企业改革发展、生产经营活动、组织管理幅度等，完善组织设置、组织生活、组织运行、组织管理、组织监督等制度体系，建强基层战斗堡垒。着力推动集团示范党支部创建工作，对照“四个好、四个强”的标准，评选示范党支部创建单位，有效激发基层党组织达标夺标、创先争优的热情，让党支部和党员作用充分发挥出来。

**三是促进党建工作与生产经营深度融合。**习近平总书记指出，“党的基层组织是确保党的路线方针政策和决策部署贯彻落实的基础”。欲筑室者，先治其基。集团以提高企业效益、增强企业竞争力、实现国有资产保值增值作为党组织工作的出发点和落脚点。结合企业改革发展、生产经营活动、组织管理幅度，规范党组织设置，切实选优配强基层党组织书记和党务干部，落实党员教育培训计划。坚持服务生产经营不偏离，推动二三级成员公司层层建立领导班子成员基层党建联系点，找准服务生产经营、凝聚职工群众、参与基层治理的着力点，带头承担生产经营急难险重任务，带头开展技术攻关，带动职工群众坚守生产岗位，同心协力、攻坚克难，让党旗高高飘扬在第一线。

**四是全面从严治党不断加强。**坚定不移深化反腐败斗争，不断实现

“不敢腐、不能腐、不想腐”一体推进战略目标，把“严”的主基调长期坚持下去，坚持无禁区、全覆盖、零容忍，坚持重遏制、强高压、长震慑。坚决扛起管党治党责任，持续正风肃纪反腐，全力营造风清气正的良好政治生态。严肃查处违规违纪案件并从严处理，持续形成强大震慑。强化以身边事教育身边人，在集团内分批实名通报内部员工违规违纪违法典型案例，引起强烈反响。持之以恒落实中央八项规定精神，驰而不息纠治“四风”，持续推进精文减会，切实为基层减负。严格按照国资委党委部署开展境外腐败、利益输送、设租寻租、化公为私四个专项整治，强化问责整改，健全完善制度程序，下大力气解决靠企吃企问题。旗帜鲜明讲政治，切实把巡视整改当作提升各级干部政治能力的契机，以自我革命精神加强过程监督和跟踪问效，全面抓好整改落实。

## 六、脱贫攻坚任务圆满完成

“十三五”期间，集团坚决贯彻落实习近平总书记关于扶贫工作的重要论述以及党中央、国务院关于打赢脱贫攻坚战的部署要求，将脱贫攻坚作为重大政治任务和光荣社会责任扛在肩上，坚决打赢脱贫攻坚战。经过多年努力，集团重点帮扶的凌云、乐县两县和其他 10 个村，100%实现脱贫出列，连续三年获得中央单位定点扶贫考核最高等级。产业扶贫、教育扶贫两项良好实践三次入选国务院扶贫办企业精准扶贫案例。

**一是完善机制、尽锐出战，为脱贫攻坚战凝聚坚实力量。**集团始终把精准扶贫工作放在突出位置来抓，围绕“党建带扶贫，扶贫促党建”工作思路，不断深化思想认识，强化自觉行动，发挥党工群团组织在脱贫攻坚中的战斗堡垒作用。建立了党委书记全面主抓扶贫工作、党委会研究扶贫计划、扶贫办具体运作的工作机制。明确精准扶贫年度工作目标和负责单位，强化责任落实，确保各项工作做实见效。党员干部率先垂范，党工群团积极参与，集团各级党组织先后开展了“特殊党费”、义捐义卖等活动，助力脱贫攻坚。

**二是发挥优势、因地制宜助力贫困地区可持续发展。**集团积极发挥科技、资金、人才等各方面优势，因地制宜，“一县一策”帮助打造优势产业。在广西乐业，集团出资 2345 万元，帮助建设 2000 多亩红心猕猴桃产业园，投资 1900 万元，建设生物质有机肥厂。在广西百色市投资 1800 万元，建设电子束辐照保鲜站，为包括乐业县在内的百色周边200公里范围的农户提供农产品电子束保鲜服务，系统解决了制约当地产业发展的瓶颈问题。作为清洁能源企业，集团还与央企扶贫基金合作打造清洁能源产业扶贫平台，在全国积极开展风电、光伏等清洁能源扶贫项目。在有风、光资源的贫困地区积极推进新能源扶贫项目开发，在精准就业、税收增收、基础设施完善等方面发挥积极作用。在内蒙古、四川、新疆等7省区13县实施产业扶贫项目16个，总装机容量超过460万千瓦，总投资近300亿元，实现经济效益、生态效益和社会效益相统一。

**三是"扶志、扶智、扶技"相结合，阻断代际贫困传递。**从2017年起，集团创办凌云县"白鹭班"，累计已招收当地贫困学生862名。近三年总计300名"白鹭班"高三学生收获了可喜的高考成绩，本科上线率达到68.3%。在扶志方面，组织集团优秀员工到学校开展大讲堂，开办夏令营，带着孩子们开拓视野，不断增强孩子们的自信。在扶智方面，建立教学考核激励机制，对表现优秀的教师、学生进行奖励，注重学生学习兴趣的培养。在扶技方面，组织学生在课余开展职业技能培训，参加国家职业技能考核，共有261名学生全部顺利通过考试并取得国家电工职业技能鉴定证书，拥有了一技之长。集团还总结推广办班经验，相继在广西百色、四川凉山、云南牟定、广东阳江等地开设了"白鹭班"，在内蒙古兴安盟建设了白鹭学校。

2020年是"十三五"的收官之年。五年来，面对日趋复杂的外部环境和艰巨的改革发展任务，集团主动把握发展大势，顺势而为，各项事业取得长足发展。习近平总书记指出，高质量发展是"十四五"乃至更长时期我国经济社会发展的主题，关系我国社会主义现代化建设全局，不是一时一事的要求，而是必须长期坚持下去。面向"十四五"及中长期，作为中央企业，集团将深入理解新时代的使命定位，立足新发展阶段，完整、准确、全面贯彻新发展理念，融入新发展格局，坚决贯彻习近平总书记关于推动高质量发展的指示精神，落实国务院国资委关于中央企业高质量发展的有关要求，结合集团相关产业的新形势、新变化和新要求，砥砺前行，走出中广核高质量发展之路，为实现我国"十四五"经济社会发展目标作出新的更大贡献。

（中国广核集团有限公司研究中心）